Wanda Półtawska

Und ich fürchte meine Träume

fe-medien, Kissleg

Titel der polnischenOriginalausgabe:
I BOJĘ SIĘ SNÓW

erschienen 1962 im Verlag Czytelnik

Aus dem polnischen übersetzt von
Eva Luhn-Geiger

1. Auflage Kral Verlag 1993
2. Auflage 2019

Hauptstr. 22, D-88353 Kißlegg
www.fe-medien.de

Titelfoto: istock
Gestaltung: Renate Geisler, Kißlegg

Druck: orth druk, Polen
Printed in EU

ISBN: 978-3-86357-224-2

Wanda Półtawska

Und ich fürchte meine Träume

Anmerkung der Autorin

An die Leser von heute und morgen:
Sie denken vielleicht, dass sich niemand mehr darum kümmert, was vor so vielen Jahren im Zweiten Weltkrieg passiert ist. Das ist aber nicht der Fall. Obwohl die erste Generation, die nach dem Krieg geboren wurde, unsere Kinder, nichts davon hören wollte, will die nächste Generation, unsere Enkelkinder, nicht nur zuhören, sondern sie suchen nach Wissen über diese Zeit. Sie verschlingen dieses Buch und hören nicht auf zu fragen: „Wie kann irgendjemand so etwas überlebt haben?“

Wonach suchen sie in diesem Buch und was finden sie?

Ich denke, dass sie nach der Wahrheit über den Menschen suchen, und was sie finden, sind Werte, Werte, die langsam aus unserer Welt verschwinden, obwohl sie unsterblich sind.

Meine Geschichte unserer Jugend zeigt etwas, was die sogenannte Welt der „westlichen Zivilisation“ zu demonstrieren unfähig ist – die Tatsache, dass sich die menschliche Natur von Heroismus bis Bestialität erstrecken kann.

Meine Generation überlebte den Schock, herauszufinden, dass der Mensch unmenschlich werden kann, und diese Entdeckung hätte möglicherweise zur Verzweiflung geführt, wenn jene Zeiten nicht auch gezeigt hätten, dass der Mensch in gewissem Sinne übermenschlich werden kann – ein Held. Wenn er ein Monster werden kann, kann er auch ein Heiliger werden, und das ist heute genauso wahr wie damals.

Meine Geschichte über die Erfahrungen meiner Generation ist daher eine Warnung an junge Menschen, denn jeder kann werden wie ein Mitglied der Gestapo oder, andererseits, wie Maximilian Kolbe oder wie die Frau, die ich in meinem Buch beschreibe, Władka Dabrowska, die bereit war, ihr Leben zu geben, um das eines jungen Mädchens, Krysia Czyż, zu retten.

Mein Bericht ist ein Zeugnis von Verbrechen und Heldentum. Es zeigt die Stärke des menschlichen Geistes, die Bedeutung des Vertrauens auf Gott und des Glaubens an den Menschen. Es zeigt die verschiedenen Formen der Schönheit: die Schönheit von Freundschaft und Patriotismus; die Schönheit der Natur, in einer Blume, wiederentdeckt in einem einzelnen Fliederzweig oder im Anblick der Silhouette der Bäume am Horizont; die Schönheit eines Gedichts und des heilenden Werts des Humors.

Vor dem Hintergrund meiner Geschichte wird das ganze Ausmaß des menschlichen Wesens enthüllt und der Leser wird zum Nachdenken angeregt: Sei vorsichtig, denn es könnte passieren, dass du nicht einmal bemerkst, wann du unempfindlich gegen das menschliche Elend wirst, wenn du wie ein SS-Mann geworden sein wirst. Denk darüber nach!

Nach vielen Jahren als Psychiaterin kann ich sagen, dass dieses Buch mir bei meiner Arbeit mit Jugendlichen hilft. Wenn sie es lesen, fangen sie an nachzudenken und deshalb glaube ich, dass es an nachfolgende Generationen gegeben werden sollte. Die Werte, die sie darin finden, sind universell und unveränderlich. Jeder Mensch kann mehr oder weniger menschlich werden – und die Menschlichkeit ist heute nicht weniger gefährdet, als sie es zur Zeit dieser Geschichte war.

Wanda Półtawska
Krakau, Polen
2012

Vorwort der Autorin zur ersten Ausgabe

Das vorliegende Erinnerungsbuch über das Konzentrationslager schrieb ich im Juni und Juli des Jahres 1945, unmittelbar nach meiner Rückkehr. Bis zum Januar 1961 lag es dann in der Schublade – es war nicht für den Druck bestimmt. Es entstand nämlich aus einem völlig anderen Grund und vielleicht sollte ich dies erläutern, da sich dadurch, wenigstens teilweise, die sehr persönliche Art des Schreibens erklärt.

Ich kehrte am 8. Mai 1945 nach Hause zurück – nach einer Reise, die zwanzig Tage dauerte, und gleich von der ersten Nacht an stellte ich etwas Entsetzliches fest: Tag für Tag oder besser Nacht für Nacht träumte ich von Ravensbrück – wobei die Träume so unfassbar plastisch waren, dass ich nicht unterscheiden konnte, ob dies nun ein Traum oder ich immer noch im Lager war.

Im Lager träumte ich selten von zu Hause, aber das Erwachen aus einem solchen Traum war bestimmt eines der schlimmeren Lagererlebnisse. Jetzt nach der Rückkehr war alles umgekehrt: Ich war zu Hause und träumte vom Lager.

Ich träumte immer wieder von den gleichen Ereignissen, immer wieder, ohne Ende, und es war kaum zu fassen, dass man in einer Nacht so viel träumen kann.

So zögerte ich das Schlafen so weit wie möglich hinaus. Im Übrigen sprach ich mit niemandem darüber. Schließlich war die Spannung dieser Nächte so angewachsen, dass ich mich einfach gar nicht mehr schlafen legte. Ich konnte die Träume vom Lager nicht ertragen. Das ging einige Tage so. Bis ich so übermüdet war, dass ich mich entschloss, irgendetwas zu unternehmen.

Lange dachte ich nach, mit wem ich darüber sprechen könnte. Ich zögerte, mich jemandem von meinen Nächsten anzuvertrauen – sie hätten sich Sorgen deswegen gemacht. Und ich wusste doch, dass mein Lageraufenthalt ihnen schon genug Kummer bereitet hatte.

Am 23. Juni, meinem ersten Namenstag zu Hause, kamen eine

Menge Menschen, um mir mit einem Meer von Blumen zu gratulieren. Unter ihnen war eine herbe grauhaarige Dame, meine ehemalige Lehrerin. Zu ihr sagte ich, dass ich es überhaupt nicht verstehen könnte: Das Lager habe ich überlebt und jetzt kann ich die Träume nicht ertragen. Das muss doch abnormal sein.

Sie antwortete mir an diesem Tag nicht auf meine Frage. Aber sie kam am folgenden Tag zu mir und sagte, dass sie mit einem ihr bekannten Psychiater gesprochen hätte, einem schon älteren Menschen, welcher die Ansicht vertrat, dass ich alles, was geschehen war, jemandem erzählen sollte, zu dem ich Vertrauen hätte.

Zu vielen Menschen hatte ich Vertrauen, aber vom Lager wollte ich niemandem erzählen. Ich schüttelte verneinend den Kopf– das geht nicht, unmöglich, dass ich davon sprechen könnte. Im Übrigen mit wem? Mit den alten Eltern? Mit meinen Schwestern? Vielleicht, wenn ich einen Bruder hätte, einen tatkräftigen Mann … aber so?

Meine grauhaarige Lehrerin gab nicht auf. Nach einer Pause des Nachdenkens sagte sie: „Weißt du, versuche alles niederzuschreiben. Vielleicht hilft das."

Zuerst wollte ich nicht. Aber als ich mich in der Nacht wieder vor den Träumen fürchtete, schrieb ich. Ich schrieb von da ab immer weiter – aber nur in der Nacht.

An irgendeinem sonnigen Morgen im Juli oder August 1945 beendete ich die Niederschrift. Ich tat alles in eine Schublade und … und wirklich schlief ich das erste Mal seit meiner Rückkehr ohne Träume. Meiner grauhaarigen Lehrerin schrieb ich kurz auf einer Karte, dass es geholfen hätte.

Hin und wieder träumte ich später in ähnlich deutlicher Weise vom Lager wie in den ersten Tagen, aber das geschah nur mehr, wenn ich übermüdet war. Ich wusste nun, dass ich gelegentlich Ruhe brauche – bis heute sind die Träume für mich ein Warnsignal, wenn ich überarbeitet bin und ausruhen sollte.

Zehn Jahre nach der Niederschrift vertraute ich jemandem an, dass ich dieses Erinnerungsbuch geschrieben hätte, und nach fünfzehn Jahren überredete man mich, es zu veröffentlichen.

Ich sah das Manuskript durch und es erschien mir zu intim und zu makaber. So strich ich verschiedene Passagen. Die dadurch entstandenen Lücken sprechen für sich!

Heute, nach zwanzig Jahren, kann ich die Erlebnisse ruhiger betrachten. In einigen Tagen ist der zwanzigste Jahrestag meiner Verhaftung: der 17. Februar 1941.

Krakau, 10. Februar 1961

1

Ich werde versuchen zu beschreiben, was ich erlebt habe, doch eigentlich weiß ich gar nicht, ob das möglich ist. Mir scheint, dass ich die entsprechenden Worte nicht finden kann. Das wird niemand verstehen können, der es nicht selbst erlebt hat.

Tausende von Frauen überlebten das Lager in Ravensbrück, aber ihre Erlebnisse waren ganz andere als unsere, den sogenannten „Versuchskaninchen".

Es geht mir eigentlich nicht um diese Erlebnisse, sondern um meine eigene Antwort darauf, um meine innere Wahrheit: Diese meine innere Wahrheit will ich ordnen und Bilanz machen.

Ich kann nicht gleich von Ravensbrück erzählen, ich muss von Anfang an berichten …

Es war an einem Abend in Lublin, als ich zusammen mit meiner Freundin Nata lernte. Da hörten wir im Vorzimmer eine männliche Stimme, die zwar polnisch, aber doch fremd und feindlich klang: „Wer von euch ist Wanda?"

So fing es an. Ich stand auf und ging hinaus … und als ich zurückkam, war ich sechs Monate im Gefängnis und vier Jahre im Lager gewesen.

Damals warteten zwei Männer im Vorzimmer und unten an der Haustür noch zwei. Vier Männer gegen ein Mädchen, dachte ich mit einer Art Verachtung, die mich während der ganzen Zeit der Untersuchungshaft begleitete. Mein Vernehmungsoffizier hatte diese Verachtung irgendwie gemerkt und war deshalb wütend auf mich.

Aus der Untersuchungshaft ging ich alles in allem siegreich hervor, obwohl ich doch einen Moment Angst hatte: Nach der Ankunft im Gebäude der Gestapo wurde ich in einen dunklen Keller gesperrt. Da saß ich und litt an Zwangsvorstellungen. Ich weiß nicht, warum ich mir vorstellte – und bis heute kann ich das nicht verstehen –, dass sie mir mit Zangen die Fingernägel herausreißen würden. So saß ich auf dem Boden in diesem Dunkelarrest, zitternd vor Angst. Vor nichts anderem fürchtete ich mich. Als man mich jedoch um zwei Uhr nachts in einen hell erleuchteten Raum führte, stellte ich zu meiner Beruhigung fest, dass keine Zangen oder ähnliche Werkzeuge zu sehen waren. Ich fühlte mich jetzt wie eine Heldin aus einem Roman.

Die Untersuchungshaft dauerte übrigens nur einige Tage. Ich war zufrieden und hatte ein gutes Gewissen, denn ich hatte kein Wort mehr gesagt, als ich wollte, und hatte niemand verraten. Die ganze Zeit hatte ich übrigens das Gefühl, dass ich die Verhöre führte, nicht sie. Diese Deutschen verfuhren mir gegenüber nach dem Grundsatz, dass ein Mädchen nach Schlägen automatisch die Wahrheit sagt. Also bemühte ich mich, vorher nichts zu sagen.

Einmal stockte ich und konnte nichts sagen, weil mir eine glaubwürdige Antwort fehlte und ich nicht mehr wusste, was ich sagen sollte. Ich werde nicht beschreiben, was sie mit mir taten, es war zu abscheulich. Ich hielt jedoch durch.

Sie versuchten aber auch sanftere Methoden. Mein Schinder (so nannte ich ihn in Gedanken) beugte sich über mich und sagte: „Kind, es ist doch schade um Sie, ich könnte Ihr Vater sein, seien Sie gut zu mir, dann werde ich auch gut sein." Die ganze Zeit sagte er „Sie" zu mir. Ich schwieg.

Einige Stunden dauerte dieses Verhör, aber mir schien es noch viel länger. Endlich, als ihm alle Methoden langweilig geworden waren, führte man mich in ein dunkles Zimmer und öffnete eine Tür zu einem hellen Saal, in dem die nächsten Verhafteten verhört wurden. Mein Schinder presste mir einen Revolver an den Rücken und flüsterte, er würde mich erschießen, wenn ich ein Wort sagte. Ich hatte nicht die Absicht, etwas zu sagen, im Gegenteil, ich wollte alles genau hören. Auf diese Weise erfuhr ich, wer was gesagt hatte und warum man mich verhaftet hatte. Meine Freundin weiß bis zum heutigen Tag nicht, dass ich ihre Aussagen gehört habe.

Ich war sehr froh, denn endlich wusste ich, wie ich in Zukunft aussagen musste. In meinem jugendlichen Idealismus hatte ich sogar meinen Schinder in Verdacht, dass er mich speziell dorthin geführt hatte, um mir die Situation zu erleichtern. Aber der weitere Verlauf der Geschehnisse bestätigte meine naiven Annahmen nicht.

Am Rückweg von diesen Verhören traf ich auf der Treppe Marylka Walciszewska, meine frühere Vorgesetzte bei den Pfadfinderinnen. Sie war groß und schlank, schaute mich an und sagte laut: „Denke daran, du kannst alles auf mich abschieben.“ Ich lächelte. Ich brauchte ja niemanden mehr zu belasten, denn ich war nun orientiert, was man über mich wusste. Sie jedoch wiederholte mit großem Nachdruck: „Schiebt alles auf mich. Sag's auch den anderen.“ Ich bemühte mich tatsächlich, diese Nachricht weiterzugeben, aber erst am nächsten Tag verstand ich, was das bedeutete: Marylka war auf dem Weg zu ihrer Hinrichtung.

Mich brachte man dann auf das Lubliner Schloss, das als Gefängnis benutzt wurde. Bis heute höre ich das Knirschen der alten, schweren, schmiedeeisernen Türen. Als ich das Krachen des zufallenden Tores hörte, kam mir erst zum Bewusstsein, dass ich meine Freiheit verloren hatte. Denn bei der Gestapo „unter der Uhr“ (so genannt, weil sich die Gestapo in Lublin in einem Gebäude mit einer großen Uhr befand), wo man mich verhört hatte, hatte ich so sehr darauf geachtet, was ich sagte, dass ich nicht ein einziges Mal daran dachte, was weiter werden könnte. Jetzt wusste ich: Von hier gibt es kein Zurück. Jetzt erst fühlte ich meinen schmerzenden Körper– während der Verhöre hatte ich nur eine kindliche Freude empfunden, dass ich aushielt, dass ich niemanden hereinlegte, dass ich sie beherrschte. Fast die ganze Zeit lächelte ich während der Verhöre, was sie vielleicht noch wütender machte.

Hier im Schloss stand ich jetzt in einem Gang mit dem Gesicht zur Wand. Neben mir standen einige Männer, fast alle älter als ich, und ein Junge. Mit Mühe richtete ich mich gerade. Ich drehte den Kopf leicht in die Richtung des Jungen. Sofort bekam ich einen Faustschlag ins Gesicht. Ich empfand einen bekannten Geschmack von Blut und fing – wie ein kleines Kind – zu weinen an; das erste Mal seit dem Moment, als ich mit erhobenem Kopf aus dem Hause gegangen war. Ich rief sogar: „Mama!“ Der Mann neben mir zuckte zusammen und wendete sich mir zu, wurde aber sogleich vom Wachtmeister getreten, sodass er umfiel. Mein Oberschinder, der eben durch eine Seitentür hereinkam, sagte deutsch zu mir: „Ach, mach dir keine Sorgen, auch deine Mutter wird drankommen.“ Diesmal sagte er „du“ zu mir.

Lange hielt man uns auf diesem Korridor fest, es schien eine ganze Ewigkeit zu dauern. Nun zitterte ich wieder vor Angst, denn ich fürchtete, dass man Mama wirklich verhaftet haben könnte. Diese Angst begleitete mich durch viele Tage hindurch, bis ich die erste Nachricht erhielt.

In der Nacht brachte man mich in eine winzige Zelle voller Frauen. Als die Tür zugeschlagen wurde, richteten sich die Frauen auf ihren Pritschen auf; in dieser überfüllten Zelle lagen immer zwei zusammen. Alle Pritschen waren aneinandergeschoben und füllten fast den ganzen Raum der Zelle aus. Nur an der Tür war ein kleines freies Plätzchen, wo der Kübel stand. Ratlos stand ich in einer Ecke, keine der Frauen sprach ein Wort, einige hoben nur die Köpfe. Eine Frau, die schrecklich zerzaust und halb nackt war, sah mich von Kopf bis Fuß an und sagte verächtlich: „Bourgeois".

Sie waren so dreckig und stanken so sehr, dass mir schlecht wurde, und ich sank an der Tür auf den Boden. Mit dem Kopf stieß ich an den Kübel, was mich wieder zur Besinnung brachte. Der Kopf tat mir nach den Verhören ohnedies schrecklich weh. Ich setzte mich auf den Kübel. Ein zerzaustes und ekelhaftes Weib sagte: „Mach dich fort von dem Kübel, du Hure." Gehorsam stand ich auf und lehnte mich an die Tür. Ich sah die Frauen an und hoffte, vielleicht auch ein sympathisches Gesicht zu entdecken. Die am Rande rückte ein wenig zur Seite und sagte: „Leg dich hin." Aber ich sah auf den Wolldecken große weiße Läuse und wurde schwach. Wieder war ich nahe daran zu weinen, aber eine höhnische Stimme hielt mich zurück: „Die kleine Prinzessin wird doch jetzt nicht weinen!" Nein, ich weinte nicht. Eigentlich weiß ich gar nicht, warum, denn alles in mir weinte. Die ganze Nacht stand ich neben der Tür, obwohl eine ältere Frau mir zuredete, mich hinzulegen. Sie sprach mit leiser, sanfter Stimme und am Morgen erkannte ich in ihr eine sehr nette Lehrerin. Aber in dieser ersten Nacht war ich sicher, dass alles hier Mörderinnen und Diebinnen waren.

In diesem Gefängnis war es eng und voll von Läusen. Hunger empfand ich nicht, denn meine Eltern konnten die Wärter bestechen und Essen bringen.

Nach einigen Tagen wurde meine Freundin Krysia verhaftet. Ich kannte sie aus unserer Pfadfindergruppe. Sie war zwei Jahre jünger als ich, blass und still. Einmal waren während einer Bombardierung von Lublin die Lager der Buchhandlung von St. Adalbert in Brand geraten und wir zwei retteten die Bücher, indem wir sie in den Keller des Kapuzinerklosters trugen. Ich erkannte Krysia gleich wieder und begrüßte sie herzlich; zu gut hatte ich meine erste Gefängnisnacht im Gedächtnis. Nun war ich nicht mehr allein in der Masse der Weiber. Es entwickelte sich eine große Freundschaft und ich schwor mir immer wieder, dass ich Krysia vor den schlimmsten Dingen beschützen würde. Unsere Eltern taten von ihrer Seite aus, was sie konnten. Der erste Geheimzettel kam in eine Pirogge eingebacken. Erleichtert atmeten wir auf, denn unsere Eltern waren zu Hause. Außer uns war niemand verhaftet worden.

2

Über die schlimmsten Dinge schreibe ich nicht, es geht nicht. Übrigens, das Schlimmste war oft mit den einfachsten Dingen verbunden, aber sie taten unwahrscheinlich weh.

Wer nie ein Gefängnisklosett gesehen hat, kann sich das nicht vorstellen: Zwei Reihen gegenüberliegender Löcher, zehn Frauen und am Ende steht ein Mann – das ging über die Kräfte eines jungen Mädchens. Die erste Woche ging ich dort nicht hin und litt Qualen. Danach aber überwand der physische Druck jegliche Scham. Diese Demütigung kann ein Mensch nie vergessen.

Im Gefängnis waren die hygienischen Verhältnisse schrecklich. Es gab jede Menge Läuse, Flöhe und Schmutz. Und da es Wasser kaum gab, brach Thyphus aus.

Wir aber waren jung und trotz allem gesund. Nur an der Stelle, wo man mich gefesselt hatte, um mich zu schlagen, hatte sich der Strick in das Fleisch eingegraben und es entstand ein Geschwür, eine riesige, schmerzende Entzündung. Ich konnte nicht mehr schlafen und hatte Fieber. Endlich brachte man mich ins Krankenhaus. Der Arzt sah mich kaum an, sondern nur auf das Geschwür, und sagte:

„Mastitis. Wann haben Sie entbunden?"

„Was habe ich entbunden?"

Jetzt erst sah er mir ins Gesicht und fragte: „Na, was ist denn mit Ihnen passiert?"

Ich schwieg.

Der Abszess heilte lange nicht. Eines Tages stieß mich eine der Frauen versehentlich und das Geschwür platzte. Ein Meer von Eiter ergoss sich daraus, aber nun hörte es auf, wehzutun. Eine Narbe blieb, das einzige sichtbare Zeichen der Untersuchungshaft.

Nach einiger Zeit brachte man uns in eine hübsche Zelle im ersten Stock, ein ehemaliges Krankenzimmer. Es waren jetzt so viele Gefangene, dass die Gefängnisleitung die Frauenabteilung vergrößern musste. Die Zelle war sauber, hell, hatte ein großes Fenster und es befanden sich darin fast nur sogenannte „Spagate", d. h. politische Gefangene. Wir atmeten auf.

Nun fingen wir wieder an zu lachen, zu singen und sogar Bridge zu spielen. Die Karten machten wir aus eingeschmuggelten Pappen von Schachteln. Wir mussten immer wieder neue machen, da man sie uns bei der täglichen Revision wegnahm.

Aber auch diese Zelle wurde schnell zu klein, denn inzwischen waren 53 Frauen hineingepfercht. Auf den Betten war längst kein Platz mehr, so schliefen Krysia und ich, die beiden jüngsten, auf einem kleinen schmalen Tischchen, auf dem keine andere genug Platz gehabt hätte. Wir hatten eine eigene Schlafmethode. Wir nannten das die Methode „der sich gegenseitig fressenden Schlange". Trotzdem banden uns die Frauen am Anfang mit einem Gürtel fest, weil sie fürchteten, dass wir herunterfallen könnten. Wir schliefen ausgezeichnet auf dem blanken Tisch – soweit man uns schlafen ließ.

Von Zeit zu Zeit ging in der Nacht plötzlich das Licht an, dann mussten wir strammstehen und Namen wurden aufgerufen. Danach konnte die ganze Zelle natürlich nicht mehr schlafen. Wir sprachen laut Sterbegebete, denn die unvermeidliche Folge solcher „Besuche" war eine Salve dicht unter unseren Fenstern, zwischen dem Schloss und der äußeren Mauer.

Manchmal wurde jede Nacht jemand geholt, manchmal seltener, aber nie wusste man im Voraus, wen es treffen würde. Manchmal holten sie jemanden auch am Tag.

Eines Tages wurde kein Name aufgerufen, sondern man nahm gleich fast die halbe Zelle mit. Krysia und ich waren auch dabei. Krysia sagte erleichtert: „Wenigstens sind wir zusammen." Manicha betete laut „Die ewige Ruhe …"

Bevor man uns hinausführte, sah ich aus dem Fenster. Über dem sogenannten Korb sah ich am Himmel ein einziges Zweiglein Flieder. Dieser weiße Flieder war wie ein Symbol der Freiheit. Er blühte eben gerade, als wir in den Tod gehen sollten – und doch war es nicht der Tod.

Der Gefängnisleiter war lediglich der Ansicht, dass es uns im oberen Saal zu gut ginge und dass dort zu viele „Politische" säßen – also steckte man uns in verschiedene andere Zellen. Krysia und ich kamen zu Gencówna.

Gencówna war die „Königin" des Gefängnisses, eine wunderschöne Frau, eine Prostituierte, die anfangs nur im Winter ins Gefängnis kam und im Sommer herausgelassen wurde. Später blieb sie „für ständig". Angeblich „lebte" sie mit den Vorgesetzten und sie benahm sich auch so, als ob sie das Gefängnis beherrschen würde. Sie hatte eine Menge Verehrer, die ihr praktisch alles lieferten.

Diese Gefängniskönigin war uns recht gnädig. Wir gefielen ihr und durch ihren Einfluss konnten wir ab und zu in der Waschküche baden, was sie selbst täglich im großen Bottich tat. Es ging uns gut bei Genca und die Zelle, obwohl düster und eng, war ziemlich sauber.

Allerdings ließ man uns nicht lange hier. Zur Strafe – wir hatten uns auf dem Spaziergang unterhalten oder sonst ein „Verbrechen" begangen – verlegte man Krysia und mich in die schlechteste Einzelzelle, die am tiefsten lag, direkt neben dem Klosett, von wo immer etwas durchsickerte. Obwohl es eine Einzelzelle mit einer einzigen Pritsche war, saßen dort schon drei Frauen. Eine von ihnen, eine blutjunge, sechzehnjährige Prostituierte mit entsetzlich blassen Augen, weckte in mir eine unheimliche Angst. Sie saß wegen Kindesmord und hatte je sechs Finger an jeder Hand und je sechs Zehen an jedem Fuß. Das sah schrecklich aus. Von diesen schrecklichen blassen Fingern träume ich manchmal noch.

So gut ich konnte, schützte ich Krysia vor ihr. Mit Schrecken stellte ich mir vor, dass sie in der Nacht meine Kleine erwürgen könnte. In dieser Zelle konnte ich wieder nicht schlafen.

Die andere Prostituierte war älter, ungefähr 25 Jahre, aber sah aus wie 50. Sie lag krank und stank sehr. Und das alles auf einer einzigen Pritsche!

Ich weiß nicht, wie es mir gelang, die sonst sehr unfreundliche Abteilungsleiterin Pogrebna zu überreden, mir zu erlauben, die Klotür aus den Angeln zu heben und auf den Zementboden zu legen. Darauf schlief ich dann mit Krysia. In der Zelle stank es ganz entsetzlich und auf dem Boden schwammen Kotstückchen. Pogrebna schien doch so etwas wie Gewissensbisse zu haben, denn von diesem Moment ab erlaubte sie uns, länger auf dem kleinen Gefängnishof zu bleiben. Die Rückkehr in die Zelle war immer schrecklich. Aber davon sprachen wir nie, auch nicht unter uns.

Dann legte man sogar noch eine Gefangene in unsere kleine Zelle, mit der wir uns aber gleich befreundeten. Mit zusammengebissenen Zähnen sangen wir das alte kommunistische Gefängnislied:

Dort in Gefängnislöchern
werden wir Tote bleich.
Doch statt langsam verknöchern,
sterben wir lieber gleich.

Brüder, besser ist Sterben
als dieses lange Verderben.
Spuckt nur Blut, Blut, Blut!

Wenn uns die Kräfte genügen,
dann endet Kämpfen und Not,
erwartet uns Freude am Siegen
oder der Hungertod.

Genossen, wir wollen aushalten,
wir müssen die Stellung halten.
Spuckt nur Blut, Blut, Blut!

Viel Hunger hat's gegeben
und Not in meinem Leben,
darf den Mut nicht verlieren,
lachend will ich krepieren!
Spucke Blut, Blut, Blut!

Während des Tages waren unsere prostituierten Gefährtinnen sogar ganz sympathisch. Eine von ihnen, Irka „Kommandirka", ein bezauberndes junges Mädchen in meinem Alter, sagte immer zu mir:

„Ihr Kleinbürgerinnen kennt das Leben nicht. Ihr versteht nicht zu leben.“ Sie weihte uns in die Geheimnisse des Lebens ein und erzählte uns intime Details aus ihrem Beruf, sodass Krysia die Augen weit aufriss. Irka war die Tochter eines Polizisten, der sie wegen ihres Lebenswandels schlug. Das half aber gar nichts, denn sie liebte ihre Tätigkeit und war der Ansicht, dass wir nicht in der Lage seien, sie zu verstehen.

Am Ende holte man uns auch aus dieser Zelle heraus. Wir waren nun schon „alte“ Gefangene und hatten unsere „Untertanen“, die uns zum Beispiel Ringe aus Haar anfertigten und wir für sie Rosenkränze aus Brot. Alle Wärter kannten uns inzwischen und einige von ihnen hatten sogar ein gewisses Mitleid mit dem hübschen, stillen und anmutigen Mädchen Krysia. Eine Zeit lang ließ man uns sogar auf den Dachboden, von wo aus man die Menschen sehen konnte, die am Gefängnistor Päckchen abgaben.

Als ich mit Krysia das erste Mal in diesen Raum trat – es war am Höhepunkt der Thyphusepidemie –, schreckte ich entsetzt zurück: Der Fußboden war schwarz und glänzend und schien sich zu bewegen. Niemals vorher oder nachher sah ich eine solche Menge von Flöhen. Unsere Füße waren im Nu bis über die Knöchel von ihnen bedeckt. Und in einer Ecke lagen Stapel von Leichen, eine auf der anderen. Schnell zog ich Krysia in einen anderen Teil des Dachbodens. Zum Glück bemerkte Krysia viele Dinge nicht. Sie war etwas naiv, leichtgläubig, einfach und sauber. Dadurch gelang es mir im Laufe dieser Jahre, vieles vor ihr zu verbergen.

Von dem Bodenfenster aus sah ich meinen Vater, der dort mit einem Päckchen stand. Er war grau geworden.

Wir waren damals oft auf dem Trockenboden und stiegen sogar auf den Turm. Einer der Wärter nahm uns einmal ganz nach oben mit und gab uns einige junge Krähen, die aus dem Nest gefallen waren. Wir gingen dann täglich heimlich dorthin und fütterten diese Vögel, was rührende Momente für uns waren. Einige Zeit später verhaftete man diesen Wärter und so endeten unsere Ausflüge auf den Turm.

3

In diesem Gefängnis herrschten außer Typhus, Läusen und Flöhen noch eine Plage: die Krätze. Sie breitete sich in einem unwahrscheinlichen Tempo aus, denn in dieser Enge und dem Schmutz hatte sie ideale Bedingungen. Zu ihrer Bekämpfung wurden wir mit stinkenden Flüssigkeiten begossen, was natürlich nichts nützte - im Gegenteil!

Auf dem schmerzenden, juckenden Körper bildeten sich in kurzer Zeit große eitrige Geschwüre. Das war keine gewöhnliche Krätze, sondern ‚Pferdekrätze'. Diese unterscheidet sich von der gewöhnlichen durch eitrige Absonderungen und durch große schmerzende, entzündliche Geschwüre. Wir schliefen so eng beieinander, dass wir uns früher oder später alle anstecken mussten. Der Verlauf war sehr unterschiedlich. Übrigens machten sich die Deutschen darum keine Sorgen und behandelten die verschiedenen Symptome alle gleich: Sie begossen einfach alle kranken Stellen mit Schwefelwasser. Die eiternden Wunden, die mit dieser ätzenden Flüssigkeit begossen wurden, eiterten daraufhin noch mehr und wollten lange nicht heilen. Erst die heimlich eingeschmuggelten medizinischen Mittel unserer Mitgefangenen Niusia halfen uns so einigermaßen, gesund zu werden. Im Allgemeinen waren aber Krysia und ich sehr kräftig und gesund und erstaunlich widerstandsfähig, sodass wir weder am grassierenden Unterleibstyphus noch an Flecktyphus erkrankten.

Die Verhöre hatte ich schon fast vergessen, als ich eines Tages plötzlich aus der Zelle gezerrt und nach unten gebracht wurde. Es war ein schöner Frühlingstag. Am Tor stand ein offenes Auto und neben ihm mein Schinder von den Verhören. Gleich wusste ich, dass er mich abholen wollte. Elegant öffnete er die Wagentür und mit einladender Geste lud er mich ein einzusteigen. Während er sich auf den Platz des Fahrers setzte, fragte er: „Wohin wollen Sie fahren?" Ich sah ihn an. Schon während der Verhöre – bei denen er mich niemals selbst geschlagen hatte – hatte ich manchmal gedacht, dass dies der schönste Mann sei, den ich in meinem Leben gesehen hatte. Er war ein sogenannter starker Brünetter mit schwarzen, sogar blauschwarzen Haaren, dunklen Augen, mit scharfem, vogelartigem Profil und einer Narbe über der Oberlippe. Er sah mich in einer Weise an, dass ich nicht wusste, was ich von alldem denken sollte. Wieder wurde ich wachsam, so wie während der Zeit der Verhöre.

Er wiederholte seine Frage. Ich antwortete, dass doch er mich fahre, also wisse er sicher, wohin. Er lächelte und durch dieses Lächeln wurde sein Gesicht völlig verändert. Er sagte: „Wanda, seien Sie gut zu mir, dann werde ich auch gut zu Ihnen sein." Auch ich lachte nun, allerdings eher künstlich und etwas nervös, und sagte scheinbar lässig: „Ach, ich bin von Natur aus gut, also kann ich überhaupt nicht anders sein. Aber fahren möchte ich nach Sławinek." (In Sławinek war ich oft mit meinem Vater spazieren gegangen.)

Natürlich glaubte ich nicht, dass wir nach Sławinek fahren würden, was einige Kilometer außerhalb der Stadt war. Aber schon fuhren wir langsam durch die Stadt. Sollte ich fliehen? Es war nur ein kurzer Gedanke, aber er hatte ihn mir wohl vom Gesicht abgelesen, denn wieder lächelte er und sagte: „Wenn Sie gut zu mir sind, werden Sie nicht fliehen."

In einem Zustand wachsender Spannung fuhr ich in diesem schönen Auto durch die sonnige Stadt. An einer Straßenkreuzung sah ich plötzlich das verwunderte Gesicht einer meiner Klassenlehrerinnen. Sie hatte einen eher ungläubigen Ausdruck. Ich hatte Lust ihr zuzunicken, als ich bemerkte, dass mein Schinder mich in einer besonderen Art und Weise beobachtete. Ich wurde vorsichtig. Es war ja durchaus möglich, dass sie mich jemandem zeigen wollten oder damit rechneten, dass ich ihnen jemanden zeige. Ich sah den Gestapomann an und begann nervös ein allgemeines Gespräch. Er nahm es auf und erzählte von seinen Reisen, vor allem nach China. Er erzählte lebhaft und interessant.

Schließlich hatten wir die Stadt verlassen und hielten tatsächlich in Sławinek. Dann saßen wir in der Sonne und ich war wie betäubt von dem Grün, den Vögeln und dem Wasser. Fliehen?

Wieder sagte er: „Versuchen Sie nicht zu fliehen."

Ich versuchte es nicht. Ich wusste, dass ich keine Chance hatte. Danach kehrten wir zurück. Höflich brachte er mich ins Gefängnis zurück, so als wäre es meine Wohnung. Dort empfing mich das vertraute Knirschen des Tores, die Treppe, die Zelle – und in der Zelle der Haufen von Frauen. Sofort überfielen sie mich mit fieberhaften Fragen:

„Wie waren die Verhöre?"

„Haben sie dich geschlagen?"

Ich schwankte. Krysia lief zu mir und fragte: „Was ist mir dir?" „Nichts ..."

Sie zogen mich aus. Aber weder blutete ich noch hatte ich blaue Flecken. Ich schwankte nur im Stehen.

„Was haben sie dir getan?"

„Wo warst du?"

Ich sagte die Wahrheit: „In Sławinek."

Eine Weile sahen sie mich an wie eine Verrückte. Danach trat plötzlich in der Zelle Stille ein. Alle rückten von mir ab, außer Krysia und Władka.

Irgendeine sagte schließlich: „Denunziantin."

Eine andere sagte: „Wahrscheinlich ist sie seine Geliebte!"

Ich schwieg ... Ich hatte das Vertrauen zu diesen Frauen mit einem Schlag verloren und grollte ihnen innerlich. Ich empfand, dass sie mir mehr Unrecht getan hatten als die Gestapo.

Wieder war ich dem Weinen nahe und so schrecklich müde. Spät in der Nacht, als schon alle schliefen, erzählte ich Krysia ganz leise, was mit mir geschehen war. Eigentlich war nichts passiert und doch konnte ich mehrere Nächte nicht schlafen, weil ich darüber nachdachte, was das eigentlich hatte bedeuten sollen. Bis heute weiß ich es nicht.

Lange Zeit sahen die Frauen mich misstrauisch an. Später war ich ihnen nicht mehr böse, aber meine Erfahrung hatte ich gemacht. Nie wieder würde ich so ehrlich antworten, so direkt wie eben damals. Von da an sprach ich über mich nur zu Krysia und Władka. Und ich glaube, damals erlebte ich das Ende meiner Kindheit.

4

Die Gefängnistage schlichen langsam dahin. Wir waren ermüdet durch das lange Nichtstun, das nur unterbrochen wurde von Strafmaßnahmen, den unbarmherzigen und plötzlichen Aufrufen zur Hinrichtung und dem Warten auf den Tag, an dem man selbst an die Reihe kam.

Die Strafgefangenen waren in zwei Lager geteilt: die Politischen und die Kriminellen. Die Letzteren waren unsere Todfeinde und setzten uns manchmal sehr zu.

Plötzlich machte die Nachricht die Runde, dass ein neuer Transport ins Lager in Vorbereitung sei. Bis heute weiß ich nicht, wie es unseren Eltern gelang, das Gefängnispersonal zu bestechen, uns und andere, die für das Lager bestimmt waren, aufs Feld zur Arbeit zu führen. So gingen wir eines Tages in Reihen zu fünft durch die Straßen in Richtung Stadtrand. Unsere Beine wankten vor Müdigkeit. Und alle unsere Angehörigen waren auf dem Feld! Gott! Das war entsetzlich. Ich glaube, dass unsere Eltern das nicht veranlasst hätten, wenn sie gewusst hätten, wie viel uns diese Begegnung kostete. Ich weiß nicht, wie wir es schafften, nicht zu weinen. Selbstverständlich konnten wir nicht fliehen, denn dann hätte unser Wärter – der Vertrauen zu unsern Eltern hatte – den eigenen Kopf hinhalten müssen. Er war ohnedies nervös und hatte panische Angst. Die Rückkehr ins Gefängnis – wir liefen auf der Straßenmitte, während unsere Angehörigen uns auf dem Fußweg folgten – war schwerer, als die ganze Untersuchungshaft. Ein Meer von Sehnsüchten brauste in uns auf. Wohl zum ersten Mal stellte ich mir die Frage: Warum eigentlich ich? Damals begann ich aufzubegehren.

Was meine Eltern wohl dachten, als sie hinter uns auf dem Fußweg gingen? Mir war es jedenfalls nicht recht, dass sie mich aus dem Gefängnis geholt hatten, nur um mich zu sehen. Konnten sie denn verstehen, was es bedeutet, wieder dorthin zurückzukehren? Ich wollte fliehen … fliehen … mich in die erste beste Querstraße schlagen. Sie würden schießen und das wäre das Ende! Ich wollte nicht in das Gefängnis zurück! Gott, wie sehr wollte ich frei sein! Schon hatte ich eine

Straßenbiegung für mich erspäht: Dort reiße ich aus! In diesem Moment fasste Krysia mich am Arm, obwohl sie doch meine Gedanken nicht kannte. Niemand erfuhr von diesem Moment meines inneren Aufruhrs. Ich schüttelte mich und versuchte, die Gedanken zu vertreiben.

Sie hätten wahrscheinlich nicht nur mich erschossen, sondern auch diesen Aufseher, der meiner Mutter vertraute und gewiss auch meine Mutter selbst. Ruhig kehrte ich ins Gefängnis zurück, aber meine Beine waren weich und zitterten. Ich war sehr ermattet.

Wir alle waren ermüdet von diesem Ausgang. Es war, als kämen wir von einem Verhör zurück. Unsere Angehörigen hatten uns gesagt, dass wir mit einem Transport in ein Konzentrationslager gebracht werden sollten. Wie sie das erfahren hatten, weiß ich nicht.

Eigentlich erschreckte uns diese Nachricht nicht sehr. Über das Lager wussten wir nichts Bestimmtes, doch das Wort als solches hatte für uns einen durchaus positiven Klang. Bisher hatten wir das Wort Lager nur als Bezeichnung unserer Pfadfinderlager gebraucht, die voll Freude und Sonne waren. In meinem ganzen damaligen Vorstellungsvermögen weckte das Wort Lager keine Angst.

Im Übrigen hatten wir den Gefängnisaufenthalt reichlich satt. Diese schreckliche Enge in den Zellen, dieser Haufen ewig sich zankender Weiber, die hin und wieder, wenn es an Argumenten fehlte, auch Zähne und Fingernägel gebrauchten. Hier war es so schrecklich, dass wir uns nicht vorstellen konnten, dass es irgendwo schrecklicher sein könnte. Schmutz, Läuse, der Mangel an Wasser und Seife, die Untätigkeit, die ständigen Schikanen, die ständigen Durchsuchungen, Nächte voller Todeserwartung – das alles war schwer zu ertragen.

In einer Nacht rissen sie Frau Śniegocka aus dem Schlaf. Sie war eine schöne Frau mit samtartigen, kastanienbraunen Augen und einem sehr lieben Gesicht. Sie trug ein braunes weiches Kleid mit schmalplissiertem Rock. Als sie in dieser Nacht zur Exekution ging, sprach sie von ihrer Tochter, die in unserem Alter war. Ihr Tod beeindruckte uns sehr.

Es ist unmöglich, alle zu erwähnen, die durch das Gefängnis gingen, ob sie es lebendig oder aber tot verließen. Unter uns Jüngeren und

Kämpferischen entstand ein Geheimbund „vom schwarzen Tisch". Das war aber wirklich nur eine Geste unseres Selbstbehauptungswillens.

Am 21. September 1941 wurde auf dem Gefängnishof die Liste jener verlesen, die ins Lager kommen sollten. Die Liste kannten wir schon seit dem vorhergehenden Nachmittag. Aber wir dachten, dass wir zur Exekution geführt würden. Nun atmeten alle auf. Die Fahrt ins KZ war also eine freudige Überraschung. Als auch noch die Namen derer fielen, die schon verurteilt waren, schien es uns, als ob die Überstellung ins KZ einem Freispruch von der Todesstrafe gleichkäme.

Wie naiv! Wir wussten noch nicht, dass man auch nach einigen Jahren Lager erschossen oder vergast werden konnte. Damals, auf diesem Gefängnishof, dachten wir, dass Todesurteile nur hier zwischen dem Schloss und der äußeren Gefängnismauer vollzogen würden.

Es war ein heller, froher Septembertag. Wie viel schreckliche Dinge habe ich an schönen, sonnigen Septembertagen gesehen … Dieser Septembertag nun war besonders schön in seinem heiß flimmernden Glanz. So standen wir da, voll von widersprechenden Gefühlen. Wir atmeten auf, dass nur die Politischen wegkommen sollten, während die Prostituierten, die im Schloss „regierten", dableiben würden. Nach den schrecklichen Gefängnistagen schien jede Veränderung eine Änderung zum Besseren zu sein. Erst später lehrte uns das Leben, dass jede Veränderung immer eine Änderung zum Schlechteren war. So waren es die vielen, vielen Tage, Monate und Jahre hindurch. Aber diese Erkenntnis kam uns erst wesentlich später.

Einstweilen dachte ich noch, dass es besser wäre, ins Lager zu kommen, als im Gefängnis zu bleiben. Schluss mit dieser Tretmühle, mit diesem kleinen Gefängnishof. Vielleicht wird es dort mehr Raum geben. Na, und letzten Endes werde ich nicht allein sein. Ich sah die mir bekannten Gesichter an, einige ganz nahe, und plötzlich wurde ich unruhig: Wenn sie uns dem Alphabet nach aufstellen? Krysia, wo bist du? Egal, wohin wir kommen, Hauptsache, dass wir zusammen sind. Das blieb so bis zum Ende. Immer wollte ich mit ihr zusammen sein. Außer dem Moment, als ich meinte, in den Tod zu gehen.

Nachdem die Liste nachgeprüft worden war, erlaubte man uns, so zu stehen, wie wir wollten. Unser Geheimbund „vom schwarzen Tisch“ stand natürlich zusammen. Wir standen den ganzen Tag auf dem Hof der Männer, denn hier war mehr Platz, als auf dem der Frauen. Wir sahen niemanden, aber wir wussten, dass sich in allen Ritzen der Holzverschalungen an den Fenstern Augen verbargen und uns unruhig betrachteten. Manche sahen vielleicht zum letzten Mal ihre Frauen. Bei uns befanden sich nämlich einige Frauen, die man zusammen mit ihren Männern verhaftet hatte, welche auch hier saßen.

Das war der erste große Frauentransport in ein Konzentrationslager. 154 Frauen, Transport nach … Ach!

Unbegrenzt ist die menschliche Phantasie, vor allem wohl die weibliche! Tausende von Gerüchten liefen durch den Hof. Die Reihen der aufgestellten Frauen pulsierten förmlich von Sensationen: Wir fahren sicherlich zur Arbeit nach Tirol, nach Bayern, nach … nach … nach … Eigentlich wunderte ich mich, dass niemand London als Reiseziel nannte, denn alles schien jetzt möglich.

So standen wir erhitzt, verschwitzt und kurios gekleidet, denn wir hatten ja alles angezogen, was wir besaßen. Vielleicht würde es dort kalt sein, vielleicht wartet Hunger auf uns, vielleicht wird man dann etwas verkaufen können? Zwar hatte der Leiter des Gefängnisses, Dominik, – ein riesiger blonder Mann, von dem gesagt wurde, dass er „gar nicht so schlecht“ wäre – bekannt gegeben: „Frauen, ihr braucht nichts mitnehmen. Ihr bekommt dort alles, was ihr braucht. Es wird euch dort besser gehen.“ (Er sprach diese Worte in einem polnischen Dialekt.) Aber wir glaubten ihm nicht. Wir wussten schon, dass man nie glauben konnte, was uns gesagt wurde. So standen wir also, bunte Gestalten, wie Marktweiber mit 13 Kittel übereinander, die mehr breit als hoch aussahen. Einige hatten Locken, andere waren sorgfältig und grell geschminkt, denn … vielleicht war es das letzte Mal! Ich hob den Kopf und sah die Umrisse der Türme des alten Schlosses gegen den Himmel. Das Lubliner Schloss. Sieben Monate Gefängnis lagen hinter mir – Tage, an die ich mich nicht mehr erinnern will, von denen ich nichts mehr wissen will, ich will nur vergessen. An jenem einzigen, schrecklichen Tag, an dem wir auf das Feld gingen, sagte ich zu meiner Mutter: „Mach dir keine Sorgen! Die Fahrt zum Lager betrachte ich wie einen naturkundlichen Ausflug.“ Und jetzt dachte ich: Ist es wirklich wie ein Ausflug? Lublin, diese alte, langweilige und doch im Augenblick so geliebte Stadt. Vor uns eine Reise ins Unbekannte … hinter uns entsetzliche Tage, schwere Tage, und doch mit dem Gefühl, gewonnen zu haben, ein reines Gewissen zu haben und mit einer neu errungenen Freundschaft! Eben jetzt denke ich an sie: GROSSE TAGE.

Ein Sturm von Gefühlen erfasste mich. Wie oft tobte in uns ein Meer von sich widersprechenden Gefühlen, vom hellen Glauben an das eigene Glück, an die Gerechtigkeit, die siegen muss, über die Flamme der brennenden Sehnsucht, bis zu einer wolkenschwarzen Furcht, was weiter wird – bis zur schrecklichsten aller Ängste: der Angst vor dem Unbekannten.

„Frauen, hier ist Wurst für euch. Ihr werdet schon sehen, es wird euch besser gehen“, rief der hünenhafte Deutsche auf Polnisch. Besser?

Gegen Abend fuhren Lastwagen vor, der Reihe nach stiegen wir ein. Irgendwie ergab es sich von Anfang an, dass ich in der Gruppe war, die sich als „verantwortlich“ betrachtete. Also ließen wir alle vor und fuhren als Letzte. Wir wollten unbedingt zusammenbleiben. Das war das Einzige, was wir hatten. Krysia und ich hielten uns an den Händen. Vom Fenster des ärztlichen Behandlungszimmers winkte uns verzweifelt eine Hand zu. Wessen Hand war das? Aber das war jetzt egal. Und plötzlich hatte ich eine Vorahnung von etwas Schrecklichem. Ich hatte ein Gefühl wie in einem luftleeren Raum, ohne Anhaltspunkte und ganz ohne Hilfe.

Das kann man nicht aushalten, das geht über die Kräfte … Wie oft schien es uns in dieser Zeit, dass wir Dinge erlebten, die absolut über die Kräfte gehen. Und dieses Mal war die Spannung auch nicht zu ertragen.

„Wir müssen durchhalten, wir müssen! Hörst du?“ Ich schrie Krysia ins Ohr, um das Dröhnen des Motors zu übertönen. „Wir müssen zurückkehren!“

Damit fuhren wir ab.

Und noch einmal fiel das Tor hinter uns mit lautem Knall ins Schloss. Diesmal waren wir auf der anderen Seite.

5

Wir fuhren durch die Stadt, erkannten die Straßen. Durch einen Spalt in der Plane sah ich kurz das bekannte, liebe Gesicht meiner Freundin Danuta. Es war schon dämmrig, ich konnte ihre Augen nicht sehen, aber ich wusste, dass sie blau waren.

Die Frauen in den ersten Wagen hatten das bessere Los gezogen, denn es war noch hell, als sie fuhren. Außerdem hatten sie offene Wagen. Sie konnten während der Fahrt Bekannte erkennen. Die letzten Wagen waren verdeckt und kamen im Dunkeln auf dem Bahnhof an. Wir wussten, dass unsere Angehörigen hier zwischen den Waggons waren. Wir wussten, dass sie wieder die Wärter bestochen hatten, Irgendwo sitzen sie hier und schauen. Krysia, ist das nicht dein Vater? Nur ein gebeugter Schatten war zu sehen. Roma sah ihre Mutter, die etwas zu ihr sagte.

Sie steckten uns in Personenwaggons, je acht in einem Abteil. Was für ein Luxus! Wir standen dann lange in der Station. Es war Nacht, eine stille, sternenreiche, warme und geheimnisvolle Nacht. Erinnerst du dich, Joanna? Du saßest auf einer Stufe und erzähltest die Geschichte von der wunderbaren Insel: „Solche Inseln gibt es auf den Landkarten nicht, aber wenn du dich sehr nach ihr sehnst, dann …"

Wir lauschten schweigend. Woran dachte jede von uns? Unmöglich zu wissen. Ich erinnere mich an meine Gedanken. Ich wollte fliehen, aber ich hatte Angst, dass sie dafür meine Mutter verhaften würden. Im Gefängnis von Lublin saßen viele Frauen eben für jemanden anderen … Nein, auf keinen Fall jetzt fliehen, vielleicht später, wenn man die Angehörigen nicht verantwortlich machen würde.

Verantwortung. Ein großes Wort … In dieser Nacht fühlte ich mich verantwortlich für die Rückkehr von Krysia. Warum, wusste ich nicht. Ich beschloss, wie so viele Male, dass sie zurückkehren muss. Die kleine Krysia … Ich sah nach – sie schlief. Der Zug wiegte sie wie ein Kind. Wie ein Kind? Schließlich und endlich war sie wirklich ein junges Mädchen. Krysia war 17 Jahre alt.

Die Räder hämmerten: Wir kehren zu-rück, zu-rück, zu-rück … Im Laufe der Nacht wuchs der Galgenhumor. Wir schliefen nicht, es ging nicht. Sogar die, welche von dem schweren Tag ermattet gleich eingeschlafen waren, wachten jetzt auf.

Wir sangen mit Bravour, aber auch mit viel jugendlichem Leichtsinn und Sinn für Humor. Wir sangen aus voller Brust:

„Dies unser Los: von Ort zu Ort, und heute hier und morgen dort. Dies Los, das uns der Herrgott gab. Wir wissen nicht, wo unser Grab."

Der folgende Morgen war hell. Der polnische Herbst grüßte uns zum Abschied mit einem goldenen Lächeln, mit einem herrlichen, bunten Tag. Auf irgendeiner Station warf uns ein kleiner Junge ein Büschel blühendes Heidekraut zu. Eine Handvoll nach Erde duftender, violetter Zweiglein – seit sieben Monaten die ersten Blumen in der Hand! Nie hatte ich vorher gewusst, dass Heidekraut so duftet!

In Warschau wurden Wagen mit Gefangenen aus dem sogenannten „Pawiak" (Gefängnis in Warschau) angehängt. Und so fuhr dieser ganze lange Zug, der Hunderte von vor Schmerz zitternder Herzen beförderte. Ich werde nicht weinen, sagte ich mir, erst zu Hause … Ich werde nicht weinen, erst dann, wenn ich mich in hohes Gras werde werfen können und in den Himmel werde schauen können, und auf seinem Hintergrund werden sich Zweige von Bäumen wiegen. Ich werde nicht weinen. Ich werde nicht weinen. Nun, wir weinen nicht.

Jemand übergab einen Zettel durchs Fenster dem Wind: „Wir fahren ins Unbekannte, über Kutno und Posen." (Der „Brief" wurde tatsächlich gefunden und zugestellt.)

Ins Un-be-kann-te, Un-be-kann-te, Un-be-kann-te, skandierten die Räder des Zuges.

Auf den Stationen sah man entsetzte Gesichter. Alle wussten, was dieser Zug bedeutete, der von SS-Männern umstellt war.

Jemand sagte: „Ein Zug voller Frauen fährt in die Verbannung."

In die Verbannung? Nun ja, eigentlich ja. Aber auf diese Weise hatten wir noch nie darüber nachgedacht. In die Verbannung! Wohin? … Ins Unbekannte!

Wir kamen durch Posen und bald danach verließen wir Polen.

Für wie lange? Vielleicht für immer. Staszka sagte laut: „Lieber Gott, lass uns auf polnischer Erde sterben." Sterben? Nein, wir wollen nicht sterben, sogar auf polnischer Erde nicht. Ist es nicht gleichgültig, wo man stirbt? Aber nein, irgend etwas da tief drinnen sagt, dass es eben gar nicht gleichgültig ist. Und plötzlich gewinnt der Begriff „polnische Erde" eine besondere Bedeutung,

Die zweite Nacht der Reise war noch schlimmer als die erste. In der Nacht fuhren wir durch das abgedunkelte Berlin. Frühmorgens, am 23. September 1941, lasen wir einen neuen, für uns bis dahin nichtssagenden Ortsnamen: Fürstenberg. Naja, ein Ortsname wie viele andere. Und heute? Was bedeutet er für dich heute? Wirst du dieses Wort nie mehr ruhig aussprechen können? Wird man immer, bis zum Lebensende diesen Schauder empfinden?

Wir zitterten. Es war uns kalt, wir waren hungrig und nicht ausgeschlafen. Zwei Nächte ohne Schlaf!

Wir wurden in Reihen zu fünft aufgestellt, und zum ersten Mal sahen wir die Aufseherinnen. Es ist unmöglich zu beschreiben, wie schrecklich diese Frauen waren, unsere neuen Vorgesetzten. Mit Verachtung sahen sie uns an, die Krähen-Frauen, die Raben-Frauen, wie wir sie später nannten. Riesige, hochgewachsene Blondinen mit gedankenlosen, eiskalten Augen und verkniffenen Lippen, in schwarzen Pelerinen mit Kapuzen, scharfe, das Ohr verletzende Stimmen und an ihrer Seite riesige Schäferhunde.

Wir standen schweigend, bewegungslos, umgeben von einer Meute Hunde und diesen feindlichen, unmenschlichen Menschen. Brutale Stimmen, Gesten, Tritte, Fäuste, Ohrfeigen – gleich vom ersten Moment an wurden wir damit überschüttet. Wie schwiegen. Wir begannen zu ahnen, was uns in den nächsten Tagen oder sogar Monaten erwartete. An Jahre dachten wir damals nicht.

Ich stand mit so fest zusammengebissenen Zähnen, dass die Kiefer schmerzten. Eben daran erinnere ich mich: Die Kiefer schmerzten von diesem verzweifelten Beißen. Kein Wort konnte ich sprechen. Übrigens rief jeder Versuch zu flüstern ständig Fußtritte und Brüllen hervor: Maul halten!

Stille … drohende Stille …

Später erlebten wir noch oft das Grauen der gemeinsamen Stille, aber dieser erste Moment schien uns der schlimmste. Sie war so unerwartet, so überraschend, neu, voll von panischem Schrecken – die erste Stille, deren wir uns schämten. Wir waren bestürzt durch die Furcht, dass man uns des Teuersten berauben könnte, des Gefühls des Menschseins.

Scharf sah ich alle Gesichter, die plötzlich andere geworden waren. Dieselben, doch nicht zum wiedererkennen: Blasse Augen, hartnäckig zur Erde niedergeschlagen. Warum mieden wir unsere eigenen Blicke? Warum warf ich mich nicht mit bloßen Fäusten auf diese schrecklichen Weiber, als sie die Erste von uns ins Gesicht schlugen? Uns erdrückte das Gefühl der Scham vor der eigenen Angst, das Gefühl der Ratlosigkeit und Erniedrigung, die schiere physische Kraftlosigkeit.

So standen wir in unseren Reihen und warteten auf die Autos; missachtete Gefangene, Menschen, aus dem menschlichen Lebenskreis hinausgeworfen.

Schon half das Bewusstsein nicht mehr, dass wir zusammen waren. Im Gegenteil, es steigerte nur den Schmerz der Erniedrigung. Einen Moment lang kam heißer Hass auf: einerlei, ich springe auf die mir am nächsten stehende Aufseherin zu, ohne Rücksicht auf Konsequenzen. Ich spannte mich an und war zum Sprung bereit. Die schwarze Pelerine kam mir ganz nahe. ‚Wenn sie mich schlägt oder Krysia oder Władka, dann … Ich sah ihr direkt ins Gesicht. Sie senkte die Lider, ging vorbei, schlug diesmal niemanden. Langsam entkrampften sich meine Kiefer. Sie schmerzten sowieso.

Lastautos brachten uns in das Lager. An einer Kreuzung sahen wir das glitzernde Wasser eines Sees und hoch über ihm Wald. Er sah aus, als ob er sich im Himmel befände. Unterhalb des Waldes lag das Lager. So konnte man von den Lagermauern aus die Silhouette des Waldes gegen den Himmel sehen. Vielleicht war es das, was das Gefühl der Unerreichbarkeit dieses Waldes noch steigerte. Eine neue Sehnsucht nach dem Wald brach in uns auf … Wie viele Male träumte ich von ihm.

In diesen hoffnungslosen Tagen wurde der Wald für mich zum

Symbol von Ungezwungenheit, Ruhe und Rast. So wird es wohl immer bleiben, dass ich in Zeiten der Bedrückung immer zuerst zum Wald fliehen möchte und erst dann vielleicht zu den Menschen.

Musterlager Ravensbrück. Gleich hinter dem Tor ein großer Platz. Vorn irgendwelche Gebäude, auf der anderen Seite des Platzes, zu beiden Seiten der Lagerhauptstraße, eine Reihe von gleichmäßig niedrigen Baracken. Platz und Straße mit schwarzem Kohlenschotter aufgeschüttet. Reihen von blühendem Salbei, Blüten, deren grelles Violett zu einem Symbol wurde. Eine unschuldige Blüte, der gegenüber ich bis heute Widerwillen empfinde. Ich mag Salbei nicht und kann ihn nicht ansehen.

Später erfuhren wir, dass das hohe Gebäude am Rande ein Bunker war. Er sagte uns damals gar nichts. Neugierig sahen wir uns um. Die Mauer war glatt und hoch, viel zu hoch, als dass man darüber hätte entfliehen können. Auf ihr Hochspannungsdrähte und darüber die Wachtürmchen. Streng bewacht war dieses Lager und von aller Welt abgeschlossen.

In der Ferne gingen Frauen in Fünferreihen vorüber, alle gleichmäßig angezogen in blau-grau gestreiften Kleidern. Neugierig betrachteten wir sie. Ich war bestürzt über die entsetzliche Gleichförmigkeit und Gedankenleere ihrer Gesichter. Sie waren kaum voneinander zu unterscheiden.

Schon damals wurde mir klar, dass die Zustände hier wesentlich schlimmer waren als der Gefängnisschmutz – diese sauberen, gleich gekämmten oder glatt rasierten Köpfe, diese seelenlosen Gesichter ohne Ausdruck. Sie gingen gleichgültig an uns vorbei, ohne uns anzusehen und ohne zu sprechen. Sie reagierten überhaupt nicht auf unsere Anwesenheit. Sie hatten eigentlich keine Gesichter! Ich musste an Klötze denken. Und dort auf diesem Platz entrangen sich mir stille Gebetsworte: „Gott, wenn Du über dieser Welt noch bist, lass uns unser eigenes Gesicht bewahren an diesem schrecklichen Ort. Nicht das Leben, aber die Seele …“

Nummern, Nummern, Nummern, sonst nichts. Keine Familiennamen, keine Vornamen, keine Gefühle. Diese Frauen lebten eigentlich nicht mehr, dachte ich. Krysia fasste mich am Arm und flüsterte entsetzt: „Sie sind sich alle gleich."

Auf der Stelle verstand ich ihre Angst und sagte schnell: „Weißt du, das sind nur die rasierten Köpfe, die einen solchen Eindruck hervorrufen." Sie atmete auf, aber ich wusste, dass wir uns vor dem Gleichen fürchteten.

Nicht alle jedoch gingen ohne ein Wort vorüber. Es fanden sich auch „lebendige Polinnen", nämlich die mit den roten Dreiecken. (Damals wussten wir noch nicht, dass die rote Farbe den politischen Häftling bezeichnete.) Sie gingen vorüber und lächelten uns verstohlen zu. Zugleich forderten sie uns auf, Kleinigkeiten in ihre Richtung zu werfen, um sie eventuell auflesen zu können. Alle flüsterten (auf Deutsch): „Sondertransport, Sondertransport." Wir wussten nicht, was das bedeutet und warum sie so über uns sprachen. Erst wesentlich später erfuhren wir, dass „Sondertransporte" Transporte mit zum Tode verurteilten Gefangenen waren. Wir sollten also ganz einfach umgebracht werden, die einen sofort, andere später.

Wie sich später herausstellte, waren wir tatsächlich alle zum Tode verurteilt worden – ohne Verhandlung, ohne Anklageschrift und ohne Verteidigung. Die Lubliner Gestapo war berüchtigt für die strengen Strafen, die sie verhängte, unabhängig von der Schuld oder dem Alter des Delinquenten.

Aber an jenem 23. September 1941 war uns das alles unbekannt und auch in der Behandlung unseres Transportes war nichts Besonderes zu bemerken. Routinemäßig schickte man uns zum Badehaus, wo wir warteten, bis jeder von uns an die Reihe kam. In dem Transport waren auch viele junge Mädchen, vor allem Pfadfinderinnen (die jüngste war 15 Jahre). Die meisten von uns waren gebildet, viele Lehrerinnen, die von den übrigen Strafgefangenen im Gefängnis als „Verfluchte Spagaterie" (Politische) beschimpft worden waren. Die Mehrzahl der Häftlinge war wegen irgendwelcher freiwilliger Widerstandsaktivitäten verhaftet worden. Ich betrachtete diese Frauen, die jetzt ihre Zivilkleider abwerfen sollten. Alle waren wachsam. Ich sah sie an und erwog, wie viele von uns überleben, wie viele „das Gesicht" bewahren würden. Aus dem Bad kamen sie schon verändert heraus. Sie sahen schrecklich aus, aber wenn man jung ist, ist es leichter, sich einen Sinn für Humor zu bewahren. Bei jeder neuen Zehnergruppe brachen wir in Lachen aus. Ich beruhigte mich etwas. Vielleicht waren diese Frauen, diese alten Häftlinge, gar nicht so dumm, vielleicht vermittelte nur die Kleidung diesen Eindruck. Auch die Intelligenteren sahen in den gestreiften Gewändern und mit ihren kahlen Köpfen genauso unpersönlich aus und waren einander so ähnlich.

Ich weiß nicht, warum man mir den Kopf nicht rasierte. Vielleicht deshalb, weil ich mir schon im Gefängnis die Haare kurzgeschnitten hatte. Später wurde es überhaupt ein Grundsatz, dass man nie wissen konnte, was und warum etwas geschah oder eben nicht geschah.

Quarantäne.

Ein Tag verging nach dem anderen, einer so wie der andere, einförmig, niederdrückend in seiner grauen Hoffnungslosigkeit. In den Speisesaal gedrängt, warteten wir schweigend von Mahlzeit zu Mahlzeit, von Appell zu Appell. Nichts, nur warten. Morgens wurden wir von der Sirene geweckt, sprangen auf und begannen mit dem Bettenmachen. Ein Alptraum! 35 Finger in der breite, sieben nach oben, achtzehn das Kissen – brrr ... Wie viele sinnlose Stunden verbrachten wir damit, Kanten zu machen, wie viel dumpfe Wut steckte in jeder, wenn die dralle deutsche Blockwärtin, die aus ganzer Seele die Polinnen hasste, das mit so viel Mühe gemachte Bett immer wieder durcheinanderwarf. Schikanen, nichts als Schikanen! Da war die Schürze schlecht gebunden, das Glas schmutzig, die Tasche nicht richtig gesäubert. Es gab hunderttausend Gründe, um uns fühlen zu lassen, dass wir hier im Lager sind und Strafen zu erwarten haben. Hermine zeichnete sich darin aus, Strafen anzuordnen. Und wir, wir waren ein passiver Haufen und vom ersten Moment an malträtiert. Was war mit uns geschehen? Wir waren verirrt und konnten uns nicht wiederfinden. Damals schien es uns, dass alles sehr eng sei, doch zu der Zeit, als wir das Lager verließen, waren wir im gleichen Block fünfmal mehr Frauen! Aber jetzt war alles neu für uns, diese sinnlose Eile, der Drahtverhau, der uns vom eigentlichen Lager trennte (die Deutschen fürchteten sich sehr vor ansteckenden Krankheiten und die Quarantäne bedeutete echte Isolation).

Wir sahen das Lager durch diesen Drahtzaun und horchten, wie Hermine uns die Lagerregeln eintrichterte, wobei sie großzügig Ohrfeigen austeilte. Hermine liebte es zu schlagen. So lernten wir die deutschen Worte: Revier, Strafblock, fünfundzwanzig, Bunker …

Eines Tages bekamen wir Nummern. Wir hörten auf zu existieren, waren nicht mehr wir selbst. Auf dem gestreiften Ärmel blieb nur eine Nummer. ‚Meine Leute', so sprach uns Hermine gewöhnlich an.

Später erlaubte man uns, die erste Karte nach Hause zu schreiben. Wir durften nur Nummer und Adresse angeben sowie die Mitteilung, dass wir im Frauen-Konzentrationslager Ravensbrück in Mecklenburg sind. Bisher hatten wir Gespräche über zu Hause vermieden, aber die ersten abgeschickten Karten weckten wieder eine Welle von Sehnsucht!

Es war schwer, aber wir wussten nicht, dass das alles erst der Anfang war. Mit der Sorglosigkeit der Jugend dachten wir fortwährend, dass es schon irgendwie wird, dass es besser werden muss. Durch das Nichtstun ermüdet, sehnten wir uns naiv nach Arbeit!

Man teilte uns in zwei Blöcke auf: Block 13 und Block 15. Langsam gewöhnten wir uns an die gestreiften Sträflingsanzüge und mussten auch nicht mehr lachen, wenn wir unsere kahlen Köpfe sahen.

Schnell lernten wir das Lager-Abc.

Außer von Hermine auch von den älteren Häftlingen, die heimlich zu uns kamen.

Die „Veteranen" lehrten uns, dass man vermeiden musste, gemeldet zu werden, denn das bedeutete Hungerarrest im Bunker. Sie informierten uns auch, dass man nicht krank sein durfte, denn wenn man ins Revier kam, wurde man geschlagen und getreten. So lernten wir, wofür man in den Strafblock kommen konnte und wofür nur Kaffeeholen drohte. Schließlich waren wir so einigermaßen über die Verhältnisse im Lager orientiert.

In der Quarantäne bedrückte uns das Schreckbild der sogenannten „Goldstücke" – so wurden Frauen genannt, die durch die perfiden Methoden des Konzentrationslagers alles Menschliche verloren hatten.

Ein Goldstück war eine Frau, die fraß, was ihr in die Finger kam, sogar verdorbene Kartoffelschalen; die ihre Kameradinnen bestahl; die nur noch vegetierte, statt zu leben.

Der Gedanke, dass das Lager uns erdrosselt, erdrückt, jede Individualität totschlägt, quälte unaussprechlich.

Die Frauen hinter den Drähten waren wie Tiere und wir fürchteten uns in panischem Schrecken vor diesem Zustand. Wir wollten zurückkehren, aber als Normale zurückkehren, lebendig, stark.

Wir fürchteten uns ungeheuer davor, was aus uns werden könnte. Mit vollem Bewusstsein, das wahrscheinlich vom Instinkt gestützt wurde, fingen wir auf der Stelle an, uns davor zu schützen, unsere Menschlichkeit zu verlieren. Wir wollten nicht wie Tiere dahinvegetieren. Der beste Weg schien uns, auf äußerste Sauberkeit zu achten. Unser Block war blitzsauber, die Polinnen wuschen sich meist ganz, von Kopf bis Fuß. Ob es nun kalt war oder sogar fror, stand eine lange Schlange zum Waschen an.

Mit Eifer und Inbrunst organisierten wir schon in der Quarantäne eine Art kulturelles Leben. Das war zwar schwierig und gefährlich, aber nur das konnte die gestreifte Wirklichkeit besiegen.

Erzählungen, Vorlesungen, Deklamationen, Solo- und Gemeinschaftsgesang, Sketche, Rätsel und Poesie standen auf dem Programm. Wir waren sehr eifrig bei der Sache. Unsere Blockwärtin von Nr. 15, die große, dicke, schreiende Hermine, die uns auf Schritt und Tritt schikanierte, hörte zuweilen diesen Auftritten zu, gewöhnlich jedoch wurde sie wütend, wenn sie uns singen hörte.

Wir sangen unsere beliebten Lieder, die wir schon im Gefängnis gesungen hatten. Es waren lustige Stücke, manche auch sentimentale, wie z. B. „Eine Gasse in Barcelona“ oder „Der treue Fluss“, aber auch Kampflieder oder Soldaten- und Pfadfinderlieder. Bald entstanden neue Texte, die den alten Melodien untergelegt wurden, und einzelne Frauen entpuppten sich bald als Solistinnen für die Konzerte und Abende, wie Pola und Stenia und natürlich Joanna.

Allerdings widmete sich Joanna vor allem dem Deklamieren. Giga ließ witzige Monologe hören und Grażynka schrieb Gedichte.

Unterm Fenster blühten einige Sonnenblumen, die sich zwischen die grauen Blöcke verirrt hatten. Wenn es regnete und der Wind wehte, pochte immer eine von ihnen an unser Fenster. Sie war der Liebling von Grażynka. Sie pochte, schaute herein und neckte uns mit hellem, lachenden Gesicht. Grażynka schrieb ein Gedicht über sie. Den Text des Gedichts über die Sonnenblume weiß ich heute nicht mehr. Und Grażynka lebt nicht mehr, erschossen im Lager. Es blieb ein Gedicht, ein Gedicht über eine Sonnenblume, die während der grauen Quarantäne in dem grauen Lager der einzige helle Strahl war. Von Sehnsucht sprach Grażynkas Gedicht. Wir waren ja damals ein einziger Schrei von Sehnsucht, fühlten heiß und lebhaft die Wochen der Quarantäne, waren auf besondere Art und Weise von Sehnsucht geprägt und auch von zwiespältigen Gefühlen. Es siedete in uns. Was uns rettete, waren die Appelle. Denn während dieser konnten wir am Himmel herrliche Sonnenauf- und -untergänge beobachten, einen unermesslichen Reichtum an Farben. Der Himmel war nicht feindlich, er war herrlich, war Medizin, gestattete, sich loszureißen und zu vergessen. In Mecklenburg wehen starke Winde, die ein Meer von farbigen Wolken zusammentreiben. Aus diesen Wolken entstanden in unseren Augen Drachen, Ritter, ganze Szenen.

Schließlich kam das Ende der Quarantäne.

Die Quarantäne schien so lange zu dauern und doch waren es nur sechs Wochen. In dieser Zeit glaubten wir, an der erzwungenen Untätigkeit zugrunde zu gehen, die unsere Hilflosigkeit noch unterstrich. Deshalb erwarteten wir ihr Ende mit einer gewissen Ungeduld. Wir redeten uns ein, dass die kommende Veränderung zum Besseren führen würde – obwohl wir doch schon Gefängniserfahrung hatten!

Und tatsächlich, alles wurde anders.

Bisher hatten wir nur Zählappelle, bei denen die aktuelle Zahl der Gefangenen geprüft wurde. Die Zählappelle fanden zweimal täglich statt, morgens und abends, und dauerten verschieden, manchmal stundenlang. Denn die Zahlen mussten stimmen, d. h. die Zahl der Frauen musste der Zahl entsprechen, die „nach vorne“ durchgegeben worden war. Der Stand des Lagers änderte sich allerdings dauernd. Es kamen immer wieder neue Scharen von Häftlingen an, deren Abzählen manchmal längere Zeit in Anspruch nahm.

Jetzt, nach dem Ende der Quarantäne, waren wir zu weiteren zwei Appellen verpflichtet, den Arbeitsappellen: morgens nach dem Zählappell und mittags nach der Mittagspause. Zweimal täglich standen wir „auf dem Markt", dem Arbeitsmarkt. Wir befanden uns als sogenannte Zugänge in der schlechtesten Situation. Wir waren nicht festen Arbeitskolonnen zugeteilt wie die alten Häftlinge, sondern waren die sogenannten Verfügbaren und konnten zu jeder Arbeit eingeteilt werden.

Das Arbeitssystem beruhte darauf, dass neben den Arbeiten im Block, wie Nähen und andere Handarbeiten, auch eine Menge körperlicher Arbeiten im Lager gebraucht wurde, wie Brikettschleppen für die Heizung, Transportieren von Steinen und Ziegeln auf Schubkarren, Entladen von Schiffen, Schaufeln von Gräben und dergleichen. Für diese verschiedenen körperlichen Arbeiten gab es keine speziellen Kolonnen. Die Kolonnenführerinnen und Anweiserinnen, meistens waren es Deutsche, suchten sich während des Appells die Arbeitskräfte aus.

Nach der Quarantäne kannten wir weder die Größe des Lagers noch die Charaktere unserer Anweiserinnen. Auch von der Arbeit wussten wir noch nichts. Man holte uns zu jeder Art von Arbeit. Übrigens war es für Hermine eine Ehrensache, während des Appells alle Frauen zur Arbeit zu „verkaufen". Und sie verstand es, uns die widerlichsten Arbeiten zu verschaffen. In dieser ersten Zeit arbeiteten wir sehr schwer, ich meine sogar zu schwer. Damals führten wir Arbeiten aus, die – wie ich mich jetzt erinnere –, unmöglich von jungen Frauen ausgeführt werden konnten – die noch dazu ausgehungert waren!

Schnell änderten wir unsere Meinung, dass die Untätigkeit das Schlimmste sei. Vielmehr fingen wir nach einem Tag voll körperlicher Arbeit an, von Untätigkeit zu träumen. Damals verstanden wir es noch nicht zu simulieren, „so zu tun als ob". Wir legten in die Arbeit alle Kraft, die wir hatten, und hatten noch nicht gelernt, dass nur der durchhält, der sich zu drücken versteht, sich vor dem Schlimmsten zu verstecken weiß. Wir konnten das noch nicht. Wir trugen ungeheure Massen auf dem Rücken, in den Händen oder auf Tragen, und abends fielen wir wie leblos ins Bett. Unser Gesang und unsere Poesie verstummten. Alles tat uns weh, alle Muskeln, die schon so lange nicht mehr benutzt worden waren. So wurden wir „Neuen", von schweren SS-Stiefel getreten und von den klügeren alten Häftlingen verachtet, tatsächlich zu menschlichen Zugochsen.

Krysia und ich blieben immer zusammen. Wir hatten ausgemacht, dass wir möglichst immer einander folgen, wenn eine von uns zu einer bestimmten Arbeit herausgeholt würde. Und so gingen wir fast immer zusammen. Manchmal schien uns eine Arbeit, die wir noch nicht kannten, im ersten Moment nicht so schwer. So holte man uns zum Beispiel einmal zur Gartenarbeit. Erst an Ort und Stelle erkannten wir, dass die „Gartenarbeit" bedeutete, Steine vom See nach oben zu den Häusern der Aufseherinnen zu schleppen. Die Gärten der 55-Häuser waren von solchen unschuldig aussehenden Steinmäuerchen umgeben. Aber diese Steine trugen wir in den eigenen Händen oder schoben sie in Schubkarren.

Später stellte sich heraus, dass diese Arbeit noch nicht die schlechteste war. Das Schreckgespenst dieser Tage war das unschuldige Wort Sand. Als wir es zum ersten Mal hörten, dachten wir an Strand und Flussufer, an Sonne und Sommer. Dieser Sand aber wurde zur Tortur. Es war eine Arbeit, die man sich für die Neuzugänge ausgedacht hatte, die beim Arbeitsappell keine Arbeit gefunden hatten.

In einem deutschen Musterlager hatten alle Häftlinge zu arbeiten. Wenn es also zu wenig Arbeit gab, bekamen Hunderte von Frauen Schaufeln in die Hand, mit denen sie den ganzen Tag Sandberge umschaufelten. Jede hatte ihren eigenen Berg zum Umschaufeln. Eine ganze Kette dieser Berge hatte man geschaffen und es fehlte nie an Sand, weil immer die eine den Sand zur anderen schaufelte. Und die Frauen schaufelten mit allen Kräften, denn hinter ihnen stand die Aufseherin mit dem Hund und rief: „Weiter, weiter! Los, los! Aber schnell." Von den Schaufeln bekamen wir Blasen an den Händen. Der Sand war morgens schwer und nass, doch im Laufe des Tages durch den Wind getrocknet, wurde er locker und leicht, stäubte hoch, stäubte in die Augen, in den Mund, die Ohren, kroch unter die Kleidung. Voll von Sand kamen wir zurück. Es schien uns, als wären wir lebendig verschüttet. Eine verblödende Arbeit ohne Sinn – Produktion der Klötze. Klötze – so nannten wir jetzt uns selbst.

Es war eine unfehlbare Methode, erprobt an vielen Hunderten von Frauen. Vom Sand wurden viele von uns hingestreckt, fertig gemacht, aller Initiative entledigt. Durch ihn wurden auch unsere literarischen Abende zugeschüttet. Wenn ich es pathetisch ausdrücken wollte, würde ich sagen: Der Sand verschüttete unsere Seelen.

Die Blasen an den Händen verhärteten schnell, wurden zu Schwielen. Die Arme bekamen Routine im Führen der Schaufel und nur die rosige Farbe unserer Wangen verblasste immer mehr. Immer lockerer hingen die gestreiften Kleider an uns, denn wir magerten schnell ab. Die Beine und Hälse wurden immer länger.

Wir waren hungrig und konnten vor Hunger nicht schlafen, und wenn wir endlich eingeschlafen waren, träumten wir, dass ein Sandberg uns erdrückt, erdrosselt, den Atem nimmt.

Wenn wir von der Sandarbeit zurückkehrten, bemühten sich manche, einen Schein von Normalität zu wahren. Ein bisschen symbolisch schüttelten wir alles aus, indem wir uns trotz der schon kalten Herbstabende nackt auszogen. Wir schüttelten den Sand aus, um uns von ihm zu befreien. Und doch erdrückte er uns immer mehr. Manchmal kam ein Gefühl von Aufsässigkeit hoch, wenn wir diese idiotischen Berge umschütteten, ohne die geringste Genugtuung, dass dies irgendeinen Sinn haben könnte. Manchmal stieg ein heißer Gedanke auf, der sich aber gleich wieder in Hoffnungslosigkeit auflöste: Aufstand? Was können wir denn hier tun? Da ist es besser, endlich gefühllos zu werden, eben wie ein Stein. Wenn ich dauernd empfinde und mich sehne, dann werde ich verrückt. Schon besser so „als Klotz".

So wurden wir immer grauer, immer hässlicher und immer seltener lächelten wir.

Die Zeit verging. Immer kürzer wurden die Tage. Es kamen Frost und Schnee. Winter … November, Dezember 1941. An der Decke des

Schlafraumes hingen Eiszapfen. Die Betten waren mit Reif überzogen. Aber Hermine befahl regelmäßig, sämtliche Fenster auf beiden Seiten des Schlafzimmers zum Durchzug zu öffnen. Wie froren wir in diesem Winter! Aber wie zum Trotz wurden wir nicht krank. Nicht einmal eine Erkältung zogen wir uns zu. Und wir starben auch nicht. Wir lebten. Wir hingen am Leben. In den löchrigen Jacken, die keine einzige Wollfaser enthielten, standen wir stundenlang im Frost – und trotzdem lebten wir. Nur manchmal, abends vor dem Einschlafen, erfasste uns Wehmut: Wie schrecklich mir doch die Knochen wehtun. Ist es denn möglich, dass ich irgendwann einmal ein Mensch war, dass alles anders war? Ist es denn möglich, dass der Sand, der goldene Sand an der Weichsel, ein Freiheitssymbol war? Ist es denn möglich, dass der Wald rauschte?

Als Selbstschutz erzählten wir uns Märchen. An ihren Inhalt erinnere ich mich nicht mehr, aber manche waren einfach Beschreibungen von Spaziergängen, von Pfaden in den Bergen. Wir versprachen einander, später einmal diese Pfade gemeinsam noch einmal zu gehen.

Am 6. Dezember 1941 mussten wir zu einem Extra-Appell antreten und wurden in drei Gruppen eingeteilt. Wir fürchteten, dass sie Krysia und mich trennen würden. Aber nein, wieder waren wir zusammen. Ab nun wurde in drei Schichten gearbeitet. Wir fingen an, nachts zu arbeiten. Anfangs schien uns die neue Arbeit in der Baracke eine Veränderung zum Besseren, denn wir waren so durchfroren. Wir lachten sogar, als wir uns erstmals zu dieser nächtlichen Arbeit auf den Weg machten, obwohl man uns mit Peitschen antrieb.

Wir arbeiteten in einer langen, schmutzigen Baracke, in der wir Stroh einsammeln und zu Zöpfen flechten mussten. Später wurden aus den Zöpfen Schuhe für die Wachhabenden genäht. Man hatte uns einer Baracke zugeordnet, wo überhaupt keine Polinnen waren. Stinkende Zigeunerinnen, alte Deutsche, die mir wie Hexen aus dem Märchen erschienen. Fremde, hässliche, abstoßende Gesichter, die Ausdrücke gebrauchten, die ich damals noch nicht verstand und die mich später mit Ekel erfüllten.

Die Luft war so stickig und mit Staub erfüllt, dass man nicht atmen konnte. Ich stand neben einer Zigeunerin und flocht diese Strohzöpfe.

Das nasse Stroh aber riss mir bald die Haut auf, bis die Hände bluteten. Ich weiß nicht, wie ich es bis morgens um fünf aushielt. Dann war Schichtwechsel: Wir wurden hinausgeworfen in den Frost, verschwitzt und müde, in Sommerkleidchen mit kurzen Ärmeln. Wir waren über diese Kleidchen verzweifelt, aber später gewöhnten wir uns an sie (man gab sie uns für die Arbeit, weil es in der Baracke heiß war). In diesen Kleidern standen wir auch stundenlang bei den Appellen, vergnügten uns sogar mit makabren Witzen. Unsere „Krähe" wurde jedesmal wütend, wenn aus den Reihen plötzlich ein ersticktes Lachen kam.

Diese nächtlichen Appelle, die durch die neuen Arbeitszeiten verursacht waren, hatten ihren Zauber und trotz aller Umstände vermochten wir diesen Zauber auch zu empfinden. Ich erinnere mich: Irgendwann standen wir in der Nacht unter dem Sternenhimmel. Dunkelblauer Himmel, zwei Laternen und unsere Schatten. Ich weiß nicht, wer es war, vielleicht war es Bogna, die sich ausgedacht hatte, dass unsere ausgemergelten Gestalten gut in einen Horrorfilm passen würden.

Wir hatten komische Häubchen auf den Köpfen, deren Schatten auf dem Schnee grotesk aussahen und im Rhythmus unserer Bewegungen schwankten. Bogna forderte uns auf, die Effekte für den hypothetischen Film auszuprobieren. Und so bewegten wir rhythmisch die Köpfe und die Schatten tanzten grotesk auf dem Schnee. Wir lachten.

Unsere „Krähe" – jetzt verwendeten wir diesen Namen, den wir anfangs jeder Aufseherin gaben, nur für diese eine – war schwarz, trocken wie ein Skelett, mit riesigem, immer zerzaustem Haarschopf ‚mit mieser verfilzter Dauerwelle. Ihre gellend durchdringende Stimme verriet ihren Sadismus. Unerhört kleinlich und diensteifrig ließ sie uns bei der Arbeit ihre Macht fühlen. Sie war die schrecklichste unter den Aufseherinnen, die uns bei der Stroharbeit beaufsichtigten. Und sie konnte unser Lachen nicht ertragen. Eben deshalb lachten wir bei ihr wahrscheinlich öfter als sonst. Vielleicht gab uns gerade der Trotz, den dieses ekelhafte Weib in uns auslöste, das Gefühl, dass wir noch Menschen waren!

Alles in allem wurde unsere Lage immer schwerer. Die Zeit verging, wir bekamen keinerlei Nachrichten aus der Welt, hatten keinerlei

Hoffnung auf das Kriegsende, auf irgendeine Änderung. Wir waren Verirrte, vergessene Nummern, ausgeschlossene Menschen.

Crescendo.

Zuerst hatten wir Hunger; danach Hunger und schwere körperliche Arbeit; jetzt Hunger, körperliche Arbeit und schlaflose Nächte. Wir wollten nur noch schlafen, schlafen, schlafen. Wir schliefen sogar während der Appelle mit offenen Augen und hin und wieder fiel eine um. Um in der Frostluft nicht umzufallen und um uns zu wärmen, schlugen wir uns gegenseitig auf die Rücken. Wir nannten das – warum, weiß ich nicht – „amerikanische Massage“: winzige, schnelle Schläge, einer neben dem andern, mit der Kante der Hände. Es half. Es wärmte beide: die, die schlug, und die, die geschlagen wurde.

Oder trampelten wir auf dem frostigen Boden auf der Stelle und sangen ganz leise Bognas Lieder. Eigentlich konnte man nicht mehr sagen Bognas Lieder, denn wir hatten sie in „der lange ihn“ umgetauft. Bogna war sehr abgemagert und schien uns jetzt wesentlich größer als vorher. Ihr geliebtes Lied war so ein Neger-Fox: „Baumwolle pflückt der schwarze Jimmy, watet damit durch den Fluss, nur für sich kriegt er viel Money, fährt damit nach Hollywood.“ Und weiter kamen viele Strophen über Jim bis zum Happy End: „Und sie gibt ihm alles, schenkte ihm viel Glück, die weiße Lady aus Hollywood.“

Natürlich war weder singen noch trampeln erlaubt. Also taten wir es auf die Gefahr hin, Tritte zu kriegen. Irgendwie mussten wir uns doch retten, in diesen hoffnungslosen Tagen.

6

Tage …

Eigentlich könnte man die Lagerzeit in Tage umrechnen, aber ihre Summe wäre nichtssagend. Es war schon schwer genug, jeden einzelnen Tag zu überleben. Die Lagertage hatten eine andere Zeitdimension. Niemand, der das nicht selbst erfahren hat, ist imstande, sich vorzustellen, wie lange ein Lagertag dauern kann. Eigentlich kann man sagen, dass jeder von ihnen eine Ewigkeit dauerte – er ging nie zu Ende. Es war schrecklich, fürchterlich, und doch bewies es eine so einfache Sache: die subjektive Einschätzung der Zeit. Nun, ja.

Und so ging es weiter. Ohne Sonntage, ohne Pausen, täglich und nächtlich, Stroh … Stroh … Stroh … Stickluft, immer schnelleres Tempo, über uns immerzu eine brüllende Stimme: „Los, los, weiter, schnell, schnell, Tempo, Tempo! …"

Unsere Hände waren geschwollen, die Finger so gespreizt, dass es unmöglich war, die Hände zu falten. Nach der Nachtschicht kehrten wir morgens um fünf zum Block zurück, schliefen eine Stunde, wonach wir stundenlang bei den Appellen standen, schläfrig, unmenschlich müde. Und dann wieder in den Block. Im Schlafsaal war es so kalt, dass wir ewig nicht einschlafen konnten, doch wenn wir endlich eingeschlafen waren, riss uns wieder die Alarmsirene heraus, die zum Appell schrie. Erst nach dem Mittagessen, von Wassersuppe oder Kohlrüben erwärmt, schliefen wir bis 15 Uhr und dann wieder Appell ! Und auch während dieser wenigen, zum Schlafen vorgesehenen Stunden platzte viele Male Hermine in den Block und brüllte aus vollem Hals.

Wie sehr war uns doch zum Schlafen, wie schrecklich wenig schliefen wir. Ständig waren wir unausgeschlafen.

So kamen die ersten Weihnachtsfeiertage im Lager. Dieses erste Weihnachten habe ich noch ganz genau im Gedächtnis. Der Winter war in diesem Jahr ungnädig mit uns, mit starken Stürmen und Frösten. Heiligabend verbrachten wir, wie alle Tage vorher und hinterher, in der stickigen Luft des Strohs und der Strohschuhe für die deutschen

Wärter, die vielleicht in diesen Schuhen unsere Angehörigen in den Gefängnissen bewachen werden. Dazu wie immer die kreischenden Zigeunerinnen.

Die Aufseherin, es war an diesem Tag „die gute", gestattete allen Nationalitäten der Reihe nach, ein Weihnachtslied zu singen. Zuerst sangen die Deutschen „Stille Nacht". Das klang in dieser Situation wie Hohn.

Zuerst wollten wir Polinnen nicht singen, aber dann entstand ein trotziger Gedanke: Ja, eben hier ein polnisches Weihnachtslied laut singen, das vielleicht weithin klingt, weit, vielleicht bis zum Himmel! Aber bei den Worten „Heb die Hand, Du Gotteskind" sangen nur mehr wenige von uns. Der Rest wischte sich verstohlen die Tränen. Wir schämten uns dieser doch so gerechtfertigten Tränen.

Überhaupt versuchten wir, Tränen so weit wie möglich zu vermeiden. Eigentlich weinte ich fast gar nicht (kaum dreimal in vier Jahren). Aber in diesem Augenblick war mir schwarz vor den Augen. Die Stimmen der Frauen waren merkwürdig weich, anders als im Alltag. Vertraute Bilder zogen vor mein geistiges Auge: Weihnachten zu Hause …, die Weihnachtsoblaten …, der Weihnachtsbaum …, geliebte Gesichter …, die Orgel in der Kirche … Was tun jetzt die Lieben? Gibt es wirklich irgendwo auf der Welt Menschen, die innerlich ruhig unterm grünen Baum Weihnachten feiern? Ach, wie viele innige Wünsche gingen an diesem Abend in die Welt und zum Himmel!

Wie schwer war dieser Tag für uns oder vielmehr diese Heilige Nacht. Als wir in dieser Nacht zum Block zurückkamen, brachen wir seelisch zusammen und weinten hemmungslos. Es war die Schuld von Władka und Joanna. Sie hatten auf den Tisch ein kleines Weihnachtsbäumchen gestellt – es blieb ihr Geheimnis, woher sie es damals nahmen – und darauf kleine Überraschungen gehängt: Elefanten mit – zum Zeichen der Freude – nach oben gestellten Rüsseln, Schiffchen, Herzchen … Joanna hatte sie aus Zahnbürstengriffen geschnitzt – noch nicht so sehr schön ausgearbeitet (die späteren waren viel schöner), aber umso rührender an diesem ersten Weihnachten.

Wie schrecklich traurig war uns zumute und doch entdeckten wir uns selbst an diesem Tag. Wir gewannen die Hoffnung zurück, dass wir trotz allem Menschen sind, dass wir empfinden. Traurigkeit bringt die Menschen einander näher. Wir waren uns an diesem Tag sehr nah und sehr schweigsam. Worte trennen mehr als Schweigen. Viele Male erfuhren wir die Wohltat des Schweigens und lernten es schätzen in diesem ewigen Tumult und der Eile. Ich weiß nicht, ob jemand, der nicht im Lager gesessen hat, verstehen kann, wie viel Bitterkeit so ein Weihnachtsabend eines Verbannten in sich birgt. Das polnische Weihnachtsbäumchen wurde zu einem weiteren Symbol der verlorenen Freiheit.

Wie zum Spott hatte man auf der Lagerstraße auch einen Baum aufgestellt, einen Baum mit farbigen Glühlämpchen. Täglich gingen wir an ihm vorbei, wenn wir unsere riesigen Kessel schleppten. Es war ein unschuldiges und doch feindliches Bäumchen! Ich empfand Sympathie dafür. Verstohlen roch ich an den steifen Zweiglein. Es roch genauso wie unsere polnischen Fichtenwälder. Die Feiertage gingen dann ohne Tränen vorüber, obwohl sie uns dicht unter den Lidern saßen. Wir trugen ruhige, bewegunglose Gesichter zur Schau, doch innerlich raste der Schmerz und die Sehnsucht. Nicht weinen!

Das erste Weihnachten im Lager war vergangen, das Jahr 1941 ging zu Ende.

Die Tage schleppten sich dahin. Dann gab es eine neue Versuchung: Sich satt essen um jeden Preis. Sich satt essen! Wirklich um jeden Preis? Lange, lange bestahl nicht eine von uns vor Hunger eine Kameradin. Zumindestens dauerte es lange, bis ich zum ersten Mal so etwas sah.

Der Kampf mit dem Hunger nahm uns den Rest der Kräfte: Es war ein Kampf mit dem hungrigen Körper, nicht an Essen zu denken. Es schien uns damals, dass man nur wollen muss, und schon kann der Mensch. Wenn er aber nicht kann, dann deshalb, weil er nicht will. Wollen können, … ich wollte wollen können! Ich will!

Ich will! Eben das „ich will" bedeutete Freiheit. Wie die Freiheit behalten? In dem elend gewordenen Körper pochte der Gedanke: Solange ich will, bin ich frei; solange ich will, stehle ich nicht; solange ich will, bin ich noch ich selbst.

Ich sehnte mich danach, alles zu wollen, was ich tun musste. Selbst wollen! Oh, Marter des Zwanges! Nie, nie im Leben werde ich etwas müssen – ich werde wollen!

So schrecklich die Arbeit mit dem Stroh war, sie war noch angenehm im Vergleich mit dem, was später folgte. Damals begriffen wir bereits das heilige Lagergesetz: Jede Veränderung ist eine Veränderung zum Schlechteren – immer!

Ich weiß nicht, wie wir die physische Anstrengung schwerer Arbeit überlebten. Einmal trug ich auf dem Rücken achtzig Kilo Zement über eine schmale Treppe auf den Dachboden eines zweistöckigen Hauses. Dicht hinter mir ging die nächste Gefangene. Wäre ich auf sie gefallen, hätte ich sie mit dem eigenen Körpergewicht und dem Sack totgeschlagen. Also ging ich. Eigentlich war das ganz einfach: Es geht, weil es eben keine andere Möglichkeit gibt!

Im Februar 1942 gab es plötzlich weniger Arbeit. Aber das bedeutete, dass wir wieder die schlimmsten, die sinnlosen Arbeiten verrichten mussten. Es kamen auch die „Gartenarbeiten" wieder, bei denen man Schubkarren voll Erde und Steine schleppen musste. Einmal befahl man uns, in steinhart gefrorener Erde einen Graben auszuheben. Wir versuchten es mit Hacken, doch diese sprangen klirrend zurück, als ob wir auf Felsen schlügen. Uns war zum Weinen. Endlich kam Lodzia hinzu, ein Mädchen aus einem Lubliner Dorf, die damals noch kräftig war. Sie nahm die Hacke und durchschlug an einer Stelle die harte Oberfläche. Danach ging es schon leichter.

Oder wir mussten Schnee schleppen. Man kann sich kaum vorstellen, wie schwer Schubkarren mit weißem, scheinbar leichten Schnee sein können; wie schwer für abgemagerte Frauenhände! Die Schubkarren, in denen wir den Schnee transportieren sollten, standen im Wasser des Sees und waren so schwer, dass Krysia sie nur mit großer Mühe hochheben konnte. Der Weg führte vom See aus bergauf zu den Aufseherhäuschen. Dahinter war der Wald, Kiefern mit roten Stämmen und darüber der für uns mitleidlose Himmel. Wir mussten den Schnee nach oben schaffen. Hinunter ging es mit den leeren, nach oben mit den vollen Schubkarren. Krysia konnte die Karren kaum hochheben.

Sie fielen ihr immer wieder aus den Händen. Ich band ihre Hand an der Karre fest, damit sie nicht herabhing und den dressierten Hund zum Zubeißen reizte. Der Hund war immer in der Nähe und passte auf, lag auf der Lauer! Ich ging hinter Krysia und sah nicht, dass sie weinte. Erst oben, als ihr die Schubkarre aus den Händen fiel, erblickte ich ein tränenüberströmtes Kindergesicht. Ich sprang zu ihr und wir verabredeten, dass sie oben bleiben sollte und ich ihr den Schnee von unten heraufbringen würde. Schneller als die anderen legte ich den Weg zurück, damit es die Aufseherin nicht merkte. So hatte Krysia immer die Karren rechtzeitig oben. Eine Zeit lang gelang das, dann hatte es eine Aufseherin erspäht. Sie sprang mit der Peitsche auf Krysia los und brüllte: „Was ist los?". Der Hund, ein riesiger Schäferhund, fletschte die Zähne. Ich hielt das nicht aus und sprang zwischen die Peitsche und Krysia. Entschlossen erfasste ich die Peitsche und schrie der Aufseherin direkt ins Gesicht: „Dieses Kind kann doch nicht mehr. Sehen Sie das denn wirklich nicht?" Sie drehte sich nach mir um und auf dem Gesicht hatte sie nur einen Ausdruck von Verwunderung. Doch sie schlug weder Krysia noch mich; sie schlug sich nur an die Schäfte der hohen Stiefel und ging weg. An diesem Tag kam sie uns nicht mehr näher. Krysia lief dann nur noch oben herum. Ich dachte damals, dass der Mensch eigentlich doch kann, wenn er nur will – und ich war in bester Laune.

Danach trugen wir wieder alle möglichen Säcke, Taschen, Briketts, der Teufel weiß, was noch alles und alles viel zu schwer und immer mit letzter Kraft. Jedenfalls schien uns das so. Irgendwann einmal sagte Bogna abends mit dem ihr eigenen philosophischen Ton: „Der Mensch hält doch als Packesel erstaunlich viel aus. Wo ist nur das sprichwörtliche Ende der Kräfte?"

Diese schweren Gelegenheitsarbeiten ermüdeten uns, und als uns Hermine am 6. März 1942 zum Sanitätsblock holte, freuten wir uns eigentlich. Obwohl wir schon damals unser Sprichwort hatten: „Es ist nie so schlimm, als dass es nicht noch schlimmer werden könnte."

Am Anfang aber dämmerte Hoffnung auf Erleichterung auf: Schließlich war der Frühlingsmatsch unter Dach besser zu ertragen.

Später aber stellte sich heraus, dass die neue Arbeit auch wieder über unsere Kräfte ging: das pausenlose Zusammenlegen, Messen und Nähen von Laken aus bitumisierten Papierrollen für den Verwundetentransport. Zumindest hatte man eine gewisse Befriedigung, dass man für Menschen arbeitete, für den Transport der Verwundeten. Die „rote" Krystina war aber mit dieser Einschätzung nicht einverstanden: „Was heißt für Menschen, für die Deutschen!"

Lange dachte ich darüber nach. Für Menschen oder für Deutsche? Nach langem Nachdenken – wir arbeiteten die ganze Nacht hindurch – sagte ich: „Weißt du, eigentlich ist das egal. In einer Winternacht friert ein verwundeter Soldat, gleichgültig, wer er ist, und so ein Laken kann ihn wärmen."

„Deutsche wärmen? Du bist verrückt!" Nun begann eine lebhafte Diskussion, in der immer wieder von Hass die Rede war. Alicja sagte wütend, dass sie hasse. Und sie attackierte mich, als ich feststellte, dass ich nichts dergleichen empfände. Empfand ich Hass? Nein, und eigentlich ist das für mich selbst unverständlich. Ich empfand dort wirklich keinen Hass. Und auch heute empfinde ich gegen Deutsche keinen. Wenn ich Deutsche traf, so sah ich sie an, vielleicht mit einem übermäßigen Interesse. Ich suchte in ihnen den Menschen, das Menschliche. Und ich meine, dass ich es wahrnahm. Sogar damals, als eine Deutsche mir auf den Kopf schlug, war ich noch neugierig, wie sie so etwas nur tun kann? Was empfindet sie dabei? Und was empfinden wir? Ist es Hass?

Nein, ganz entschieden hasste ich nicht. Es war etwas anderes: Es war eine riesige Enttäuschung, dass Menschen das alles tun können, dass sie so sind.

Einmal brachte die schlimmste unserer Aufseherinnen ihr Kind mit und trug es in einem roten Mäntelchen über die Lagerstraße (zum ersten Mal sah ich damals ein kleines Kind im Lager). Ein kleines blondes Kind mit einer großen blonden Frau. Die Frau sah das Kind mit solcher Zärtlichkeit an, die niemand bei ihr vermutet hätte, und sagte zu dem Kind ein paar Worte in einem Ton, dass wir einen Augenblick dachten, dass sie das gar nicht ist, dass jemand anderes spricht. Hier eine weiche, warme Stimme und zu uns …

Die Arbeit im Sanitätsblock war monoton, ermüdend, aber dafür war die Gruppe der dort arbeitenden Häftlinge nicht so groß. Wir konnten nach dem lärmenden Haufen etwas aufatmen.

Wir waren nun nicht mehr die „Neuen“ im Lager und kannten bald alle Geheimnisse. Nun wussten wir, welche Deutsche die schlimmste war, welche Kolonne die schwerste, kannten ein paar „große“ Namen, doch weiterhin waren wir ein grauer, abgezehrter Haufen. Und mehr und mehr setzte uns der Hunger zu. Nichts war mehr übrig von unseren Gefängnisvorräten. Wir magerten ab. Nun begannen verblödende, nicht enden wollende Gespräche über das Essen. Der Hunger war stärker als die Schlafbegierde. Ein hungriger Mensch kann nicht schlafen. Im Übrigen konnten wir gar nicht mehr sagen, was uns von beiden am meisten quälte.

Aber am stärksten erinnere ich mich an den Hunger oder besser an seine Folgen. Das war eine schreckliche Zeit. Diese Frauen, fiebernd, mit krankhaft glänzenden Augen und abgemagerten Gesichtern, sprachen vom Essen. Es begann immer mit einer unschuldigen Erinnerung an ein Konzert oder ein Theater. Doch dann kam die unvermeidliche Frage: „Und wo wart ihr anschließend zum Abendessen?“ Dann wurde nur mehr vom Essen gesprochen. Lange, ins Einzelne gehende Ausführungen zum Thema, wie man auf die beste Art eine Pute füllt. Sie horchten mit einer Art krankhafter Gier, ja es gab sogar solche, die das alles aufschrieben und später zu einem fiktiven Schmaus zu sich einluden. Dann lasen sie laut: Zuerst elegante Vorspeisen, danach Wein, Fleischspeisen und dann Nachtisch mit Eiscreme …

Instinktiv fürchteten wir uns vor diesen Gesprächen. Wir flohen vor ihnen. Diese Frauen taten uns leid, doch gleichzeitig stieg in uns Ekel auf und die Furcht, dass wir selbst ebenso werden könnten. Und tatsächlich empfand ich selbst keinen Hunger. Ich empfand ihn fast nie als ein quälendes Gefühl. Ich wurde nur immer magerer, immer schwächer. (Eigentlich weiß ich nicht, wie ich aussah, doch sah ich die immer schlanker werdende Krysia.) Mit Entsetzen blickten wir die Frauen an, die noch während der Quarantäne und im Gefängnis über Literatur, Kunst und Leben diskutiert hatten. Jetzt sprachen sie nur noch von Essen und waren nicht imstande, an etwas anderes zu denken. Das war entsetzlich: Die einen zogen solide Gerichte vor, um sich „vollzuessen", die anderen raffiniertere Gerichte; die einen wählten Süßspeisen, die anderen kalte Imbisse. Einige notierten die kulinarischen Rezepte in verschiedenen Sprachen, angeblich, um Fremdsprachen zu lernen. Es gab solche, die vor dem Schlafen ein Rezept zum Einschlafen lasen.

Ich hasste diese Gespräche und diese hungrig-gefräßige Stimmung. Ist denn die sogenannte menschliche Natur wirklich nur eine Summe der zu sich genommenen Kalorien und nichts mehr?

Ein satter Mensch begreift nie, was Hunger ist. Man muss selbst erfahren, was es heißt, vor Hunger nicht einschlafen zu können, Schwindelgefühl im Kopf zu haben, immer schwächere Muskeln. Wir maßen unsere Kräfte an den Kesseln, in denen wir das Essen von der Küche zum Block trugen. Am Anfang brauchten wir nicht ein einziges Mal stehen zu bleiben. Jetzt mussten wir immer häufiger Pausen einlegen, immer kürzer wurden die Wegabschnitte. Das Kesseltragen ist doch eigentlich eine kleine und scheinbar nichtige Sache, doch wie viel verbarg sich in diesem Kesselholen an Schmerz, Müdigkeit, Erniedrigung, wie viele Ohrfeigen und Schläge. Dauernd wurden wir angetrieben, wir lebten vier Jahre hindurch in unablässiger Eile: Ich beeile mich, weil ich muss, denn sonst kriege ich eins auf den Kopf oder komme in den Strafblock oder zur Strafkolonne …

Das Kesselholen barg in sich viel Unrecht und noch schlimmere Dinge, über die zu schreiben beschämend wäre. Diese Kessel waren die erste Ursache von Zank zwischen uns, uns Frauen, die durch das Schicksal gleichgemacht worden waren. Die Kessel sollten eigentlich von den jungen getragen werden, denn die alten hatten weniger Kräfte. Und so war es auch am Anfang, aber als die Muskeln schwächer wurden, als der Abschnitt über den man den Kessel ohne Abstellen zu tragen vermochte, sehr kurz geworden war, da wurden die jungen und doch so müden Körper aufsässig. Es gab solche, die sagten, dass eben die jungen Frauen ein Recht zu Erleichterungen hätten, weil sie noch wachsen würden und das Leben vor sich hätten, weil sie nie gearbeitet hätten und das nicht so ertragen könnten wie die alten. So kam es deswegen zum Konflikt.

Wir aber wollten uns nicht ergeben und bissen die Zähne zusammen: Ich muss, muss den hungrigen Körper beherrschen. Ich will nicht aufhören, ich selbst zu sein, nur deshalb, weil ich hungrig bin. In uns war der Stolz des politischen Häftlings. Aber der Hunger ist schrecklich, der Hunger ist so ungeheuer, dass man es nicht beschreiben kann. Wie viel größere und kleinere Schweinereien verübten diese Frauen aus Hunger? „Du sollst nicht stehlen, wenn du hungrig bist!" Ja, aber warum nicht stehlen? Warum mit sich selbst kämpfen, wenn es über die eigenen Kräfte geht?

Die größte Versuchung dieser Tage war: Aufhören zu denken! Aufhören, bis zu Ende zu denken!

Wahrhaftig, diese Frauen waren entsetzlich. Und doch zeigte sich wieder, dass auch dieser Zustand noch schlechter werden konnte.

7

Eines Tages, es war gegen Ende März, kamen wir von der Arbeit zurück und stellten fest, dass unser Block nicht mehr existierte. Er war in andere Blöcke aufgeteilt worden. Wir waren jetzt in Block 16. Und da zeigte es sich nun, dass dieser bisherige schreckliche, ekelhafte, feindliche Haufen von Weibern unsere Freunde geworden waren; das waren uns bekannte, uns nahestehende Personen. Und jetzt? Oh, das war nicht mehr unser blitzsauberer polnischer Block. Erst jetzt erkannten wir, wie kultiviert sich unsere Damen gezankt hatten, wie raffiniert ihre Gespräche waren im Vergleich zu dem, was wir in der Nr. 16 vorfanden.

Es war eine Baracke von Prostituierten und Diebinnen verschiedener Nationalitäten, ordinäre, lärmende Weiber. Wir fürchteten uns vor ihnen. Wir fürchteten uns einfach. Nun war keine Rede mehr von Gedichten, von kulturellen Abenden oder auch nur von kulinarischen Phantasien.

Es war gerade Ostern, als sie uns verlegt hatten. Oft hoben die Deutschen auf diese Weise die kirchlichen Feiertage hervor, indem sie eine besondere Sache veranstalteten wie Umziehen oder Blockrevision.

Bald jedoch zeigte es sich, dass der neue Block nicht die Hölle war, sondern das Fegefeuer, denn die Hölle wollte erst noch kommen.

Nach zwei Wochen verlegten sie uns wieder in einen anderen Block, die Nr. 11. Eine der am schwersten zu ertragenden Sachen war die häufige Veränderung, das Auseinanderreißen aller Gruppen, die das Leben hätten erleichtern und Momente der Einsamkeit hätten versüßen können – einer seltsamen, besonderen Einsamkeit in der Masse. Diese Deutschen wussten, wie man jede Individualität ausrottet.

Der elfte Block … schon die Erinnerung lässt mich frösteln! Ein Block, in dem wir zum ersten Mal mit der ganzen Scheußlichkeit des seltsamen Wortes „elel" bekannt wurden (LL = Lesbische Liebe). An der Spitze stand eine dicke, „grüne" Deutsche und die scheinbar elegante Polin Danusia. Die sogenannten „Schwarzen" bestahlen uns unwahrscheinlich. Dort waren wir noch hungriger als vorher. Von den Lagerrationen erreichte uns nur die Hälfte oder weniger. Das schwarze Frauenzimmer der weißen Danusia raubte uns alles, was sich nur stehlen ließ. Unwiederbringlich verschwanden die Reste der Sachen, die uns an die Freiheit erinnerten: Zahnbürste, Kamm und die anderen ärmlichen Schätze eines Häftlings. Danusia nannte uns „verfluchte Spagaterie", weil wir politische Häftlinge waren.

Schon nach einigen Tagen wurden wir von dieser Bande von Frauen terrorisiert. Wir konnten uns nicht waschen, weil die „Schwarzen" uns nicht in den Waschraum ließen. Während des Tages konnten wir nicht in den Schlafsaal, weil die Saaloberste es nicht gestattete. Sie musste immer unsere Betten „in Ordnung bringen", um bei der Gelegenheit zu plündern, zu stehlen und auf das Bettzeug zu spucken. Wir ekelten uns vor diesen vollgespuckten Betten.

Alles in diesem Block klebte vor Dreck und noch dreckigerer Worte; einen solchen Wortschatz, wie man ihn dort benutzte, hatten wir vorher nie gehört. Und diese Szenen!

Mit Mühe gelang es mir, Krysia vor allen möglichen Szenen zu schützen, die sie dort hätte sehen können. Das magische Wort „elel" gewann realen Sinn. Es verschandelte wieder den Menschen. Gott, sind das Menschen? Sind das noch Menschen? Und was wird mit uns? Werden wir nach ein paar Jahren genauso? Ich weiß nicht, ob meine kleine Krysia verstand, warum ich in diesem Block aufhörte, sie beim Gute-Nacht-Sagen zu küssen. Vielleicht war sie mir deshalb sogar ein wenig böse.

Aber diese unwahrscheinlichen Szenen unter den Frauen nahmen einem den Glauben an die Möglichkeit irgendeiner reinen Geste. Ich hörte auf, an Zärtlichkeit und Reinheit zu glauben.

Überall waren Augen, ekelhafte Augen, die unsere Nacktheit beobachteten. Ich konnte mich nicht ausziehen, wartete, bis sie das Licht löschten. Lüsterne Augen, hohe, wer weiß womit steif-gestärkte Kragen an den Kleidern, die männliche Kleidung imitieren sollten, männliche Frisuren, tiefe Stimmen und ein raues Benehmen zeichnete die Frauen aus, die die männliche Rolle spielen sollten. Sie wurden „Many" genannt.

Öfter hatte ich schlaflose Nächte. Anfangs konnte ich nicht glauben, dass das alles wahr sei. Ich schaute mit weit geöffneten Augen, schwankte zwischen Neugier und Verzweiflung.

Langsam blieb von Menschlichkeit nichts mehr übrig.

Lesbische Liebe … Liebe … Liebe …

Nach einigen Tagen bekam ich auch einen Brief, den mir eine Zigeunerin zugesteckt hatte. Zorita hatte darauf geschrieben: „Wenn du mich lieben willst, komm hinter die Ecke der Zwölf."

Zorita hatte das Aussehen eines weichen Frauchens mit großen, schwarzen, samtenen Augen. Erst jetzt verstand ich den Ausdruck ihrer schmachtenden Blicke. Im ersten Augenblick wollte ich lachen: Aha, ich sollte also die Rolle des Mannes übernehmen. Aber das Lachen blieb stecken. Es war ekelhaft und traurig zugleich.

Ich wandte den Kopf von Zorita ab. Sie war zierlich und sehr schlank – übrigens waren wir damals alle ziemlich schlank! Aber sooft ich zufällig ihren Blick auffing, immer war in ihm eine sehnsüchtig-lüsterne Spannung. Anfangs empfand ich nur Ekel, dann tat sie mir leid.

Nach einigen Tagen bekam ich auch andere Briefe. Nämlich von den „Many". Es stellte sich heraus, dass auch sie mich wollten, als „Frau".

Immer mehr Vorschläge kamen. Ich fühlte mich von diesem lüsternen Haufen umzingelt, einem Haufen von auf Abwege gekommenen Frauen. Das war wohl noch schlimmer als der Hunger. Die lesbische Liebe war tatsächlich die Ursache vieler schlafloser Nächte und nahm mir wieder ein Stück Vertrauen zu den Menschen.

Die lesbische Liebe verbreitete sich wie eine Epidemie. Frauen, die sich anfangs mit Ekel gesträubt hatten, gaben dann doch langsam nach. Es war wie eine Seuche, wie ein Brand, wie eine Leidenschaft. Ich sah das alles mit Entsetzen und bemühte mich, dass Krysia es nicht sähe.

Jedoch kam der Moment, wo sie es dann doch sah. Es ging eben nicht auf die Dauer, dass sie diese Szenen nicht sah, diese ekelhaften, widerwärtigen Szenen dicht neben unseren Betten. Lange weinte sie in dieser Nacht und nie mehr kam sie zum Gute-Nacht-Sagen zu mir ins Bett – oder zumindestens nicht so wie vorher.

Die Deutschen hatten am Anfang die Lesbischen mit dem Strafblock bestraft, dann aber wurden es zu viele, es fehlte im Strafblock an Platz.

Die Seuche erfasste fast alle. Ich sah mit eigenen Augen, wie eine grauhaarige, alte Frau auf der Erde kniete und leidenschaftlich die Füße einer jungen, schwarzen Zigeunerin küsste, wie sie diese dann mit solcher Gier nackt auszog, die ich bei ihr nie vermutet hätte.

Es bildeten sich feste Paare, die in ihrer Rollenverteilung mehr oder weniger eindeutig waren. Einige hielten sogar bis zum Schluss, andere gingen nach einer Eifersuchtsszene auseinander, wie eben bei richtigen Liebespaaren.

Manchmal arbeiteten wir in der Nacht. Dann sahen wir weniger, aber dafür ließ uns die „schwarze" Blockälteste und die „reizende" Stubenälteste am Tag nicht schlafen. Die Flüche, die sie täglich auf uns niederprasseln ließen, kann ich nicht wiederholen. Das war aber übrigens auch nicht so wichtig. Wir waren in diesem Block ohnedies völlig zermalmt, nichts war mehr in uns, wir hatten immer weniger Lust zu leben, immer mehr Ekel, Überdruss, Lust sich von alldem zu entfernen, egal, wohin. Später setzte eine gewisse Gleichgültigkeit ein, alle die Schimpfworte wirkten nicht mehr. Was geht mich das alles an? Mit den letzten Resten unseres Selbsterhaltungstriebes schnitten wir uns von der Umgebung völlig ab, wir flohen in eine innere Welt. Wir sprachen mit keiner der Frauen und suchten keine Kontakte. Wenn nur dieser Tag verginge, dieser heutige, und dann morgen. Alles ist jetzt unwichtig, wenn nur dieses Heute erst verginge … ins Bett gehen, zum Schlafen … nur einen Augenblick vergessen!

Die Träume aber waren uns nicht gnädig. In dem stickigen, vollgestopften Schlafsaal träumte man von Schreckbildern und Szenen, die fast genauso schrecklich waren wie die in der Realität, oder sogar noch schlimmer. Wenn wir manchmal von zu Hause träumten (was selten geschah und umso seltener, je mehr wir danach dürsteten), dann war das Aufwachen so schrecklich, so tragisch und schmerzhaft, dass wir die Alpträume lieber hatten als diese Rückkehr von den Träumen von zu Hause in die Lagerwirklichkeit.

Aus diesem höllischen Block gingen die ersten dreizehn von uns in den Tod. Es war der 18. April 1942. Damals waren wir uns noch nicht klar darüber, dass ihr Aufruf Exekution bedeutete. Bisher hatte man noch niemanden von unserem Transport abgeholt, und noch immer glaubten wir etwas naiv, dass alle Todesurteile schon auf dem Lubliner Schloss vollstreckt worden waren. Wir hatten die Hoffnung, dass wir durch die Überstellung ins Lager der Exekution entgangen waren.

An einem wunderschönen, sonnigen Tag nahmen sie diese dreizehn Frauen mit, die uns alle sehr nahestanden. Wir waren mit ihnen befreundet und kannten ihre Lebensgeschichten. Es verbreitete sich eine gewisse Unruhe, als die Namen verlesen wurden, doch wollten wir noch nicht an das Schlimmste glauben. Sie gingen fort und sahen sich nach uns um. Mila winkte, und Pola zeigte zum Himmel.

– Die beiden Schwestern Chrostowski: Pola, groß, mit guter Figur, und Grażynka, die erst vor Kurzem das Gedicht über die Sonnenblume geschrieben und im Grau des Septembers ins Fenster unserer Quarantäne geschaut hatte.

– Niusia Apcio, die durch einen Irrtum verhaftet worden war, weil sie eigentlich Maria hieß und in der Apotheke arbeitete.

– Genia Adamiak, eine stille Büroangestellte aus irgendeiner Gemeindeverwaltung, blass und immer heiter und gleichzeitig ewig über irgendetwas betrübt und sich um jemanden kümmernd. Sie sah eben gerade so aus, wie man sich eine Büroangestellte vorstellen mag.

– Maria Waśniewska mit ihren schwarzen, nervös umherschießenden Augen, dünnen, immer zitternden Fingern und leicht verwischter Redeweise, ewig aufgeregt und unruhig war jetzt plötzlich irgendwie ruhig geworden.

– Renata Żytkowa, schlank, groß, blass, erzählte ständig von ihrem Sohn, den sie bei fremden Menschen lassen musste. Kazimiera Banowa und Zofia Grabska waren mir weniger bekannt, standen mir aber in diesem Moment genauso nah.

– Mućkowa aus Chełm.

– Romka, unsere bezaubernde Romka, sprühend von Leben und Humor, fröhlich wie Quecksilber. Alle mochten sie gern.

– Mila, die kleine Milunia Radecka, mit großen Augen und einem Vogelnäschen.

– Frau Wersocka, die ruhig und sogar irgendwie fröhlich ging, war die Letzte ihrer ganzen hingerichteten Familie!

Sie gingen weg …

Zuerst sperrte man sie im Bunker ein, danach setzte man sie ohne ihre Tücher und Schürzen, nur mit den dünnen Kleidern, barfuß in die „Minna". So nannten wir das kleine schwarze Auto, das später viele Male vorfuhr und die Verurteilten mitnahm. Seine Ankunft kündigte immer das Gleiche an: Tod.

Ravensbrück hatte damals noch keine eigenen Gaskammern. Die Exekutionen fanden im „Totengang" hinter der Mauer des Gefängnisses statt. Dort wurde auf die Verurteilten geschossen, was im ganzen Lager zu hören war.

Sie gingen weg … Zurückkamen nur ihre blutigen Kleider, die in die Wäscherei kamen. Das war das sichere Zeichen, dass sie nicht zurückkommen würden. Und Pola, die immer sagte, dass sie bestimmt zurückkehrt, und Niusia, die immer so Angst davor hatte, dass sie nicht zurückkäme.

Heute sie und morgen?

Für uns war das nun eine neue Situation. Bisher hatten wir die Exekution nicht in Betracht gezogen. Jetzt war es klar: Heute sie, morgen wir.

Der Tod hatte sich uns genähert und sollte uns nicht mehr verlassen. Wie oft sahen wir vor uns das Ende! Unterschiedlich waren unsere Reaktionen. Manchmal fürchteten wir uns, doch manchmal hatten wir auch Sehnsucht: Wenn doch erst die Erlösung käme! Manchmal waren wir gleichgültig: Ach, wenn schon! Manchmal rebellierten wir aber auch: Etwas tun, fliehen, nicht auf den sicheren Tod warten wie ein Schaf. Aktiv sein, nicht passiv! Leben! Leben wie ein Mensch, aber nicht wie der Häftling Nummer 7709.

Ich glaube, wenn mich heute jemand ganz plötzlich fragen würde, wer ich bin, würde ich so wie damals antworten: „Schutzhäftling siebenundsiebzig null neun."

In diesen Tagen, die voll von der Erwartung auf den Tod waren, sahen wir die Dinge dieser Welt von einer völlig anderen Seite. Alles schien unwichtig. Fast nichts blieb von dem bisherigen Leben. Ich bedauerte es jetzt, dass ich bisher nichts Sinnvolles getan hatte, dass ich nach einem so dummen, sinnlosen Leben sterben soll.

Meine Freundinnen sind nicht mehr hier. Und doch kann man eigentlich nicht wissen, warum ich noch lebe und sie nicht! Die Mutter von Niusia Abcio wollte mit mir nach meiner Rückkehr aus dem Lager sprechen. Ich brachte es aber nicht fertig, sie zu sehen. Was sollte ich ihr sagen? Würde ich nicht nur ihren Neid erregen? Warum war denn ich zurückgekommen und nicht Niusia. Nein! Nein! So soll man nicht denken.

Nach dieser ersten Exekution war es eine Weile eigenartig still, eine andere Stille als gewöhnlich. Danach aber bemühten wir uns alle, die Sentimentalität abzuschütteln. Es wurden sogar makabre Witze gemacht.

Aber in dieser Nacht schliefen wir nicht, viele von uns schliefen nicht. Dauernd dachte ich an Milunia, die so klein war, dass sie die Schüssel auf dem Regal nicht erreichen konnte. Als sie Władka einmal ihre Hand zeigte, sagte sie: „Siehst du, was für eine kurze Lebenslinie ich habe. Ich werde wahrscheinlich früh sterben." Nein, ich kann nicht über die kleine Milunia schreiben. Es kostet mich heute noch zu viel, von diesem kleinen, tapferen Vögelchen zu erzählen, denn tapfer war sie und so anmutig.

Einmal, es war bei dem Abendappell, als eine große Stille über dem Lager herrschte und der Himmel wie so oft märchenhaft farbig war, dachte ich mit Erleichterung: Sie leben nicht mehr und doch blieben sie am Leben! Sie starben nicht vor dem Tode. Und eigentlich hörte ihr Tod auf, etwas Entsetzliches zu sein. Entsetzlich aber war die Wirklichkeit des Lagers.

Nach ihrem Tod waren die Wochen noch grauer, noch hoffnungsloser und düsterer.

8

Für Krysia und mich hatten sich die Arbeitsbedingungen sehr verschlechtert. Unser Sanitätsblock war in den früheren Block Nr. 15 verlegt worden und wir bekamen eine schreckliche Aufseherin, eine ordinäre Deutsche namens Hofbauer.

Ich erinnere mich an einen glühend heißen Tag, an dem wir riesige, 300 kg schwere Rollen bitumisiertes Papier schleppen mussten. Mir fiel das ungewöhnlich schwer. Ich fühlte mich schlecht. Wahrscheinlich war ich einfach krank. In dem lockeren Sand sanken die Räder des Wagens, auf dem wir die Rollen zogen, tief ein. Sechs von uns schoben mit allen Kräften, aber ohne Effekt. Die Räder sanken bis über die Achsen ein. Wütend, krank, müde, verschwitzt – ich war wirklich am Ende der Kräfte. Es war hoffnungslos. Und über uns die Aufseherin. Plötzlich schlug sie mich ins Gesicht. Die erste Ohrfeige, die ich von einer Frau bekam. Ich war bisher viele Male geschlagen worden, aber doch nie ins Gesicht, oder besser gesagt, nie so, dass ich es als Ohrfeige empfunden hätte. Diese aber war genau abgemessen. Ich dachte, dass ich falle oder dass etwas Schreckliches geschieht. Trotzig sagte ich mir: Es ist nichts geschehen. Naja, ein Schlag wie jeder andere. Und doch nicht so. Ganz anders tat es weh.

Alle im Lager wussten, dass Polinnen gegen Ohrfeigen empfindlich sind. Und so wurden oft Ohrfeigen ausgeteilt, um die schon malträtierten Frauen noch zusätzlich zu demütigen. Jene Ohrfeige aber an diesem schwülen Tag, in meinem Zustand physischer Ermüdung und Schmerz, brachte das Fass zum Überlaufen. Ich hatte ohnedies schon genug. Sollte ich zurückschlagen? Ich ballte die Fäuste und … statt zurückzuschlagen, schleppte ich mich weiter, ein Zugochse, eine Nummer ohne Ehre und Ehrgefühl. Ich hatte das schreckliche, entsetzliche Gefühl, dass ich nicht mehr da bin, dass man mich totgeschlagen hatte, dass in mir nichts mehr geblieben war von dem, was mein Selbst war, dass ich nur noch ein Klotz war.

Die Mädels sahen nicht nach mir hin, sie wagten es nicht, mich anzusehen. Ich wusste, was sie dachten. Wie oft hatte ich selbst eine Kameradin angesehen, die geschlagen worden war. Ich wusste, dass auch sie genauso denken: zurückgeben! Aber es geschah nichts: Sie waren genauso machtlos und niedergedrückt. Viel später erreichten wir es, dass keine der Polizistinnen uns mehr ins Gesicht schlug, und sogar die Aufseherinnen hörten auf, es zu tun. Das war aber später. Vorläufig wurden wir immerzu geschlagen und getreten …

Wieder schlief ich die ganze Nacht nicht. Es war eigentlich eine geringfügige Sache: eine Ohrfeige. Und trotzdem war eine schlaflose Nacht die Folge, obwohl ich furchtbar erschöpft war.

Übrigens weiß ich gar nicht, ob ich die schlaflose Nacht nur der empfangenen Ohrfeige zu verdanken hatte oder nicht vielmehr einer ganz anderen Angelegenheit.

An diesem Tag, an dem wir in der Gluthitze die riesigen, 300 Kilogramm schweren Papierrollen schoben, war ich krank. Ich hatte in der Achselhöhle eine riesige entzündete Geschwulst. Dieses Geschwür hatte sich schon seit einiger Zeit entwickelt, doch war an diesem Tag der Schmerz so stark, dass ich den Arm nicht bewegen konnte. Das ist natürlich eine Übertreibung, denn ich arbeitete den ganzen Tag und bewegte also den ganzen Tag diesen Arm. Dafür war dann die Nacht fürchterlich. Im Fieber hatte ich verschiedene Phantasien. Ich habe sie bis heute im Gedächtnis. Sie waren sehr ausdrucksvoll, eine Mischung aus erlebter Vergangenheit und ersehnter Zukunft. Ich träumte von einem blauen Segelboot mit orangefarbenen Segeln auf einem weiten See. Ich wachte fieberheiß auf und hatte Schüttelfrost. Arm und Kopf taten weh. In der Achselhöhle formten sich riesige Drüsenpakete. Kaum konnte ich den Arm hängen lassen.

Sogleich wurde ich ins Krankenrevier geschickt, wo sich schon eine Schlange von Kranken gebildet hatte. Zum ersten Mal sah ich Frau Dr. Oberhäuser aus der Nähe. Mir erschien sie nett, sie hatte helle Haare und ein ziemlich hübsches, wenn auch banales Gesicht. Sie schrie mich nicht an, sondern sprach mit ruhigem Ton, was mir schon wie der Gipfel der Höflichkeit erschien. Sie sah meinen Arm an, sagte aber kein Wort. Sie ging aber auch nicht gerade zart mit dem Arm um. Im Gegenteil, ich meine, dass ihre Berührung unnötig kräftig war. Ohne vorherige Warnung schnitt sie auf der Stelle die geschwollene Drüse an. Das tat sehr weh. Aber kein Laut entfuhr mir und ich zuckte nicht einmal. Ich biss die Zähne zusammen. Erst jetzt sah sie mich aufmerksam an und fragte, oder besser gesagt, stellte fest: „Natürlich Polin." Die Krankenschwester, übrigens auch Polin, antwortete für mich: „Jawohl, Polin." Mit letzter Kraft verließ ich das Revier. Auf der Stirn hatte ich große Schweißtropfen. Ich setzte mich auf eine Stufe, von der mich sofort die Lagerpolizei verjagte. Dann schleppte ich mich zur Arbeit. In meinem Kopf dröhnte es, mir war abwechselnd kalt und heiß. An diesem Tag wurde bei mir kein Fieber gemessen.

Am nächsten Tag ging ich wieder ins Revier zum neuerlichen Verbinden. Ich hatte 39,7 Grad. Trotzdem arbeitete ich die ganze Zeit. Es änderte sich nichts. Meine Aufseherin zog weder mein Fieber noch meine Schmerzen in Betracht. Nur Krysia hatte ein sorgenvolles Gesicht, sooft sie in meine Richtung blickte.

Ich erinnere mich nicht, wie lange mein Geschwür brauchte zu heilen, doch erinnere ich mich an viele, vor Schmerzen schlaflose Nächte. Auch an einen seltsamen Gedanken erinnere ich mich, der mir damals im Kopf herumging. Es war die Erinnerung, dass meine Mutter mich einmal nicht in die Schule gehen lassen wollte, weil das Thermometer 37,4 Grad zeigte. Ich wollte nicht glauben, dass es wirklich einmal so gewesen sein konnte.

Nicht ich allein ging mit hohem Fieber zur Arbeit. In meiner Situation befanden sich viele Frauen und Oberhäuser schnitt an dem gleichen Tage wie mir vielen anderen Geschwüre auf. Furunkulose war eine häufige Krankheit bei unterernährten und entkräfteten Häftlingen.

Aber niemand interessierte sich dafür. Ins Revier wurden ansteckende Kranke aufgenommen oder man trug den Patienten hin, wenn er schon umgefallen war. Wer noch auf eigenen Füßen laufen konnte, brauchte weder eine Behandlung noch eine Bettkarte.

Die sogenannte Bettkarte bekam man sehr selten. Während meines ganzen Lageraufenthaltes hatte ich sie nur einmal, aber das war viel später. Vorläufig stand ich mit einer Masse namenloser Frauen in der Schlange zu den brutal ausgeführten Behandlungen. Aber das war kaum erwähnenswert, selbstverständlich musste es wehtun. Aber ich erinnere mich sehr wohl daran, wie grob sie die Verbände abnahmen. Jetzt erst verstand ich, warum man uns in der Quarantäne vor dem Revier gewarnt hatte.

9

Ein Tag folgte dem anderen, einer wie der andere. Heute kann ich eigentlich nicht verstehen, wie es möglich war, dass diese Tage, die sich so sehr glichen, so unterschiedlich waren, dass an Tagen, an denen scheinbar nichts geschah, so viel geschah.

Die Zeit wurde ganz anders gemessen, als wir es von früher gewohnt waren. Das Wichtigste waren die Samstage. Denn samstags wurden uns Briefe ausgeteilt.

Wenn von zu Hause eine weiße Karte kam, so konnte man kaum glauben, dass dieser Wisch tatsächlich von dort stammte. Sie schrieben, als ob die Welt ganz normal weiterginge. Jemand hatte geheiratet, jemand war gestorben, jemandem war ein Kind geboren worden. Das Leben ging ohne uns. Aber diese herzlichen Worte, dass sie uns lieben, dass sie warten, sich sehnen, überfluteten wieder die verhärtenden Herzen mit Rührung.

Und was durften wir jeden Monat auf Deutsch antworten: „Ich bin gesund und fühle mich wohl." Die Seele heulte auf über diese Lüge. „Fühle mich wohl …"!

Der Frühling kam mit seiner ganzen Schönheit. Herrlich, reich, freigiebig mit Farben und Gerüchen. Sogar bis hierher wehte der Geruch irgendwelcher Blumen und Gänse flogen auf den See. Im Herzen blühte ein Entschluss auf: Wenn ich zurückkehre, werde ich jeden freien Augenblick in der Natur verbringen. Jeden Urlaub und jeden Sonntag werde ich die kostbare Freiheit in mich einsaugen.

Einmal schickte mich unser „Zimmerdienst" zur Strafe zu der Strafkolonne, die Ziegelsteine aus einem Schiff ausladen sollte. Den See sah ich nun ganz nahe – so schillernd in der Sonne, so herrlich. Doch wir standen in der Kette und warfen uns Ziegelsteine zu. Zum ersten Mal fing ich damals Ziegel auf und wusste nicht, wie man es machen muss, damit sie die Handflächen nicht verletzen. Sie hatten sehr scharfe Kanten.

Nach einigen Stunden Arbeit waren die Hände, deren Haut völlig abgeschürft war, eine einzige Wunde. Auf jedem Ziegelstein blieb die Spur meiner Hände zurück, der Abdruck meiner zehn blutenden Finger. Der Schmerz wurde immer schärfer, ich presste die Lippen zusammen und biss so zu, dass ich im Mund den Geschmack von Blut hatte. Schließlich konnte ich nicht mehr. Ich ließ die Arme sinken, von denen das Blut hinunterrieselte und schnell in den gelben Sand einsickerte. Vor mir stapelten sich sofort die Ziegel zu einem Haufen. „Was ist los?", schrie die Aufseherin über mir. Ich sagte kein Wort, sondern hob beide blutenden Hände und zeigte sie. Sie zerrte mich aus der Reihe heraus und stellte mich wortlos beiseite. Bis zum Ende dieses Arbeitstages trug ich nur mehr Körbe, aber auch dies war sehr schmerzhaft.

Ich erinnere mich an die entsetzten Gesichter von Władka und Krysia, als ich zum Block zurückkam. Die Hände schmerzten, lange wollten sie nicht heilen, denn täglich jagte man uns zu schwerer Arbeit. Eine Stelle, die besonders tief verwundet war, eiterte lange. Dort habe ich bis heute eine hässliche kleine Narbe.

Offiziell hatte inzwischen der Sommer begonnen und so nahm man uns die Winterkleider und die Schuhe weg. Wir hatten jetzt nur mehr dünne Sommerkleidchen und waren barfuß. Wir froren während der Morgen- und Abendappelle. Die Sonne wärmte zwar tagsüber, aber wenn sie erlosch, war es sehr kalt. Sogar im Winter froren wir nicht so wie in diesen ersten Sommerwochen.

Ich sah in der eisigen Luft des frühen Morgens in die Runde der bekannten Gesichter. Gott, was war mit ihnen geschehen? Die Mädels hatten blasse, langgezogene Gesichter, ohne eine Spur von Röte, magere Körper und düstere Augen. Diese Augen? Wer niemals solche Massen von verelendeten Frauen gesehen hat, kann sich diese Augen nicht vorstellen. Nur Augen waren von uns übrig geblieben.

Ich entdeckte nur ein einziges rosiges, rundes Gesicht – das der Köchin! Neidisches Gemurmel. Die ist bestimmt nicht hungrig.

Im Juni zogen wir wieder um. Ein Haufen fremder grauhaariger Frauen aus Posen war eingetroffen. Sie sahen uns kritisch an, wie auch wir es seinerzeit getan hatten. Für sie wurde ein „neues Lager", der Block

21, eingerichtet. Betten und Bettzeug hatte man uns längst größtenteils weggenommen. Wir schliefen damals samstags zu zweit in einem Bett und die anderen Tage im Wechsel auf grauen, schmutzigen Strohsäcken.

Essen gab es immer weniger und ganz ohne Salz. Es war abscheulich und doch aßen wir alles, was es gab, sogar den ekelhaften, bitteren Grünkohl. Lange waren wir nicht imstande, ihn herunterzuschlucken.

Zu Mittag gab es die tägliche Kohlrübensuppe und Pellkartoffeln oder Grünkohl, ausnahmsweise an Feiertagen als Rarität auch Haferflocken. Morgens eine Mehlsuppe, die wir sehr schnell tranken, denn wir hatten immer wenig Zeit. Und noch schneller waren wir danach wieder hungrig. In dieser Zeit schälten wir noch Kartoffeln und warfen die Kartoffelschalen weg. Aber dann kam eine Zeit, als sich unsere ausgehungerten Kameradinnen auf diese Schalen stürzten. Weder ich noch Krysia taten das, aber ich verstand die Frauen, die sich auf diese faulenden Abfälle warfen. Anfangs taten das nur die „Goldstücke", danach aber auch die aus unserem Transport.

Wenn wir nach dem Mittagessen die Schüsseln mit den Kartoffelschalen hinaustrugen, lauerte uns nicht selten Angela auf, unser eigenes Goldstück. Im Gegensatz zu ihrem engelhaften Namen hatte sie überhaupt nichts Engelhaftes an sich. Eine große, untersetzte Frau mit grober Stimme, großer Nase und unerwartet himmelblauen kleinen Äuglein. Sie stand vor der Tür, riss uns die Schüssel aus der Hand, aß blitzschnell die Schalen auf und sagte mit rauer, grober Stimme: „Alles ist gut, alles ess ich auf." Das wiederholte sich immer wieder, hunderte Male. Wir hatten uns an diesen Ausspruch so gewöhnt, dass wir viel später, wenn man uns fragte, was wir essen, immer noch mit grober Stimme antworteten: „Alles ist gut, alles ess ich auf."

Der Mangel an Salz war wirklich schrecklich. Anfangs konnten wir nichts ohne Salz essen. Aber der Hunger war dann doch stärker und wir aßen alles, was wir bekommen konnten. Die Menge an Essen wurde jedoch immer geringer.

Das Brot wurde anfangs in vier Teile geteilt, dann in sechs, danach in acht, später in zwölf und gegen Ende unserer Lagerzeit sogar in achtzehn Teile. Das bedeutete für jede nur eine dünne Scheibe.

Das Mysterium des Brotteilens.
Wir kannten das schon vom Gefängnis her. Die Deutschen gaben dort angeschnittenes Brot, das aber nicht ganz durchgeteilt war. Die Portionen waren also vorgegeben. Eine Gruppe von Frauen bekam zusammen ein Brot. Das Brot im Gefängnis war herrlich, schwarz, gewöhnliches polnisches Vollkornbort. Das Brot in Ravensbrück war abscheulich. Es roch nach Fisch (angeblich tat man Fischmehl hinein) und hatte die Konsistenz von Sägespänen. Aber immerhin war es doch Brot und langsam vergaßen wir, wie jenes polnische Brot geschmeckt hatte.

Das höchste Vertrauen genoss jene, die das Brot teilen durfte. Die Frauen beobachteten ganz genau, ob die Teile auch wirklich gleich waren. Wie viel Streit, wie viel Zank gab es nur darum, ob die Scheibe nicht doch schmaler sei! Wenn eine nur einmal die Prüfung nicht bestand, wurde sie nie mehr gebeten, Brot zu teilen. Dann war sie degradiert.

In unserer Gruppe teilte die kleine Krysia das Brot, immer genau, immer sorgfältig. Ein für alle Mal hatte sie diese Funktion bekommen. Nie focht jemand ihre Zerlegung des Brotes an und in unserer Gruppe gab es darum kein einziges Mal Streit. Krysia hatte das Vertrauen aller. Manchmal blieb uns zwei eine krumme Scheibe, eine nicht gelungene. Aber das nahmen wir hin, das war der Preis für das Vertrauen. In dem Maße, wie der Hunger immer mächtiger wurde, kostete Krysia das Brotteilen immer mehr Anstrengung. Manchmal zitterte ihre Hand und Schweißtröpfchen zeigten sich auf der Oberlippe und zwischen den Augenbrauen. Das war keine leichte Sache für sie.

Brot wurde zum wichtigsten Tauschobjekt. Lange gab es keinen Handel in unserem Lager (ich sage „unser Lager“, denn später, als so viele Häftlinge von Auschwitz kamen, zeichnete sich eine Art von Ravensbrücker Lokalpatriotismus ab). Aber bald fing er doch an. Raucherinnen tauschten manchmal Zigaretten gegen Brot. Wir kauften Medikamente für Kranke, später sogar auch Bücher. Für das erste Buch zahlten wir schrecklich drauf. Wir kauften die Katze im Sack, denn anders ging es nicht. Das Geschäft machte eine Ukrainerin, die Zugang zu den Waggons hatte, in denen alle geraubten Sachen aufbewahrt wurden. Unsere Vermittlerin, die Analphabetin war, sollte ein Buch für uns auswählen – für die riesige Summe von vier Brotportionen!

Und das erste Buch, das wir für diesen hohen Betrag kauften, war schließlich ein griechisch-russisches Wörterbuch. Es war ja wirklich schön, in Leder gebunden, mit Goldrand. Unserer Ukrainerin gefiel es von allen Bänden, die ihr zugänglich waren, am besten und sie verstand nicht, warum wir uns so enttäuscht zeigten. Übrigens fanden sich dann auch für dieses Buch Liebhaberinnen. Allerdings bekamen sie es schon umsonst. Mit der Zeit wurde sogar unsere Ukrainerin besser und besorgte uns auch brauchbare Dinge zu fairen Preisen.

Brot und Salz.
Wir begriffen die tiefe Symbolik von Brot und Salz.
Einmal wurde ich einer zusätzlichen Arbeitskolonne zugeteilt, die das Schiff entladen helfen sollte. Neben uns arbeiteten Männer. Erst damals erfuhr ich, dass es in Ravensbrück – irgendwo auf der anderen Seite – auch eine Gruppe von Männern gab. Bisher hatten wir sie noch nie getroffen. Es waren die ersten Männer, die ich in Sträflingsanzügen sah. Alle waren sehr groß oder jedenfalls schien es mir so, denn sie waren unheimlich mager. Sie trugen Säcke vom Schiff, aus denen etwas Weißes herausrieselte. Plötzlich warf sich einer von ihnen auf die Erde und leckte gierig den weißen Staub. Es waren Säcke mit Salz!

Nach dieser Entdeckung warfen sich alle Männer auf die Erde und leckten die Spuren Salz, doch ein SS-Mann hieb ihnen mit der Peitsche über die Köpfe. Ich schämte mich für die Männer im Allgemeinen. Mein Ideal vom Mann hatte einen Riss bekommen.

10

Noch im Juni und sogar noch Anfang Juli 1942 froren wir morgens bei den Appellen bitterlich. Die Erde war in der Nacht ausgekühlt und erschien uns eiskalt. Da schnitt sich ein einfallsreiches Mädchen aus Papier die Fußform aus und stellte sich darauf. Einige Male gelang es auch uns. Ich hatte mir nie vorstellen können, dass eine so dünne Schicht Papier so wärmen kann. Die Aufseherinnen entdeckten jedoch schnell unsere „Erfindung" und schlugen uns recht empfindlich für diese neue „Sabotage".

In diesem Sommer 1942 waren wir mager wie Skelette, ohne eine Spur von Gesichtsfarbe, die Hälse wurden immer länger, die Gesichtszüge immer schärfer und wir wurden immer abgestumpfter.

Aber der Anblick dieser nackten, abgemagerten Frauen im Waschraum weckte in mir keinen Ekel mehr. Inzwischen blickten wir ziemlich gleichgültig auf die eigene Magerkeit und auf die Magerkeit der anderen. Sogar der Anblick von Bewusstlosen oder Toten bewegte uns nicht mehr. Wir konnten einfach nicht mehr reagieren.

In dem Verlangen, sich ab und zu satt zu essen, rangen wir uns zu einer heroischen Kraftanstrengung durch. Wir sammelten die Brotrationen im Laufe der Woche, um dann am Samstag und Sonntag ein Fest feiern zu können. Die ganze Woche trugen wir in einem aus Taschentüchern genähten Säckchen zerknautschtes Brot, das wir immer wieder begierig ansahen und uns die Lippen verstohlen leckten.

Samstag und Sonntag organisierten wir dann „Orgien" und versuchten mit unseren bescheidenen Mitteln eine gemütliche Atmosphäre zu schaffen. Ein sauber gewaschenes Wischtuch ersetzte die Tischdecke und aus einem Löffel Marmelade, einem Stück Käse und einem Würfel Margarine, die man uns als Abendbrot gegeben hatte, entstanden künstlerisch zurechtgemacht Schnittchen. Jede von uns machte andere, ganz nach dem jeweiligen Geschmack und Temperament. Nina beschmierte immer eine dicke Scheibe mit der ganzen Marmelade, während Bogna das Brot sehr geschickt in ganz dünne Scheibchen schnitt, um möglichst viele zu haben. Noch raffinierter ging die kleine Krysia ans Werk, die ihre ganze Margarine und Marmelade auf die letzte Scheibe tat, „damit es wie Kuchen wäre". Ich durfte daran teilhaben, denn Krysia bereitete diese herrlichen Scheiben für uns beide vor.

Alle hielten Krysia für ein wunderbares Mädchen, immer lieb, artig und gut erzogen, sodass es wohl niemandem gelang, sich mit ihr zu zanken. Aber nach Meinung von Hermine hatten wir uns alle getäuscht; nur Hermine hatte sie durchschaut. „Krysia hat die große Schnauze", sagte sie. Hermine hatte einmal in der Dunkelheit meine frechschnäuzige Antwort Krysia in den Mund gelegt. Seit dieser Zeit neckten wir manchmal dieses helle, zartfühlende, „kleine" Mädchen und die Version von ihrer „großen Schnauze" ging durch das ganze Lager. Noch heute machen wir gelegentlich darüber Witze.

In solchen Augenblicken hatten wir das tröstende Gefühl, dass sich doch noch Elemente unseres „Ich" erhalten hatten. Ein besonderes Phänomen war Steńka. Nach dem Appell war sie immer die Erste im Block, und wenn wir uns auch noch so beeilten und im Laufschritt in den Waschraum stürzten, war Steńka schon da, lächelnd, ganz nackt und schon eingeseift. Dann mussten wir uns natürlich anstellen. Wir verdächtigten sie, einen Pakt mit dunklen, unreinen Kräften zu haben, besonders deshalb, weil sie sich nie vordrängte. Einige Beobachterinnen sagten fast unter Eid aus, dass sie ihre eigenen Schuhe überholte. Das war wirklich unglaublich. Aber das mit den „unreinen Kräften" war etwas übertrieben, denn Steńka war besonders rein. Vielleicht nicht so wie Bogna, die für ihre Sauberkeit im ganzen Lager berühmt war. Am meisten quälte Bogna, dass sie keine Flamme hatte, über der sie das schreckliche Brot, das voll von Bakterien war, zum Desinfizieren hätte rösten können.

Noch eine Sache gab es, die uns das Gefühl erhielt, Menschen zu sein: Gedichte, die wir aus dem Gedächtnis aufsagten. Die beste Fundgrube war der Kopf von Joanna. Ihm entsprangen die verschiedensten Verse, meist durcheinander und ungeordnet. Plötzlich rief dann Joanna: „Mädels, ich kann's schon!"

Diese Gedichte rissen uns von der erschreckenden Wirklichkeit los.

So lachte uns Aloha vom Palmenstrand an, die Kassiopeia neigte sich vom Himmel hernieder oder der „Schuster Hinkebein" erhängte sich. Doch danach ertönte das „geliebte, helle, einfache cherubinische Lied" und beendete so unseren grauen Tag mit einem Anflug von Mut und Hoffnung. Dann erst hörte man in der Stille das betende Flüstern: „Mögest vorm Kriege das Land erlösen, lass von der Unruh alle genesen."

Ein besonderer, geheimnisvoller Bereich, zu dem nur wenige Zutritt hatten, waren die Träume. Mit der Zeit wussten wir, der „graue Haufen der Profanen", dass Pflaumen Beulen bedeuten, Feuer Diebe, Eier Verleumdungen, Pilze Unverdaulichkeit und Fußbodenwaschen Freiheit. In Wirklichkeit aber wurden die Träume nur von Auserwählten gedeutet.

Es gab zwei Arten von Träumen. Die eine Art stellten die gewöhnlichen Träume dar, die Muskel-Magen-Träume, wie sie von Manicha abfällig genannt wurden, oder auch Freudsche Träume, wie uns die gelehrteren „Wahrsagerinnen" aufklärten. Die andere Art waren sehr seltsame Träume, intuitive Träume. Sie traten plötzlich bei einer von uns auf, erfassten aber dann die ganze Gruppe. Diese Träume hatten immer irgendwie mit dem Tod zu tun. Einige Tage vor einer Exekution entstand diese höchst seltsame Stimmung, von der niemand wusste, woher sie kam. Ohne Worte wussten wir alle, dass etwas geschehen würde. Keine äußerte sich laut über ihre Vorahnungen. Nur die Appelle wurden stiller, es wurde mehr gebetet. Die Schatten unter unseren Augen wurden deutlicher und manchmal brach irgendeiner ohne Grund die Stimme. Und dann wurden die Namen verlesen. Es waren meist nicht viele auf einmal. Aber wir hatten jetzt keinen Zweifel mehr, was das hieß – Sondertransport. Wir verstanden nur zu gut das Verbot für unsere Gruppe, uns außerhalb des Lagers aufzuhalten. Unser Transport durfte nur auf dem Gebiet des Lagers arbeiten. Wir sollten jederzeit, ohne Schwierigkeiten aussortiert werden können. Unser ganzer Transport war dem Tod geweiht.

11

Den ganzen Juli 1942 lag etwas Unheimliches in der Luft. Wie ein Unwetter tobten unsere Träume und Vermutungen.

Am 27. Juli beorderte man unseren Transport „nach vorne". Zuerst die jungen, bis zu 25 Jahren, danach alle anderen. Später kamen auch einige aus dem Maitransport 1942 zu uns dazu. Eine uns fremde Kommission, in Zivil und in Uniformen, überprüfte die Listen, wobei sie hartnäckig auf unsere Beine sahen. Das dauerte einige Stunden und danach ließ man uns wieder in den Block zum Mittagessen.

Den ganzen Nachmittag hindurch wurden Theorien entwickelt, was das alles zu bedeuten hätte. Die weibliche Phantasie ist ja grenzenlos. Ich weiß nicht, ob irgendjemand jemals diese Grenzen ausgelotet hat. Ich bezweifle es. Gegen Ende des Tages schwirrten eine Menge von Nachrichten „aus sichersten Quellen" herum. Die unverbesserlichen Optimistinnen unter uns glaubten, dass wir im Zuge eines Gefangenenaustauschs mit dem ersten Transport in die Schweiz fahren würden. Das andere Extrem verbreiteten die pessimistischen „Lagerkrähen", dass es nämlich eine Massenexekution gäbe.

Am nächsten Tag, am 28. Juli, vormittags beorderte man uns in das Revier. Als wir dort ankamen, standen andere schon da. Ich stellte mich zur letzten Fünfergruppe. Die ersten beiden Fünfergruppen wurden aufgerufen. Da dort eine fehlte, nahm man mich dazu, da ich am Ende stand. Ich dachte nur: Allein, ohne Krysia!

Im Revier geschah nichts Besonderes. Sie befahlen uns, uns nackt auszuziehen und Frau Dr. Oberhäuser und Dr. Rosenthal wogen uns und besahen Arme und Beine, so wie es auch bei der Untersuchung von Krätze gemacht wurde. Das war alles. Als ich herauskam, heulte die Lagersirene zum Mittagessen. Für diesen Tag waren die „Untersuchungen" beendet. Man ließ uns in den Block.

Nach zwei Tagen kam die Lagerläuferin mit einer Liste zu uns, die die Namen der zehn Untersuchten enthielt. Unsere Blockwärterin, die Wienerin Anni, die zwar etwas dumm war, aber sonst unschädlich und eine ehrliche Haut, zuckte die Schultern: „Ich weiß nichts.“ Sie meinte nur, dass wir in das Revier gehen sollten.

Aus unserem Block betraf es drei Frauen. Hinter der Scheibe blieb das blasse Gesicht von Krysia zurück und das plötzlich gerötete Gesicht vom „Hering“ (Stanisława Sledziejowska).

Ich hatte in dieser Nacht gearbeitet. Trotzdem, oder vielleicht eben deshalb, sah ich alle Farben irgendwie sehr grell. Der Salbei vor dem Revier erschien mir schreiend rot.

Im Revier stießen wir gleich auf Dr. Rosenthal. „Was sind das für Leute?“, fragte er. „Die bestellten“, antwortete Anni. Die anderen sieben standen schon da. Der Doktor zählte ab und schickte vier zum Block zurück. Nun waren wir noch sechs. Wir warteten ziemlich lange und ich sah mir die Gesichter an: Es waren ausschließlich Politische, die für Aktivitäten im Widerstand verhaftet worden waren. Aha, also doch Exekution. Ich wusste ja, dass sie manchmal solche Komödien spielten, indem sie die, die erschossen werden sollten, vorher zur Untersuchung in das Revier nahmen; sie gaben ihnen oft sogar Brot mit, um den Anschein eines Transportes zu erwecken. Nachdem diese List durchschaut worden war, warfen die Polinnen, die in den Tod gingen, das erhaltene Brot der Lagerwache vor die Füße.

Mit einer gewissen Erleichterung dachte ich an einen raschen Tod und wunderte mich, dass ich nichts fühlte, nichts Großes, nichts Feierliches. Wie denn? Empfinde ich nichts angesichts des Todes? Ich hatte ein Gefühl der Verachtung für mich selbst und mit Sympathie blickte ich auf Marysia Gnag, die schon eine grün-weiße Farbe angenommen hatte. Sie fing meinen Blick auf und fragte flüsternd:

„Was machen sie mit uns?“

Ich zuckte die Achseln und sagte gleichgültig ein Wort, das wir im Lubliner Gefängnis gebraucht hatten:

„Breitwalzen.“

Dieses Wort löste bei diesem großen, kräftigen Mädchen eine so wahnsinnige Angst aus, dass ich es sofort bereute. „Das ist nicht wahr!“ „sagte sie fast schreiend.

Noch einmal zuckte ich mit den Achseln. „Warum fragst du dann?

Ich weiß genauso viel wie du."

Wir schwiegen.

Dann rief man uns zu einer Tür. Ich wusste nicht, was mir bevorstand, da ich damals die Aufteilung im Revier noch nicht kannte. Ich ging als Erste hinein: Es war ein Badezimmer. Darin eine richtige weiße Wanne mit warmem Wasser.

Das erste Bad in einer Wanne, seit über anderthalb Jahren!

Das war nicht zu verachten. Schnell zog ich mich aus – meine Kleidung nahm sofort eine blasse Deutsche mit. Nach einer Weile brachte sie mir ein frisches Hemd und ein Unterjäckchen. Ich fragte sie, was das alles bedeuten würde. Sie schaute entgeistert und sagte:

„Sind Sie krank? Sie werden wahrscheinlich operiert."

„Nonsens, ich bin gesund wie ein Pferd."

Sie schaute noch entsetzter.

Feigling, dachte ich. Sie hat Angst, zu sagen, dass es sich um eine Exekution handelt.

Schwester Frieda führte mich vom Bad durch den Korridor bis zum letzten Zimmer. Da standen sechs weiße, saubere Betten. Ein Schauder lief mir über den Rücken. Mit einer gewissen Befriedigung, dass ich doch noch etwas empfinde, stellte ich fest, dass ich mich vor diesen Betten fürchtete. Schwester Frieda befahl mir, mich hinzulegen. Ich stand da und konnte mich nicht entschließen, welches Bett ich einnehmen sollte. Ich dachte, dass sie uns offensichtlich mit einer Spritze fertig machen werden statt mit einer Kugel, und so legte ich mich voll Verzweiflung auf das erste Bett auf der rechten Seite.

Gleich stellte ich aber fest, dass es trotz allem sehr angenehm ist, in einem sauberen Bett zu liegen. Und ich war so müde, dass ich das Bedürfnis hatte zu schlafen.

Der Reihe nach kamen nun die anderen herein und legten sich in die anderen Betten: Wanda Kulczyk, Aniela Okoniewska, Rozalia Gutek, Marysia Gnaś, Maria Zielonka.

Alle redeten durcheinander, während ich doch so Lust hatte zu schlafen. Ein Schrei ernüchterte mich. Ich öffnete die Augen: Vor Wanda stand eine schwarzhaarige Schwester mit einem funkelnden Rasiermesser in der Hand. Ich fuhr aus dem Bett hoch. Die Schwester aber sagte beruhigend, dass sie uns nichts tun wolle. Sie würde uns nur die Beine rasieren. Ich übersetzte das laut ins Polnische – und hörte Verwunderung in der eigenen Stimme: Zum Teufel, warum rasieren sie einem vor dem Tod die Beine?

Der Reihe nach rasierte man uns sorgfältig die Beine bis zu den Knien. Nach einer Weile kam die Schwester mit einer Spritze fünf Zentimeter einer gelben, nicht durchsichtigen Flüssigkeit. Eine intramuskuläre Spritze. Andererseits wusste ich, dass zum Töten eine halbzentimeterlange Spritze unter die Haut genügt. Warum also jetzt eine so große Portion?

Nach der Spritze empfand ich sofort Schwere und Kraftlosigkeit. Ich hörte und sah, konnte mich aber nicht bewegen. Wir lagen in einer Reihe nebeneinander. Muskellähmung? Ich verstand immer noch nichts.

„Was tun sie mit uns? Was tun sie mit uns?“, lallte Marysia undeutlich und die gleiche Frage sah ich in allen Augen. Oh Gott, wie sehr wollte ich die Gewissheit haben, dass sie uns töten, dass sie uns nur töten.

Wieder kam die Schwester herein. Noch eine Spritze, diesmal unter die Haut. Zuerst hatten sie uns stillgelegt; und was nun? Die Operationsbahre wurde in das Zimmer gefahren. Ich erinnerte mich, was die Kleine bei der Wanne gesagt hatte: Operation. Aber was für eine? Wieso? Warum? Nichts verstand ich, überhaupt nichts.

Man lud Wanda auf die Bahre. Stumm blieben wir im Zimmer zurück, in ungeheurer Spannung.

Nach einer Zeit brachte man Wanda zurück. Aber sie blieb auf der Bahre auf dem Korridor. Ich wusste gar nichts, ich verstand nichts, ich schlief ein …

Am späten Nachmittag wachte ich mit schmerzendem Kopf auf. Auf dem Stuhl neben dem Bett stand eine Schüssel mit Grünkohl. Beim Anblick des Essens wurde mir übel.

Eine Schwester kam mit einem Stoß Kleidung herein. Sie befahl uns, uns sofort anzuziehen. Und dann schickte sie uns mit „haut ab“ zum Block. Was? In den Block? Ich musste sie wohl sehr verwundert angesehen haben, denn sie sagte wütend zu mir: „Was glotzt du so? In den Block!"

Ich versuchte zu gehen – und konnte nicht. Die Beine versagten den Dienst, wankten. Polinnen, die im Revier arbeiteten, brachten uns bis zum Block.

Im Block empfing man uns mit echter Freude. Die Mädels waren sicher gewesen, dass man uns schon erschossen hatte. Die „Minna" war nämlich am Revier vorgefahren – so waren sie überzeugt, dass man uns hineingesetzt hatte. Und danach (wie immer nach der Exekution) würden unsere Kleider in die Wäscherei zurückkommen.

Mir war zum Weinen, als ich so viele herzliche, bekannte Gesichter sah. Sie umstanden uns im Kreis – sowohl unsere Freunde als auch die, die wir weniger gut kannten. Ich fühlte mich ziemlich schwach, doch die überschütteten uns mit misstrauischen Fragen:

„Haben sie euch wirklich weiter nichts getan?"

„Ist alles in Ordnung?"

„Aber als ihr schlieft, haben sie euch da nichts getan?"

„Fühlt ihr nichts innen drin?"

„Und im Kopf?"

Innen drin fühlte ich nur aufkommende Wut, aber ich antwortete einer der Fragerinnen ganz ruhig und süß lächelnd:

„Ach ja, als ich schlief, haben sie mir die fünfte Daube rausgenommen und gleich fange ich an zu beißen."

(In Polen sagt man: „Dem fehlt die fünfte Daube", wenn man jemanden als dumm oder beschränkt charakterisieren möchte. A. d. Ü.)

„Hab ich's nicht gesagt, dass sie verrückt zurückkommen?", hörte ich hinter mir triumphierendes Flüstern.

Jawohl, ich war völlig verrückt. Ich hatte Lust, nicht nur zu beißen, sondern auch zu treten und zu brüllen. Zum Glück musste ich mich erbrechen.

Als die Nachtschicht zum Arbeitsappell ging, meldete die Blockwärtin, dass ich nicht arbeiten könnte. Ich lag schwach im Bett. Vor meinen Augen drehten sich abwechselnd grüne und rote Kreise. Da riss mich die Sirene zum Appell hoch.

Ich stand auf dem Appellplatz, von Nina und Wojtka gehalten. Wie schnell es doch dunkel wird, dachte ich. Nina flüsterte mir ins Ohr: „Noch ein Weilchen."

Unmittelbar nachdem die Aufseherin vorübergegangen war, fiel ich ihnen in die Arme. Zum ersten Mal in meinem Leben war ich ohnmächtig geworden.

Am nächsten Morgen bekamen wir Bettkarten für drei Tage. Ich lag in einem Chaos wirrer Gedanken, in einem Teufelskreis phantastischer Vermutungen. Ich war sicher, dass das noch nicht alles war, dass etwas Schreckliches bevorstand. Krampfhaft schmiegte ich mich an Krysia, ohne ein Wort reden zu können. Dann beruhigte ich mich doch. Aber innen, tief innen blieb ich eine einzige bis zum Äußersten zitternde Unruhe. Was wird weiter?

Es schien mir, als wäre ich gestorben und dann wieder geboren worden oder als hätte ich tausend Jahre in diesen drei kurzen Tagen durchlebt.

12

Am Samstag, es war der 1. August 1942, kamen sie um neun Uhr, um uns wieder ins Revier zu holen.

Die gleichen sechs Frauen, die gleichen Betten, die gleichen, von uns zurückgelassenen Jäckchen, die gleiche Spritze – nur dass Wanda jetzt bewusstlos auf der Bahre zurückkam, mit dem Bein bis zu dem Knie in Gips, auf dem eine gemalte römische Eins sichtbar war.

Der Reihe nach fuhr man uns hinaus, kraftlos, machtlos. Vor der Tür des Operationssaales wurden wir auf dem Korridor von Dr. Schidlausky mit einer intravenösen Spritze anästhesiert. Vor dem Einschlafen blitzte ein Gedanke auf, den ich aber nicht mehr aussprechen konnte: „Wir sind doch keine Versuchskaninchen." Während der Operation soll ich angeblich diesen Satz immer wieder gesagt haben. Er wurde später von Dziunia und vielen anderen wiederholt. Nein, wir waren doch keine Versuchskaninchen, wir waren Menschen!

Doch der Name „Kaninchen" hing uns von nun ab fest an. „Kröliki" sagten wir zu uns und von uns. „Kröliki" nannte uns das ganze Lager. So treffend war dieser Name, dass er von allen verwendet wurde, einschließlich der Lagerärzte. Wenn jemand „die Beinoperierte" sagte, dann war noch nicht gewiss, um wen es ging, aber „Kaninchen" vertrieb alle Zweifel. Erst gegen Ende unserer Lagerzeit nannten wir uns stolz „Królowie" (von „Król" = König, A. d. Ü.).

Als ich aufwachte, war es schon später Nachmittag. Die Mauer des Lagers warf einen langen Schatten, der bis zum Fenster unseres Zimmers reichte. Ich blickte mich im Kreis um: Marysia Gnaś saß da mit blutroten Bäckchen auf dem runden sommersprossigen Gesicht, Wanda gestikulierte lebhaft, nur Zielonkowa lag neben mir, immer noch bewusstlos.

Ich hatte schrecklichen Durst. Die Schwester reichte mir einen weißen Becher. Ich streckte die Hand danach aus und wunderte mich, dass der kleine Becher so schwer, so schrecklich schwer war. Ich konnte ihn nicht halten, und er zerschlug mit einem Knall auf dem Fußboden in lauter weiße Scherben.

Langsam kam mein Bewusstsein zurück. Ich dachte an mein Bein und schob die Schlafdecke beiseite – auf dem Gips stand III TK. Laut fragte ich, was die anderen auf dem Gips hätten: Wanda hatte eine I, Aniela I TK, Rózia II, Gnaś II TK, Zielonka III und ich III TK. Wir konnten uns das nicht erklären.

Vorläufig tat mir nichts weh, nur mein Bein war ganz gefühllos, erstarrt und der Kopf erschreckend schwer.

Dann brachten sie uns das Abendessen, das gewöhnliche Lagerabendbrot an Samstag: Stinkender Käse und ein Stückchen Margarine auf dem Brot. Wanda und Marysia Gnaś aßen etwas, der Rest rührte nichts an. Übrigens brach Wanda alles gleich wieder heraus.

Ich erinnerte mich, dass sie mir einen Brief von zu Hause brachten. Ich erblickte lediglich ein weißes Blatt Papier und wunderte mich, dass ein Brief ebenso aussehen kann. Ich sah keine Buchstaben. So legte ich den Brief unter das Kopfkissen. Erst nach einigen Tagen hatten sich meine Augen so weit erholt, dass ich ihn lesen konnte.

Ich wollte schlafen. Es war eine glühend heiße Augustnacht. In dieser Nacht wurde es ganz schlimm. Die Mädels saßen nun nicht mehr. Sie lagen bewusstlos, glühend, warfen sich nach allen Seiten herum. Sie bemühten sich, ihre armen Beine auf irgendeine möglichst schmerzfreie Art zurechtzulegen. Aber es gelang nicht.

Jede kleinste Bewegung verstärkte den ungeheuren, unerträglichen Schmerz.

An Schlaf war nicht mehr zu denken. Wanda fing an zu schreien, Rozia stöhnte ganz leise und Zielonkowa ächzte von Zeit zu Zeit: „Oh Jesus …“

Der Schrei von Wanda ging durch und durch, bis in das Gehirn.

Verrückt werden kann man dabei, dachte ich. Und laut brüllte ich: „Schweig!“

Wanda sah mich geistesabwesend an – und schrie ohne Pause weiter.

„Schweig!“, wiederholte ich. „Schweig oder ich verdresche dich, bis du grün und blau bist.“

Ihre fiebrig-glänzenden Augen schienen mich zu verstehen.

Ganz leise und ruhig sagte sie plötzlich: „Nicht schreien kann ich nicht.“

„Na, dann schrei eben.“

Aber nun schrie sie nicht mehr, stöhnte nur mit zusammengebissenen Zähnen. Anielka biss in den Zipfel des Kissens und gab ab und zu ein langgezogenes Stöhnen von sich. Marysia Gnaś fluchte leise, aber saftig. Auch ich hatte Lust zu fluchen, schreien, rufen. Ich war entsetzlich nüchtern. Die Schwester erschien von Zeit zu Zeit in der Tür und betrachtete uns aufmerksam, danach ging sie wortlos weg. Wir von der ersten Gruppe waren insofern bevorzugt, als die Schwestern bei uns Nachtdienst hatten. Die anderen Gruppen wurden nach der Operation einfach eingeschlossen.

Sie wartet, bis wir sterben, schoss es mir durch den Kopf, als ich die wachsamen Augen des SS-Weibes sah.

Durch die Fenster konnte ich schwarze Mauern sehen, die mit stromführendem Stacheldraht überzogen waren, dessen Stachel wie drohende Zähne aussahen. Dort hing noch vor Kurzem die verkohlte Leiche einer Zigeunerin, die versucht hatte zu fliehen. „Drähte … Hochspannung“, sagte ich laut. Ich fühlte eine plötzliche Sicherheit: Eine Berührung des Drahtes und alles wäre zu Ende, ich müsste nicht mehr diese schrecklichen Schmerzen ertragen! Ich versuchte aufzustehen, aber es ging nicht. Laut fiel ich auf's Bett zurück. Sofort stürzte eine Schwester herein: „Was ist los?“, ich antwortete nicht. Ich musste immerfort an die Drähte denken, an die Drähte …

Hin und wieder verlor ich das Bewusstsein. Im Traum sah ich den Draht, näherte mich ihm. Es schien, als ob ich ihn schon berührte. Fast empfand ich eine göttliche Ruhe. War das bereits der Tod? Gewaltsam spannte ich mich an. Nicht ich! Jemand zog mich kräftig auseinander, ergriff das schmerzende Bein. Ich stöhnte laut. Die Schwester stürzte herein, sah in meine Richtung und lief wieder hinaus. Nach einer Weile kam sie mit einer Spritze zurück. Sie gab mir eine kleine, einen halben Zentimeter lange Spritze unter die Haut. Danach brachte sie irgendwelche Tropfen. „Sie lindern den Schmerz“, sagte sie und gab sie uns der Reihe nach.

Tatsächlich, der Schmerz wurde etwas weniger stark, so, als hätte man ihn mit Watte zugedeckt. Die Mädchen schliefen der Reihe nach ein. Nur Marysia Gnaś schlief nicht. Sie fragte immer wieder, dabei mit den Zähnen klappernd: „Siehst du? Jemand steht hinterm Fenster und will mich holen.“ Unwillkürlich schaute ich zum Fenster, doch ich sah nur eine schwarze Nacht, eine Nacht ohne Antlitz, ohne Sterne, als schämte sie sich, etwas von den Vorgängen hier zu sehen.

In dieser Nacht wurde eine neue Sehnsucht geboren. Es gab verschiedene Sehnsüchte. Sie hatten hundert Gesichter und tausend Farbschattierungen. Wir kannten sie alle. Sie lebten in unseren Herzen und bissen. Die einen waren bissig wie große rote Ameisen, andere wie große wütende Hunde und noch andere stachen mit Tausenden von unsichtbaren Nadeln. Es gab rote Sehnsüchte nach der Liebe, nach Küssen, nach Zärtlichkeiten. Goldene nach dem Glück, nach dem Heim, nach der Wärme. Himmelblaue nach den grünen Wäldern, nach der Heide, dein Raum. Grüne nach einem Buch, dem Theater, nach Musik. Es gab auch kleine, lächerliche Sehnsüchte nach schwarzem Kaffee, nach einem Ballkleid, nach farbigen Fähnchen. Und es gab große silberne Sehnsüchte nach mütterlichen Händen und weißen Haaren, nach der Stille der Kirche und nach der Stille des Herzens. Doch diese Sehnsucht war neu, es war die schwarze Sehnsucht nach dem Tod. Ich wollte sterben, nicht mehr sein, verschwinden ohne Spur. Nicht wie irrsinnig immer wieder denken: Wozu? Warum? Die schlimmsten Fragen waren: Warum gerade ich?

Warum wir?

Es dämmerte bereits, als Marysia Gnaś endlich eingeschlafen war. Langsam fiel auch ich in Schlaf. Irgendwelche farbige Dreiecke hüpften noch lange vor meinen Augen vorbei. Dreiecke tanzen, dachte ich. Sie tanzen? Lind wieder fing etwas an, schmerzhaft zu vibrieren. Sie tanzen? Und ich? Und wir? Werden wir denn nie mehr tanzen? Was werden sie mit unseren Beinen machen?

So wurde es wieder Morgen. Der Sonntagvormittag unterschied sich von den gewöhnlichen dadurch, dass man auf der Lagerstraße einen Radiolautsprecher aufstellte. Man achtete sogar auf eine kulturelle Unterhaltung der Häftlinge in diesem „Musterlager“. Der Lautsprecher kreischte, bohrte sich in unsere Ohren, weckte uns auf und machte wütend. Die empfindsamen Töne der „Träumerei" reizten die Nerven. Die Schwester kam und holte Blut und Urin. Dies wurde uns jetzt jeden zweiten Tag abgenommen. Sie gab uns auch Thermometer. Und nach einer Weile kam sie wieder, um sie zu holen. Ich schaute auf die silbrige Säule und las laut: „40 Grad und ein paar Striche." Was? Und ich war ganz bei Bewusstsein?

Zielonkowa neben mir hatte 40 Grad und diese Temperatur hatten auch die andern. Wanda hatte die niedrigste Temperatur: 39,7 Grad. Nun wusste ich auch, wovon Aniela so wunderschöne rote Bäckchen hatte.

Danach, es dämmerte bereits, zeigte sich kurz im Fenster das sorgenvolle Gesicht von Władka und das bleiche von Krysia. Ich konnte mich nicht aufrichten. Ich bemühte mich nur zu lächeln.

Die Beine schwollen an, waren rot und heiß. Meines war so geschwollen, dass der Gips ins Fleisch einschnitt. Am Oberschenkel lief ein roter Striemen bis zur Leiste, wo er in einem schmerzhaften Geschwür endete.

An diesem Tag kam Dr. Oberhäuser zur Visite. Sie beugte sich nieder und beroch jedes Bein und machte sich sorgfältige Notizen in einem Buch.

Am Montag, dem 3. August, kam Dr. Fischer wieder, der Assistent von Prof. Gebhardt, der uns operiert hatte. Dr. Fischer war ein Mann in den besten Jahren, grau an den Schläfen, mit den geschickten Händen eines Chirurgen. Ich betrachtete ihn mit Interesse und bemühte mich, auf dem unbeweglichen Gesicht Spuren irgendeines Gefühls zu entdecken. So also sieht ein Mensch aus, der kaltblütig Verbrechen begeht. In wessen Namen? Vielleicht hat das alles doch einen Wert für die medizinische Wissenschaft. Vielleicht gibt es doch irgendeinen Nutzen aus unserem Schmerz. Nach Fischers Visite kamen noch zwei Männer: ein junger Zivilist, elegant angezogen, im schwarzen Anzug, und ein älterer vom Militär. Sie fragten, wie alt wir sind und wofür wir sitzen. Rózia sagte, dass man sie deshalb mitgenommen hätte, weil ihr Bruder aus dem Arrest ausgerissen sei. Wahrhaftig, sie war Geisel für ihren Bruder (sie und ihre 14-jährige Schwester, die man schon auf den Lubliner Schloss freigelassen hatte). Danach kamen noch irgendwelche Männer. Dauernd kam jemand, unsere Beine anzusehen. Schließlich reagierten wir nicht mehr auf diese Visiten.

An dem gleichen Tag, an welchem uns Dr. Fischer besucht hatte, machte man uns den ersten Verbandswechsel – oder was immer das auch war. Wir nannten es einfach Verbandswechsel. Sie entfernten den Gips und machten etwas an den Wunden. Wir wussten nicht, was da geschah, denn man hatte unsere Köpfe mit Betttüchern zugedeckt.

Auf jeden Fall schmerzte es rasend. Ich hatte den Eindruck, dass ich zwei Löcher im Bein hatte: eines am Knöchel und das zweite etwas höher, und dass sie irgendwas aus ihnen herauszogen, etwas, was irrsinnigen Schmerz verursachte.

Die Gipsschale legten sie dann wieder an und bandagierten sie fest. Nach einer Woche nahmen sie den ersten Nummern den Gips ab, doch mir und der Zielonkowa erst nach zwei Wochen. Ein Tag folgte monoton dem anderen. Die Körpertemperatur hielt sich in der Gegend von 39–40 Grad. Wenn man das Bein bewegte, sickerte eine gelbbraune, stinkende Flüssigkeit unter der Stulpe des Gipses hervor. Bei der Zielonkowa war das Bett dauernd feucht davon und summende Fliegenschwärme flogen dahin.

Jetzt brauchte man sich nicht mehr niederzubeugen, um unsere Beine zu beriechen. Jetzt rümpfte Dr. Oberhäuser die Nase, wenn sie hereinkam: „Es stinkt hier." Oh ja, es stank! Es war der süßlich-fade Gestank von Eiter und faulendem Fleisch.

Bei der Zielonkowa hatte die Fäulnis einen tiefen Graben gefressen, über den der Eiter abfloss. Abgesehen von dem Schnitt, verursachte die Fäulnis bei ihr auch noch einen Verlust von Muskeln. Die Beine schmerzten, die Köpfe schmerzten und das Morphium, das man zuerst dreimal am Tag, dann zweimal gab, wirkte fast gar nicht.

Manchmal kam eine von unseren Freundinnen unter unser Fenster. Krysia stand da, mager und blass, und bemühte sich, eine fröhliche Miene aufzusetzen. Władka kam mit einem Apfel oder mit einer Handvoll Johannisbeeren. Ich konnte überhaupt nicht verstehen, wo sie die bloß herhatte. Wir griffen gierig zu und für einen Moment wurde der Eitergestank durch den duftenden Apfel verdrängt.

Władka brachte mir manchmal frischen, geschnittenen und gesalzenen Löwenzahn und befahl mir, ihn zu essen, weil im Löwenzahn Phosphor sei. Also aß ich das bittere Kraut, aber nicht, weil ich an seine Heilkräfte geglaubt hätte, sondern, weil ich Władka etwas zuliebe tun wollte. Sie lächelte mit ihren braunen Augen und versuchte, mich zu überzeugen, dass ich das essen sollte, obwohl es so bitter war.

Seltsame Dinge geschahen mit uns im Revier. Ich glaube, dass auch die, die nach uns kamen, genauso litten, obwohl jeder Mensch anders fühlt. Es war ja nicht nur der Schmerz, sondern auch diese schreckliche Ungewissheit, die in den ersten Tagen nach der Operation hochkam.

Ganz neue Probleme standen plötzlich vor uns. Wir sammelten neue Erfahrungen und das Leben bekam einen bitteren Beigeschmack. Die Ungewissheit, was morgen sein wird, eine drohende Behinderungund der grässlich, unverdiente Schmerz riefen quälende Fragen hervor, die Antwort verlangten.

Ich schlief kaum mehr. Immer, wenn mit mir etwas los ist, höre ich auf zu schlafen.

Die Mädchen schauten mit besorgten Gesichtern durchs Fenster. Władka sagte später, dass sie überzeugt gewesen sei, dass ich sterben würde, so schrecklich hätte ich ausgesehen. Sie versuchte, mir zu helfen. Sie schickte mir Briefe, Zettelchen, auf denen sie hartnäckig und beharrlich schrieb: „Höre auf zu denken. Denke an gar nichts. Erinnere dich, wie farbige Wiesen blühen, wie blühende, goldene Königskerzen aussehen und Heidekraut und versuche, dich zu erinnern, wie die Nachtigallen sangen, als Rafał nach Wygnanka ritt“ (Szene aus einem Roman von Żeromski).

Aber ich konnte nicht. Mich quälte ein Schmerz, tiefer als der physische. Verzweifelt suchte ich nach dem Sinn des Seins, nach dem Sinn dessen, was mit mir geschah.

Im ungeputzten Fenster lebte ganz oben eine Spinne. Ich beobachtete sie. Ihr Netz glänzte in der Sonne und die gefangenen Fliegen surrten. In der Nacht aber, als ich doch einschlief, träumte ich von dieser Spinne, die riesengroß war, zottige Beine und das Gesicht von Dr. Fischer hatte. Und ich war eine Fliege! Ach, dieses Gesicht, von dem ich

Hunderte von Malen träumte. Es war wie ein Film: Es näherte sich, wurde immer größer, bis es die ganze Leinwand ausfüllte. Eine Spinne mit dem Gesicht des Chirurgen. Und ich war die Fliege, die sich mit dem rechten Bein im Spinnennetz gefangen hatte. Heute noch habe ich solche Träume.

Joanna schickte mir ein kleines blaues Segelschiffchen, das sie aus dem Griff einer Zahnbürste geschnitzt hatte. Und einen Brief bekam ich auch.

Ich weiß nicht, wie es geschehen konnte, dass dieser einzige Liebesbrief aus Afrika eben in diesem Moment kam, denn mein Freund hatte mir weder vorher noch nachher je geschrieben. Dieser aber war angekommen und hatte keinen Stempel der Lagerzensur. Auf welchem Wege er zu mir kam, weiß ich nicht. Der Junge schrieb von einem blauen Segelschiff mit orangefarbenen Segeln … und das war die erste Nacht, in der ich richtig schlief! Ich starb also nicht und wurde auch nicht verrückt. Sogar einen Sinn dieses Opfers hatte ich mir ausgedacht: Ich bin operiert worden, damit Krysia mit gesunden Beinen nach Hause zurückkehren konnte, zu ihrer Mutter, ohne operiert worden zu sein. Danach folgte der dramatische Moment, dass sie Krysia dennoch zur Operation brachten. Meine Gefühle waren einer Zerreißprobe ausgesetzt. Aber ich wusste, dass sie gesund und heil zurückkehren würde. Tatsächlich kehrte Krysia gesund, ohne Behinderung und ohne Narben, zurück. Sie gehörte zu den wenigen Auserwählten, die nach den Experimenten keine Folgen fürs Leben zurückbehielten.

13

Ungefähr um zehn Uhr kam eine von unserem Block zu unserem Fenster und flüsterte:

„Transport ins Unbekannte – fünf aus Lublin."

Mehr konnte sie nicht sagen. Leo, eine der Lagerpolizistinnen, hatte ihr schnell ins Gesicht geschlagen.

Wir lagen ganz still da, als wir Schritte auf dem Flur hörten. Eine Schwester und eine Aufseherin kamen herein. Die Aufseherin blickte uns der Reihe nach an, nahm einen Zettel heraus und las laut vor: „Rozalia Gutek – anziehen!"

Als sie wieder draußen waren, brach Rózia, kreidebleich wie Papier, in lautes Weinen aus:

„Nicht genug, dass sie mich zerschnitten haben, da schlagen sie mich auch noch tot."

Schluchzend zog sie sich an. Wir hatten nicht den Mut, sie zu trösten. Schon angezogen saß sie auf dem Bett und konnte nicht aufstehen.

Nach einer Weile kam die Aufseherin zurück: „Wie lange nach der Operation?"

„Zehn Tage."

„Ausziehen und ins Bett legen."

Erleichtert atmeten wir auf. Rózia war vorläufig gerettet.

Der 15. August war heiß und schwül und brachte wieder eine Überraschung. Es war der Feiertag der Mutter Gottes. In unserem Lagerleben hatte es sich meist so ergeben, dass die schlimmsten Szenen, die schwersten Erlebnisse mit den Feiertagen der Mutter Gottes zusammenfielen. War das ein Beweis für die deutsche Heimtücke oder ein Zufall? Wir wussten es nicht.

Aber nach einer gewissen Zeit fürchteten wir uns instinktiv vor den Marienfeiertagen.

Von morgens ab fühlten wir, dass etwas los war. In unser Zimmer wurden drei Doppelstockbetten gestellt und der Reihe nach wurden wir so geordnet, dass „die Sauberen" im Parterre und die mit „TK" bezeichneten oben lagen. So fand ich mich auf dem oberen Bett und unter mir die Zielonkowa. Drei freie Betten schreckten durch ihre Leere. Für wen wurden sie vorbereitet? Wir wussten schon, dass neue Operationen durchgeführt würden. Es war für uns ein Schlag, denn wir hatten die Hoffnung, dass man bei uns Halt machen würde.

Auf der Operationsbahre fuhr man uns der Reihe nach in den Verbandssaal, legte uns auf Tische und entfernte die Bandagen von den Beinen. Zum ersten Mal sah ich unsere Wunden. Sie waren alle an der gleichen Stelle, nämlich am rechten Schienbein entlang, 4–6 Zentimeter über dem Knöchel, nicht genäht, mit einer Länge von ungefähr 15 Zentimeter. Die Breite der Wunden schien mit der Höhe unserer Nummern in Zusammenhang zu stehen. Ich legte die Hand darüber: Die Wunde war größer als meine Hand, gelbgrün und stinkend. Aber Zielonkowa hatte die schlimmste. So lagen wir einige Stunden auf den harten Tischen und froren – trotz der Augusthitze (wir hatten nur unsere dünnen Hemden an. Zielonkowa, der man morgens etwas zum Abführen gegeben hatte, wand sich vor Schmerzen. Es war kein Unterschieber da und niemand reagierte auf unser Rufen, obwohl man von nebenan das Geräusch von Schritten hörte und irgendwelche Schreie und Gespräche.

Endlich kamen sie. Elf Personen. Elf gesunde Männer betrachteten sechs wehrlose Frauen. Neben uns auf das Betttuch legte man die Fieberkurve und die Ergebnisse der Blut- und Harnuntersuchung.

Damals sah ich Prof. Gebhardt zum ersten Mal: Dick, mit aufgedunsenem Gesicht, kleinen, bohrenden Äuglein, wabbligen, auf dem Rücken gefalteten Händen stand er in der Tür. Dr. Fischer trat der Reihe nach an uns heran, erläuterte etwas, zeigte etwas. Als er sich mir näherte, sagte er: „Die Kleine versteht Deutsch." Nun sprach er nur noch im Flüsterton und ich konnte nichts verstehen. Ich sah auf seinem weißen Kittel Flecken von Blut und Gips. Aha, die Operationen sind schon vorbei, dachte ich. Der Reihe nach beugten sich die Männer nieder und rochen mit Interesse an meiner Wunde. Ich sah sie fest an, vielleicht sogar herausfordernd, auf jeden Fall mit grenzenloser Verachtung.

Dann gingen sie hinaus und ließen die Tür offen. Wir lagen noch lange so. Endlich, als die Gespräche nebenan verstummten, kam Dr. Oberhäuser und befahl uns, augenblicklich aufzustehen und zum Zimmer zu gehen. Ich sah sie mit Verwunderung an und sagte, dass wir die Beine noch nicht verbunden hätten und dass seit mindestens fünf Stunden die Fliegen sich daran gütlich täten. „Schadet nichts!", war die Antwort. Ich denke, dass es tatsächlich nichts schadete.

Frau Dr. Oberhäuser rief eine Krankenschwester, die uns die Beine hastig einwickelte (sie waren bisher jeden zweiten Tag sorgfältig bandagiert worden). Und wieder rief Oberhäuser: „Aufstehen und gehen, schnell!"

Als Erste sprang Wanda von ihrem Tisch. Das rechte Bein, leicht angewinkelt, berührte mit den Fußspitzen kaum den Fußboden. Von Auftreten war keine Rede. Das Mädchen biss die Lippen aufeinander, hielt sich an der Wand fest und hüpfte auf dem linken Bein auf die Tür zu.

Hinter ihr hüpften Anielka, Rózia und Marysia. Die Zielonkowa stöhnte und – da sie es nicht mehr länger aushalten konnte, erledigte ihr Geschäft in der Mitte des Zimmers. Zwei deutsche Krankenschwestern nahmen sie unter den Armen und zerrten sie, halb tragend, hinaus.

„Na, schnell!" Oberhäuser stand bei mir. „Na, hopp!" Ich stellte mich neben dem Tisch auf das linke Bein – und wurde schrecklich schwach. Immerhin hatte ich zwei Wochen hindurch, außer Wasser und einer Handvoll Johannisbeeren und Kräuter, nichts zu mir genommen! Ich versuchte hochzuhüpfen – Schweiß brach auf meiner Stirn aus. Auf den Schrei der Oberhäuser zuckte ich mit den Schultern und stellte gleichgültig fest: „Sie sehen doch, dass ich nicht kann." Ich glaube, sie sah es wirklich, denn sie blickte sich um, und als sie niemanden sah, nahm sie mich auf die Arme. Auf dem Korridor, einige Schritte hinter der Tür, saßen Wanda und Rózia, atemlos, schweißgebadet an der Wand. Dr. Rosenthal kam aus irgendeiner Tür, lachte laut, fasste die eine auf der einen, die andere auf der anderen Seite unter dem Arm und rannte mit ihnen über den Korridor. Ihre Beine schleiften auf der Erde und stießen am Ende gegen die Schwelle. Sogar die Kräftigste, Marysia Gnaś, fiel auf halbem Weg zu Boden.

Als wir schließlich unser Zimmer erreicht hatten, lagen in dem Saal davor neue „Kaninchen". Jadzia Kamifiska war bereits von der Narkose erwacht und lächelte mich an: „Weißt du, mir tut gar nichts weh." Schweigend nickte ich ihr zu. Zu genau wusste ich, wie das weitergeht. Mir hatte auch nichts wehgetan, als ich erwachte.

Der Reihe nach lagen da: Zośka Kormańska I TK, in der Ecke des Zimmers die blasse Zosia Kawifiska („die Dohle") I TM, weiter Dziunia Karolewska II, Alicja Jurkowska II TK, Marysia Karczmarczyk II TM. In unser Zimmer kamen der Reihe nach Ula Karwacka III, Krystyna Iwańska III TK und Nina I wahska III TM.

Es ging schon auf den Abend zu, als die Mädchen aufwachten. Sie lachten und scherzten, doch mir schnitt es ins Herz bei dem Gedanken, was sie in dieser Nacht wohl noch durchmachen werden.

Krystyna lwańska schien lange nicht aufwachen zu wollen. Die Schwester kam nachzusehen und schlug sie auf beide Wangen. Die blasse Krystyna rührte sich aber überhaupt nicht. Da rief die Schwester Dr. Rosenthal. Zu diesem Zeitpunkt waren die Lichter schon eingeschaltet und die Fensterläden geschlossen. Dr. Rosenthal torkelte herein mit offenem Hemd und aufgekrempelten Ärmeln. Er nahm der Schwester die Spritze aus der Hand, zielte ausholend auf den Oberschenkel von Krystyna und – stach die Nadel in das danebenliegende Kissen. Danach lachte er blöde, kniff Rózia in die Wange und torkelte grunzend aus dem Zimmer. Die Schwester kam dann wieder und gab Krystyna die Injektion. Nach einer Weile erwachte Krystyna und fragte: „Wo ist Jania?" (Ihre Schwester Nina.)

„Sie liegt neben dir", antwortete ich.

„Aha." Sie murmelte noch etwas Unverständliches und schlief wieder ein.

Die Schwester brachte einen Eimer mit Wasser, stellte ihn auf den Boden und ging wieder hinaus. Ich hörte, wie sie hinter sich die Tür abschloss. Wie denn? Sie lassen alle ohne Betreuung, die ganze Nacht hindurch? Ich wollte es nicht glauben. Ich blickte mich im Zimmer um. Alle aus unserer Gruppe waren nach dem anstrengenden Tag eingeschlafen.

Urszulka, die mir am nächsten lag, öffnete die Augen und murmelte irgendetwas. Schließlich rief sie: „Dugka, Wasser! Ich habe so Durst!“ Danach sagte sie immer wieder: „Krysia und Dugka sind liebe Mädchen und Wieniuś ist lieb und alle sind lieb, nur Hitler ist ein Schuft.“

Nina fing noch halb im Schlaf laut zu weinen an. Aus dem Nebenzimmer hörte man charakteristische Geräusche: Eine musste sich erbrechen. Ich sah von der Höhe meines Stockbettes nach unten: Wie komme ich hier herunter? Ich band den Zipfel meines Betttuchs mit einem wunderschönen, flachen Knoten an das Geländer und rutschte an ihm herunter – genau aufs rechte Bein. Bewegungslos saß ich einige Minuten auf dem Fußboden und konnte mich nicht aufraffen. Im Nebenzimmer rief eine: „Den Schieber! Unterschieber!“ Ich stand auf und hüpfte entlang der Betten und der Wand ins andere Zimmer. Gerade rechtzeitig reichte ich Marysia den Schieber.

Nun wurde es immer schlimmer. Der Wassereimer war bald leer, die Schieber alle voll und Nina flehte dauernd um Wasser. Ich trommelte mit den Fäusten an die Tür, ich schrie, schlug an die Nebenwand, an die Fensterläden. Umsonst. Niemand kam.

In einem Rest Wasser machte ich einen Lappen nass und befeuchtete damit von Zeit zu Zeit die Lippen derer, die am meisten nach Wasser riefen. Ich hüpfte sogar schon, ohne mich abzustützen, auf dem kürzesten Weg, von einem Bett zum anderen. Hinter mir blieb auf dem Fußboden eine dünne Spur von braun-gelbem Eiter. Und so ging es weiter bis zum Morgen.

Morgens, gleich nach der Sirene, kam Władka zu unserem Fenster. Als sie mich da stehen sah, schrie sie:

„Was machst du?“

„Ich lerne laufen. Oberhäuser hat uns befohlen zu laufen.“

„Aber übertreibe es nicht!“

Sie gab mir wieder Löwenzahn zu essen, geschnitten, gesalzen, zwischen zwei Scheiben Brot

Nach einer gewissen Zeit kam endlich eine deutsche Frau. Ich atmete erleichtert auf. Sie setzte mich wieder auf mein Bett. Vor dem Einschlafen überlegte ich, dass ganz schön viel Hysterie dabei war, als ich gestern nicht allein zum Zimmer gehen konnte. Hätte ich gewollt, dann hätte ich gekonnt. Ich wollte einfach nicht genug!

Von diesem Tage ab aß und schlief ich wieder. Es ging mir deutlich besser.

Unsere Gruppe lernte langsam laufen. Doch nun war die Reihe an den andern, die mit Fieber und mit geschwollenen roten Beinen dalagen. Der Verlauf und die Symptome waren eigentlich fast die gleichen wie bei uns. Die Temperatur stieg ebenfalls in dem Maße, wie die Ziffer wuchs. Nina war sicherlich am schlimmsten dran.

Am 23. August schickte man die ganze erste Gruppe zurück in den Block. Wir konnten natürlich noch längst nicht normal gehen und die Wunden waren immer noch offen und eiterten. Als wir aus dem Revier heraustraten, stießen wir auf Janka Mitura. Sie war am gleichen Tag operiert worden, jedoch irgendwie anders: Der Schnitt war länger und das Bein ohne Gips.

Im Block kehrten wir an unsere alten Plätze zurück, auf die schmutzigen Strohsäcke ohne Laken. Mit Mühe hielten wir uns auf den Beinen. Bettkarten bekamen wir nicht, nur den sogenannten Innendienst (Arbeit im Block) und Befreiung vom Appell. Die Blockwärtin gestattete uns aber auf eigene Faust, tagsüber auf dem Bett zu liegen. Sie selbst lief dabei Gefahr, gemeldet zu werden. Trotzdem hatten wir diese Erleichterung, solange wir in ihrem Block blieben.

Eine wohlwollende Atmosphäre umgab uns nach unserer Rückkehr. Alle bemühten sich, uns so viel Liebe und Herzlichkeit wie möglich zu zeigen. Irgendeine vom Außendienst brachte uns Blumen, eine andere rohe Möhren. Eines Tages kam unter unser Fenster Fredzia Prusówna, ein junges Mädchen aus Zamość. Sie sah mich mit großen, schönen Augen an und warf mir ihre Ration Brot aufs Bett. „Das ist speziell für dich.“ Noch einmal erstrahlte sie in heiterem Lächeln. Dann rannte sie zum Appell. Niemand sah sie je wieder!

Am 1. September 1942 nahm man Aniela Sobolewska zur Operation. Sie wurde gesondert operiert. Die Operation dauerte lange, über eine Stunde. Die Polinnen aus dem Revier, die an der Tür des Operationssaales horchten, erzählten, sie hätten Knochengeräusche gehört.

Beide Beine kamen bis zur Leiste in Gips. Aniela hatte kein hohes Fieber, nur taten die Beine sehr weh und auch der ganze Körper von dem bewegungslosen Liegen auf dem Rücken.

Am 5. September kam während des Morgenappells, wie so oft, Aniela Okoniewska zu mir. Ihre Wunde war schon verheilt, doch ich lag noch, also kam sie immer zu mir und wir blieben zusammen in dem leeren Block. Wir hatten uns herzlich angefreundet, ich hatte diese junge Frau mit den kornblumenblauen Augen und dem hellen Zopf lieb gewonnen. Sie war einfach und rein wie eine Blume. Sie erzählte mir vor ihrer kleinen vierjährigen Tochter und davon, dass sie diese zu einem ordentlichen Menschen erziehen möchte und dass sie Angst hätte, dass es ihr nicht gut geht, wenn sie jetzt allein sein muss.

An diesem Tag war Aniela eigenartig schweigsam. Plötzlich fragte sie: „Meinst du, dass sie mich fertigmachen? Ich habe doch niemandem etwas zuleide getan."

Bestürzt schwieg ich, doch Aniela sagte ruhig und mit Überlegung: „Sie können mir nichts Böses tun, weil mich der Herrgott beschützt; ich habe niemals jemandem Unrecht getan."

Sie stand am Fenster und sah wunderschön gegen den blauen Himmel aus. Sie betete.

Vormittags kam die Exekutionsliste in den Block. Sechs Frauen aus dem Lubliner Transport standen darauf, auch der Name von Aniela, aber er war mit Rotstift durchgestrichen! Aniela, die sehr blass war, wiederholte nur: „Ich habe niemals jemandem Unrecht getan."

Ich hatte unwillkürlich nur einen Gedanken: Und die anderen? Und Milunia Radecka? Und die, die schon weg sind, und die, die noch weggehen werden? Sind sie schuldig? Haben sie jemandem Unrecht getan?"

Aber ich behielt meine Gedanken für mich und küsste Aniela herzlich.

An diesem Tag saßen wir während des Abendappells wieder zusammen. Da zerriss eine Salve die erwartungsvolle Stille und danach hörte man einzelne „Gnadenschüsse". Aniela fing laut an zu beten „Die ewige Ruhe …" und über ihr Gesicht liefen zwei Tränen, die eine feuchte Spur hinterließen.

Am 15. September wurde wieder ein Mädchen aus unserem Transport operiert: Krysia Dąbska. Es war auch eine Knochenoperation und beide Beine kamen in Gips. Damit war sie auch bewegungsunfähig und blieb für einige Monate im Bett.

Am nächsten Tag wurden wieder sechs mitgenommen. Dieses Mal waren es jene, die schon einmal mit Bakterien behandelt worden waren und auf dem Gips nur Ziffern gehabt hatten: Jadzia Kamińska, Dziunia Karolewska, Urszula Karwacka (alle drei waren noch im Revier nach der ersten Operation), dann von unserer Gruppe aus dem Block Wanda Kulczyk, Rózia Gutek und Maria Zielonkowa. Die Beine wurden an der gleichen Stelle wieder geöffnet und wahrscheinlich noch einmal infiziert. Auf jeden Fall bekamen sie jetzt zu den Ziffern noch geheimnisvolle Buchstaben.

Am 17. September wurde Zofia Stefaniak mitgenommen. Sie wurde noch einmal am Knochen operiert und wieder breitete sich abends und in der Nacht unterdrücktes Stöhnen aus.

Die Knochenoperierten hatten große Schmerzen, obwohl sie fast ohne Fieber waren. Wahrscheinlich beruhten die Schmerzen auf dem Ablösen der Knochenhaut. (Heute weiß man, dass es Verluste nicht nur im Wadenbein, sondern auch im Schienbein gab. Zofia erlitt den Verlust des Wadenbeins in einem Bein. Es blieben zwei Stümpfe, die auf der Röntgenaufnahme leicht festgestellt werden können.)

Am 24. September nahm man Dziuba Sokulska. Sie wurde wieder anders operiert. Es war weder eine Knochenoperation noch eine Infizierung mit Bakterien. Der Krankheitsverlauf war verhältnismäßig leicht, fast ohne Fieber. Es war zwar nur ein Bein operiert worden, aber nach einigen Wochen, als sie fast wieder laufen konnte, wurde sie ein zweites Mal operiert. Wieder keine Ansteckung, sondern angeblich eine „Muskeloperation".

Sechs Tage später nahmen sie zehn Frauen vom Abendappell mit. Auf der Lagerstraße gab es damals kein Licht. Sie verschwanden in die dunkle Nacht. Wir – und auch sie selbst – waren sicher, dass man sie zur Exekution geführt hätte. Erst am nächsten Morgen erfuhren wir, dass sie im Revier lagen und zur Operation vorbereitet wurden.

Damals überlegten wir, was wohl besser ist: Operation oder Exekution. Denn uns allen war nun doch bewusst, dass es für uns keinen anderen Ausweg gab. Für einen Sondertransport gab es nur entweder den Tod oder die Operation. Noch wussten wir nicht, dass das keine Alternative war. Man konnte auch beides erleiden. Die zehn Frauen wurden in einem Schnitt am rechten Waden (ausnahmsweise Staszka Młodkowska am linken) mit Bakterien infiziert. Wieder waren auf dem weißen Verband (sie bekamen keinen Gips) geheimnisvolle Zeichen zu sehen.

Es waren: Stefania Łotocka II, Pelagia Rakowska aI, Wiktoria Szuksztul, Zofia Hoszowska EII, Weronika Kraska EI, Maria Pajaczkowska, Maria Nowakowska, Halina Maria Pierzak KII, Stanisława Młodkowska CI und Alfreda Prusówna KI.

Auch diese Frauen lagen wie wir fieberheiß und bewusstlos da. An den ersten fünf Tagen nach der Operation bekamen sie dreimal täglich irgendwelche intramuskuläre 5 cm-Spritzen (nicht alle die gleichen). Am fünften Tag hörte man auf, Spritzen zu geben, und sofort verschlimmerte sich der Zustand von Weronika Kraska. Sie klagte, dass ihre Kiefer schrecklich taub würden und dass sie einen seltsam steifen Nacken hätte.

Als man es Dr. Schidlausky meldete, kam er und befahl, das Fenster zu schließen, weil er meinte, dass sie bestimmt Zugluft bekommen hätte und dass das Taubwerden der Kiefer von den Zähnen kommen müsse. Aber Kraska, eine gesunde, kräftige Frau, hatte bisher keinerlei Zahnschmerzen gehabt.

Ihr Zustand verschlimmerte sich bis zum Abend deutlich. Eine schwere Nacht folgte und am anderen Tag war es schon klar, dass Kraska im Sterben lag. Sie war sich dessen bewusst. Sie konnte nur mehr mit Mühe sprechen und Wasser musste ihr in den Mund eingeflößt werden. Die zusammengepressten Kiefer konnte sie nicht mehr öffnen.

Mit letzter Kraft presste sie ein paar Worte heraus, dass sie zwei kleine Kinder ohne Betreuung zurücklasse. Dann sprach sie nicht mehr; aus dem Hals kam nur noch ein jammervolles Röcheln. Das Gesicht verzerrte sich zu einer grässlichen Grimasse, der Kopf steckte irgendwie furchterregend auf dem steifen Nacken. Es ging mit ihr zu Ende.

Eine Schwester stürzte herein und gab ihr schnell und geschickt eine Spritze unter die Haut. Es war nur eine kleine, zentimetergroße Spritze, aber die Wirkung trat sofort ein.

Das verzerrte Gesicht der Kraska war furchtbar gewesen. Nach einer Weile wurde es milder, glättete sich, der Tod hatte es ausgeglichen. Fast schön war sie jetzt.

Nun kamen deutsche Frauen herein und stürzten sich wie Raben auf die Leiche, um sie fortzuschaffen. Es ging alles sehr schnell. Nach einer Weile kam Dr. Oberhäuser mit einer Spritze für Zofia Hoszowska, die den gleichen Buchstaben hatte: E mit der Nummer II (die Kraska hatte EI). Die folgenden zehn Tage erhielt Zofia diese Spritzen.

Die Nachricht vom Tode der Kraska sprach sich rasch herum und führte uns eine neue Möglichkeit vor Augen: der Tod als Folge einer Versuchsoperation. Nun hatte die Alternative Operation oder Exekution eine etwas andere Bedeutung gewonnen. Nun hieß es Tod nach der Operation oder Exekution. So oder so, am Ende stand immer der Tod. Noch am gleichen Tag wurden die nächsten Frauen ausgewählt, um mit Bakterien infiziert zu werden. Wieder Ansteckungsoperationen. Zwölf, eben noch gesunde Frauen wanden sich bald in unbeschreiblichen Schmerzen. Ihnen waren große Schnitte beigebracht worden, entweder an der Seite, am Wadenbein entlang, oder weiter hinten, am rechten Unterschenkel. Wieder schlugen zwölf Herzen in irrsinnigem Rhythmus bei einer erhöhten Temperatur von über 40 Grad. Wieder verbissen sich bösartige Bakterien in gesunde Körper und richteten Verwüstungen an.

Die zwölf Frauen – alle waren aus Lublin – mussten besonders schwer leiden: irrsinniges Fieber, geschwächtes Herz und Schmerzen, Schmerzen, Schmerzen … Es waren: Irena Krawczyk AII, Aniela Lefanowicz AI, Leokadia Kwiecińska, Stanisława Jabłonska, Maria Kapłonowa, Zofia Kiecol CI, Kazimiera Kurowska KII, Genowefa Łuczek CII, Maria Kuśmierczuk KI, Pelagia Maćkowska, Jadwiga Łuszcz und Czesława Kostecka. Zwei Tage nach der Operation brachten sie zwei Frauen von der K-Serie zu einem zusätzlichen Schnitt: Halina Pietrzak KII und Alfreda Prusówna KI. Ab da blutete Alfreda besonders stark. Zuerst war nur der Verband durchnässt, dann die Decke, die Matratze und schließlich stand eine große rote Blutlache unter dem Bett. Ein wunderhübsches, junges Mädchen verging zusehends. Dr. Oberhäuser versuchte noch, sie zu retten, und spritzte ihr Glukose und zweimal eine physiologische Kochsalzlösung. Aber nichts half. Auf die Bitte der anderen Mädchen, Alfreda eine Bluttransfusion zu geben, antwortete Dr. Oberhäuser, dass es im Revier keine entsprechende Einrichtung gäbe. Damit hatte sie tatsächlich recht. Alfreda aber rang mit dem Tod. Endlich nahm man die Kreidebleiche aus dem Zimmer. Sie starb in einem gesonderten Raum.

Der Tod von Alfreda, dieses hellblonden, netten, lieben Mädchens, beschwerte unsere Herzen wie mit einem Stein.

Das waren entsetzliche Tage. Das ganze Lager blickte mit abergläubischer Furcht auf unseren Lubliner Transport wie auf die Todeskandidaten von morgen. Unsere Reihen hatten sich durch Exekutionen und Operationen tatsächlich stark gelichtet. Fast jede Woche blieb eine neue Partie im Revier.

Alle wussten inzwischen von den Versuchsoperationen, die an den Frauen vom Sondertransport Lublin/Pawiak ausgeführt wurden. Es konnte nicht länger geheimgehalten werden, aber die Deutschen streuten das Gerücht aus, dass angeblich ein Preis von mehreren tausend Mark als Entschädigung an unsere Familien in Polen gezahlt werden sollte.

Als dritte starb Frau Aniela Lefanowicz. Von ihr hatte man gleich gewusst, dass sie nicht durchhalten würde. Nach der Operation konnte sie sich nicht mehr bewegen, sogar auf den Schieber konnte sie sich nicht setzen. Nach zwei Tagen trug man sie aus dem Zimmer – wieder in den gesonderten Raum, um sie dort sterben zu lassen.

Gleich nach ihr starb Zofia Kiecolowa aus Chełm. Ihr Herz hatte die Narkose und das darauffolgende hohe Fieber nicht ausgehalten.

Nach ihr brachte man Kazimiera Kurowska in den gesonderten Raum. Ihr Sterben war ganz anders. Dieses junge, gesunde, kräftige Mädchen vom Dorf hatte ein Herz wie eine Glocke, doch im Bein eine Infektion. Das blaue, fast schwarze, enorm angeschwollene Bein verhieß eindeutig den Tod. Das starke, junge Herz aber wollte nicht aufhören zu schlagen. Einige Tage hindurch kämpfte sie umsonst um ihr Leben. Auch sie starb.

Innerhalb weniger Tage starben fünf Frauen, die gerade noch bei guter Gesundheit waren. Der Schatten dieses Sterbens verdunkelte Gesichter und Seelen. Es wurde immer schwerer zu leben für die, die schon operiert, und auch für die, die zur Operation vorgesehen waren. Das Grauen hatte sich auf diesem drahtumzäunten Stück Erde angesiedelt und hielt uns in seiner festen Umarmung. Schwer war es geworden, ein Lächeln aufzubringen oder ein Lied zu singen. Sogar Tränen fehlten uns.

14

Von der Arbeit getrieben, verloren in fremder Umgebung, sahen wir junge Frauen keine Zukunft vor uns. Wir waren so verzweifelt, dass wir es nicht mehr für möglich hielten, es könnte noch schlimmer werden. Und doch kamen mit jedem Tag neue, tragische Nachrichten.

Im Revier lag schon eine beachtliche Zahl an Frauen. Die Knochenoperierten lagen unverändert in ihren Zimmern. Die Infizierten kehrten nach durchschnittlich zwei Monaten in ihre Blocks zurück.

„Kaninchen vermehren sich", sagten wir manchmal in einem Anflug von Galgenhumor.

So erhöhte sich rasch die Zahl der Krüppel. Einzeln wurde Basia Pietrzyk genommen, die Jüngste unseres Transportes. Dieses anmutige Mädchen war eigentlich noch ein Kind. Sie tanzte sehr gern, hatte in einer Ballettschule tanzen gelernt und war die Verkörperung von Leben und Bewegung. Die schwarzen Haare, schwarzen Augen und ihre Anmut rechtfertigten den Spitznamen „Leberfleckchen".

Sie operierten ihre zwei in den Tanz und die Bewegung verliebte Beinchen. Sie erlitt große Verluste an den Knochen und darüber hinaus wurde sie auch infiziert. Nun lag sie massakriert, die Beine in Gips, blass lächelnd.

Die Zweitjüngste von uns, Stanisława Śledziejowska, den fröhlichen, lebhaften „Hering" (der Kosename „Śledź" bedeutet auf Polnisch „Hering"; A. d. Ü.), für die es schwierig war, einen Moment stillzustehen, schmiedeten sie für einige Monate ans Bett, indem sie an ihr eine ganze Reihe von Operationen machten, sogenannte Muskeloperationen. Man operierte sie fünfmal hintereinander. Zuerst machte man vier Schnitte, zwei auf den Oberschenkeln und zwei auf den Unterschenkeln, danach öffnete man der Reihe nach alle zwei Wochen einen der Schnitte. Wahrscheinlich schnitt man dabei Muskelpartien heraus. Stanisława hat große Verluste in den Oberschenkeln.

Einzeln wurde auch Irena Backiel genommen. Sie wurde an einem

Bein am Knochen operiert, doch eigentlich waren es zwei Operationen und eine sogenannte Knochen-Infektions-Operation

So wurden es immer mehr. Mit der Zeit war man im Lager zur Überzeugung gekommen, dass die Operationen vor Exekution schützen. Und die Streichung von Rozalie Gutek und Aniela Okoniewska von der Liste der Todeskandidaten schien diese Tatsache zu bestätigen. Das brachte aber ein neues Problem in das Lagerleben: den Neid.

Gegen Ende Oktober wurde Aniela Okoniewska in das Revier vorgeladen und in Gegenwart einer Schwester und einer Pflegerin las der Angestellte der Politischen Abteilung die offizielle Begnadigung von der Todesstrafe vor. Zwar gab er keine Gründe an, aber da er während der „Zeremonie" ihr Bein betrachtete, schlossen alle daraus: Die Begnadigung erfolgte wegen der Operation. Die wahren Gründe wurden nie bekannt. Aniela ließ wieder ihr Lächeln erstrahlen, doch verschiedene Frauen blickten sie neidisch an. (Aniela überlebte tatsächlich.)

Neid gab es natürlich auch schon bisher im Lager. Aber jetzt passierte es immer öfter, dass wir ihn auch richtig merkten. Die ausgehungerten und verängstigten Frauen beneideten uns um unser Los, denn sie glaubten, dass die Operationen vom Tod befreiten.

Die bereits Operierten machten es sich zur Aufgabe, den folgenden „Kaninchen" nach der Operation Erleichterung zu verschaffen. Sie hatten ja auch das alles erlebt und wussten gleich, in welcher Lage das Bein am wenigsten wehtat, welche Schwester schrecklich und welche ordentlich war. Wir erinnerten uns, wie wir selbst während des Fiebers gehungert hatten – weil wir die schauderhafte Suppe nicht herunterschlucken konnten, die sogar für Gesunde kaum essbar war –, und bemühten uns, in der Küche Hilfe zu organisieren. Das gelang natürlich nur mit Hilfe von polnischen Köchinnen. Kama und Hanka, Joasia Kukulska und eine Reihe anderer setzten sich täglich Gefahren aus, um den Operierten etwas Tee oder Zucker liefern zu können.

Übrigens waren die Bedingungen im Revier seit den Todesfällen etwas besser geworden. Jetzt gab es Diät (das Lageressen wurde durch den Wolf gedreht) und nachts hatte eine Schwester Dienst.

Am 14. November nahmen sie Leonka Bień mit. Sie wurde an beiden Beinen an den Knochen operiert und erlitt große Verluste in den Schien- und Wadenbeinen. Die Operationen wurden fünfmal wiederholt: am 18. November, am 3. Dezember, am 18. Dezember und schließlich die letzte am 3. Januar 1943.

In dieser Zeit wurde noch ein junges Mädchen durch eine Knochen-Infektions-Operation für eine lange Zeit stillgelegt.

Am 18. November wurde wieder eine große Gruppe von vierzehn Frauen mitgenommen, von denen zwei noch am gleichen Tag operiert wurden: Maria Grabowska und Maria Cabajowa. Bei beiden waren es Knochenoperationen, bei Maria Grabowska sogar eine Knochen-Infektions-Operation.

Am nächsten Tag wurden zwei weitere einer Operation unterworfen: Stanisława Czajkowska und Helena Hegier. Stanisława Czajkowska hatte eine Muskeloperation, je zwei Schnitte an beiden Beinen, und zwar auf den Ober- und Unterschenkeln.

Dann wurden auch die übrigen zehn operiert, die alle aus den Lubliner Transporten stammten. Es waren: Krystyna Czyżówna, Wojtka Buraczyńska, Jadwiga Bielska, Eugenia Mann, Hanka Sienkiewicz, Jadwiga Dzido, Wacława Andrzejek, Jadwiga Giges, Eugenia Mikulska, Maria Broel-Plater.

Die Reihenfolge der Eingriffe war dieses Mal etwas anders. Zuerst wurden sie infiziert und erst am nächsten Tag operiert. So kamen sie aus dem Operationssaal zunächst ohne Schnitt zurück. Es war nur eine feine Spur zu sehen, wie nach einem Nadelstich, die mit einem Stück Pflaster zugeklebt war. Die Frauen lachten und sagten, dass ihnen nichts fehlte. Sie fühlten sich tatsächlich ganz normal. Erst in der Nacht zeigten sich die üblichen Symptome: Die Beine schwollen an und die rote Schwellung rückte immer weiter vor. Es stellte sich der für die Infektions-Operationen charakteristische Beinkrampf (Spitzfuß) und die sehr hohe Temperatur ein. Sie quälten sich bis zum Morgen.

Am nächsten Tag wählte Dr. Oberhäuser vier aus, die besonders deutlich sichtbare Venen hatten: Krysia Czyż, Wiśka Bielska, Hanka Sienkiewicz und Wacka Andrzejak. Diese vier erhielten mehrmals täglich Serien von Spritzen, intravenös und intramuskulär. Der Rest der

Frauen wurde operiert. Sie hatten Schnitte verschiedener Länge, die in einigen Fällen vom Knöchel bis zum Knie reichten, verschiedener Breite, die einen am Wadenbein entlang, andere etwas weiter hinten.

Nur die vier, die bloß Spritzen erhalten hatten, kamen schon nach zwei Wochen in den Block zurück. Die Symptome waren in dieser Zeit deutlich zurückgegangen. Aber sie kamen müde, mit hoher Temperatur und Schmerzen zurück. Immerhin waren sie glücklich, dass die Beine unverletzt geblieben waren. Wir nannten sie später „Könige ohne Kronen" – das war, als wir uns nicht mehr „Kaninchen" (= Króliki) nannten, sondern „Könige" (= Królowie). Einige hatten einen Ausschlag in Gestalt großer roter, erhabener Flecken, weshalb sie auch im Block noch Spritzen bekamen.

Später kam es öfter vor, dass die infektiös Operierten plötzlich hohes Fieber bekamen, das einige Tage anhielt und dann von allein zurückging.

Bogna Babińska wurde am 15. November einzeln zum Revier gebracht. An ihr wurde eine neuartige Operation durchgeführt, und zwar drei parallel laufende Schnitte am Oberschenkel und auf dem Bauch, in der Gegend des Blinddarms.

Am 1. Dezember nahmen sie Pelagia Michalik mit ins Revier, um sie an beiden Beinen zu operieren. Das ohnedies magere und bleiche Mädchen wurde nun noch gelber, ihr Gesicht noch kleiner. Es blieben nur noch geistesabwesende, stark glänzende Augen.

Am 2. Dezember war Jadwiga Marczewska an der Reihe: Knochenoperation. Wieder kamen zwei gesunde, kräftige Beine in weiße Verbände.

So näherte sich die Weihnachtszeit und es wurde immer kälter. Wir froren und waren hungrig. Vor allem froren die kranken Beine, aber natürlich die gesunden auch. Im Revier lagen nun sehr viele kranke, schwache, durch Schmerzen zermürbte Frauen, die jeden Monat nach Hause schrieben: „Ich bin gesund und fühle mich wohl."

15

Gegen Ende des Jahres 1942 war die Zahl der „Kaninchen“ stark angewachsen. Das ganze Lager nannte uns nun „Kaninchen“, die immer mehr Aufsehen erregten. Denn die bisher so sorgfältig geheim gehaltenen, aber offensichtlichen Verbrechen gegen die Menschenrechte waren jetzt allen so klar, dass sie keinerlei Kommentar bedurften. Wir hatten die Sympathie des ganzen Lagers, besser gesagt der ganzen auserlesenen (im ideellen Sinn) Gruppe der politischen Häftlinge. Verständlicherweise waren wir den deutschen Prostituierten weniger sympathisch.

So kam es häufig vor, dass abends uns dem Namen nach unbekannte Frauen vom Außendienst zum Fenster des Reviers kamen und heimlich mitgebrachte Möhren, Kohlrüben manchmal mit einem Apfel oder einer Tomate hineinwarfen. Ohne Übertreibung kann man sagen, dass Hunderte von Frauen sich für uns in Lebensgefahr begaben.

Allen Frauen, die durch das Lager noch nicht abgestumpft waren, war es klar, dass die, die 40 Grad Fieber hatten, eine sorgfältige Fürsorge und bessere Ernährung brauchten. Die Köchinnen stahlen auch aus den SS-Magazinen Zucker, Grieß oder Kaffee für die Kaninchen und andere Frauen passten die Gelegenheiten ab, um diese Waren ins Revier zu schmuggeln. Alle hatten erkannt, dass wir am meisten Fürsorge brauchten, weil wir eben am meisten geschädigt und geschwächt waren. So betrachteten es die besten und edelsten Frauen als ihre heilige Pflicht, sich um uns zu sorgen, und, soweit es die Möglichkeiten erlaubten, denen Erleichterung zu verschaffen, die am meisten litten.

Unterstreichen möchte ich an dieser Stelle eine Tatsache, die oftmals falsch berichtet wurde. Es gingen Gerüchte um, dass die Leitung des Lagers uns irgendwelche speziellen Privilegien zukommen lassen hätte. Das ist nicht wahr. Sämtliche Erleichterungen wie Lederschuhe, Betttücher, saubere Unterwäsche, Steppdecken oder Diätkost verdankten wir ausschließlich unseren Kameradinnen, die sich darum bemüht hatten. Wie oft log die Blockwärtin, wenn sie der Aufseherin sagte, dass wir alle Bettkarten hätten, während sie uns tatsächlich bereits abgenommen waren. Wie oft kam es vor, dass eine besonders beredte Polin, die gut Deutsch konnte, der Aufseherin in der Kleiderkammer mit aller Dreistigkeit einredete, dass wir Lederschuhe bekommen sollten, weil wir die „Extras“, die Beinoperierten, wären. Da es unter den Aufseherinnen auch oft schwerfällige, wenig intelligente „Kühe“ gab (dumm und dadurch ziemlich unschädlich), konnte eine Gefangene, die schnell und sicher redete, manchmal etwas für uns erreichen.

Außerdem war der Umstand ungewöhnlich wichtig, dass wir nach längerer Lagerhaft die „alten Hasen“ waren, während die Aufseherinnen wechselten. So konnten wir immer wieder gegenüber den neuen, unerfahrenen Aufseherinnen Vorteile herausholen.

Dazu kam die Tatsache, dass im Lauf der Monate und Jahre immer mehr Polinnen gehobene Stellungen im Lager einnahmen, trotz der üblen Nachrede zum Thema „polnische Wirtschaft“. Schließlich mussten die Deutschen selbst erkennen, dass die polnischen Blockwärtinnen nicht stahlen, solide waren und dass sie es verstanden, den Block zu organisieren. Eben diese wachsende Zahl von polnischen Blockwärtinnen war uns eine große Hilfe.

Mit einem Wort: Dank der Zusammenarbeit fast des ganzen Lagers hatten wir „Privilegien“. Andererseits waren wir dadurch als eine eigene Gruppe abgehoben.

Gegen Ende Oktober 1942 war ein genereller Zählappell angeordnet worden. Mit allen unseren Sachen beladen, standen wir den ganzen Tag auf dem Appellplatz, bis die Deutschen endlich einen der grundsätzlichsten Fehler begingen, der uns vielleicht sogar das Leben rettete. Sie teilten uns wieder streng nach Nationalitäten ein und dazu nach aufsteigenden Nummern. Nun waren wir wieder alle im Block 15, der später „Banditenblock“ genannt wurde. Unsere Blockwärtin war die Tschechin Marzenka Svediková. Sie war pfiffig, wagemutig und uns sehr, sehr wohlgesinnt. Dies war die erste Veränderung zum Besseren.

Im Laufe des Dezember 1942 folgte die zweite Veränderung. Es wurde erlaubt, uns Päckchen zu schicken. Die ersten kamen gerade zu Weihnachten an. Zum ersten Mal seit vielen Monaten waren wir nicht mehr hungrig. Wir aßen etwas Zucker und – was das Wichtigste war – wir konnten besser die Kranken versorgen. Die ersten Päckchen lösten natürlich große Rührung aus. Man musste stundenlang in der Kälte danach anstehen und dann tat man so, als wäre man kein bisschen gerührt. Verstohlen schnitt man die Adresse heraus, die von lieber Hand geschrieben worden war. Manchmal gab es ein unterdrücktes Aufschluchzen beim Anblick einer bekannten Schachtel von zu Hause, in die eine sorgende Hand irgendwelche Kleinigkeiten hineingepackt hatte. Wieder rührte sich die Sehnsucht, heiß und schmerzhaft.

In Block 15 begann sich eine Gruppe junger Frauen zu formieren, die die erste Verschwörung in der Geschichte des Lagers durchführte. (Später nannten die Deutschen unseren Block deswegen „Banditenblock".) Und das kam so:

Von Zeit zu Zeit rekrutierten die Deutschen junge Frauen für den „Puff", einem Bordell für die Soldaten. Wer sich dafür zur Verfügung stellte, wurde anschließend aus dem Lager in die Freiheit entlassen. Gewöhnlich erhielten solche Angebote nur die Berufsprostituierten, die im Lager den schwarzen Winkel trugen. Eines Tages wurden auch polnische Blöcke „nach vorne" beordert und die Aufseherin fragte, wer sich zum Puff melden wollte. Es sei ein Dienst an den Soldaten, die für das Vaterland kämpfen. In den polnischen Transporten aus dem Pawiak und dem Lubliner Schloss war nicht ein „schwarzer Winkel", denn die kriminellen Häftlinge waren im Gefängnis geblieben und ins Lager kam nur „Spagaterie". Nach dem Vorschlag der Aufseherin herrschte tiefe Stille. Als nach einer Weile eine vortrat (übrigens eine Berufsprostituierte, von der man nicht wusste, warum sie mit dem roten Dreieck bedacht worden war), wurde sie vom ganzen Block ausgepfiffen. Die Stimmung war angeheizt! Zum ersten Mal fühlten wir uns so beleidigt, dass wir gar nicht daran dachten, dass wir uns eventuell in Lebensgefahr brachten. Wir wählten anschließend eine Sprecherin, die wir zum Lagerkommandanten schickten mit der „höflichen" Bitte, uns – den polnischen Häftlingen – nie mehr solche Vorschläge zu machen, weil dies unsere weibliche Würde beleidige. Wir seien politische Häftlinge und bäten den Herrn Lagerkommandanten, sich dies zu merken.

Der Kommandant war verdutzt und wusste wohl nicht, wie er sich verhalten sollte. Erst nach längerem Schweigen fragte er nach der Blocknummer.

Zur Strafe bekamen wir zwei Wochen Post- und Paketsperre (es war die Zeit, in der besonders viele Pakete ankamen!) und unsere Sprecherin, Jadwiga K., erhielt eine Arreststrafe.

Wir waren ziemlich erregt. Die Pakete, die in dieser Zeit für uns ankamen, wollten die Deutschen anfangs ostentativ anderen Häftlingen ausgeben, aber da zeigte sich zum ersten Mal die Lagersolidarität: Der Reihe nach lehnten alle den Empfang der Pakete ab. So gab man sie schließlich Zigeunerinnen, die neu angekommen waren und die Situation noch nicht überblickten.

Der Zwischenfall hatte bewirkt, dass in unserem Block erstmals Junge und Alte einander gegenüberstanden. Zwei Wochen ohne Pakete war wirklich eine empfindliche Strafe, weil es zwei Wochen Hunger bedeutete. Andere Frauen hatten die Möglichkeit, auf dem Feld zu arbeiten und dort etwas zu essen. Wir aber, der Sondertransport, durften nicht heraus. So hielt eine ältere Frau eine Rede, dass sie wegen uns Jüngere hungern müssten, obwohl sie doch an der ganzen Sache unschuldig wären. Sofort antwortete eine großschnäuzige Junge, dass sie tatsächlich unschuldig seien, denn das Angebot sei ja nicht an sie ergangen. Die vorgeschlagene Tätigkeit erfordere ein genau bestimmtes Alter, das eben von ihnen schon vor zwanzig Jahren überschritten worden sei.

Es entstand eine unangenehme Stimmung und noch ein paar schärfere Worte fielen. Die Atmosphäre war so hässlich, dass Pelusia in Tränen ausbrach. Ich konnte es nicht mehr aushalten und sagte zu der am meisten schreienden Frau, die zu Hause eine Tochter in meinem Alter hatte: „Ich wünsche Ihnen, dass man Ihrer Tochter dort das zumutet, was Sie uns hier zumuten möchten.“ Danach verstummte sie.

Zum Glück waren nicht alle älteren Frauen gegen uns. Frau Chorążyna sprach einige vermittelnde Sätze, worauf sich der Sturm etwas legte. Doch blieb etwas Ärgerliches zurück, eine Art unangenehmer Nachgeschmack. Unser Vertrauen zu den Menschen hatte einen Riss bekommen, vor allem das Vertrauen zu den älteren Frauen. Grundsätze, die man aus der Freiheit mitgebracht hatte, mussten revidiert werden. Unwillkürlich fingen wir an, uns gegenseitig zu beobachten, insbesondere jene Frauen, auf deren weiße Haare wir bisher mit Ehrerbietung geblickt hatten.

Zum Puff wurden die Polinnen nie mehr aufgerufen. So viel hatten wir erreicht!

Aber ein Antagonismus war ohne Zweifel entstanden: Alte – Junge. Ich weiß nicht mehr, wann wir bemerkten, dass die Alten versuchten, uns ihre Arbeit machen zu lassen. Wir wehrten uns nicht; im Gegenteil, wir halfen ihnen, wann wir nur konnten. Aber manchmal waren sie ja auch stärker als wir Junge. Die jungen Mädchen wurden mitunter schneller schwach als die gereiften erwachsenen Frauen, und schließlich war der Kessel für alle gleich schwer. Gern trugen wir gelegentlich den Kessel auch für die Alten, aber einige gaben uns auf eine unangenehme Art zu verstehen, dass dies unsere Pflicht sei. Überhaupt führte der Hunger zu schrecklichen Auswüchsen. Ich erinnere mich an eine liebe, grauhaarige Frau, von Beruf Lehrerin, die ich recht gut kannte, weil wir oft beieinandersaßen. Einmal beobachtete ich etwas, was mich erschütterte und was ich nicht glauben konnte. Ich war als Operierte während des Appells im Block geblieben und sah durch die angelehnte Tür des Essraumes, wie diese grauhaarige Frau, während sie „Pellkartoffeln“ für den ganzen Block vorbereitete, von jedem Teller je eine Kartoffel nahm und in einen Beutel steckte. Als sie mit diesem Beutel hinausging, ging ich hinterher, wie von einem Magneten angezogen. Ich dachte, sie brächte die Kartoffeln einer Kranken in das Revier. Aber nein, sie ging ins Klosett – ich hinterher (zum ersten Mal in meinem Leben beobachtete ich jemanden heimlich). Die Frau, die keine Beobachtung von oben vermutete, aß schnell alle Kartoffeln auf. Ich stieg herunter und lief davon. Mir war elend zumute, ich fühlte mich betrogen. Niemals erzählte ich jemandem von diesem Vorfall und gab mir den Anschein, meine Beziehungen zu dieser Frau nicht geändert zu haben. Aber ich verlor jegliche Achtung vor einem grauhaarigen Kopf.

In der Nacht heulte ich wie ein kleines Kind. Krysia war entsetzt, denn sie wusste nicht, was geschehen war. Ich sagte ihr auch nichts. Es gab ja so viele andere Gründe zum Weinen. Niemand im Lager wunderte sich über eine weinende Frau. Und doch weinten wir sehr selten. Immer weniger. Je mehr Zeit verging, desto härter wurden wir.

Wir weinten nicht während der Appelle, wenn das Getöse einer Salve ertönte und wir alle wussten, was das bedeutete. Wir weinten nicht, wenn die Liste zum Block kam und es sicher war, welche morgen fortgehen würden. Weder weinten die, die gingen – nie! –, noch die, die blieben. Wir schwiegen nur.

Schrecklich ist das Schweigen einer Masse Frauen! Schweigen kann so Unterschiedliches bedeuten. Man ist ganz überrascht, wenn man darüber nachdenkt. Und das meine ich nicht poetisch-philosophisch. Wir kannten die unerhörte Ausdrucksfülle des Schweigens. Worte sind ausdrucksvoll, wie viel ausdrucksvoller aber ist das Schweigen, besonders dann, wenn es das Schweigen von vielen Tausenden ist. Appelle, während deren sich Exekutionen abspielten, verliefen in von nichts getrübtem Schweigen. In diesem Schweigen verbarg sich mehr als Furcht. Denn man kann nicht sagen, dass die einen sich fürchteten, während die anderen starben.

Manchmal jedoch war die Stille, die plötzlich hereinbrach, ein Ausdruck der Furcht, wenn um die Reihen der wehrlosen Frauen die Rudel von SS-Männern und -Weibern mit Hunden und Peitschen streiften, die bereit waren, jederzeit zuzuschlagen. Das war die Furcht vor dem physischen Schmerz und vor der Demütigung, eine Furcht, die wir nie mehr loswerden konnten.

Und da war noch eine Furcht, die Furcht vor der lesbischen Liebe, die wie eine Epidemie um sich griff. Sogar zu unseren Frauen war sie gekommen, zu unseren Mädchen. Anfangs schlich sie sich unmerklich ein, so unschuldig! Danach wurde sie aber immer sichtbarer. Man wusste dann schon, welche „Ehen“ sich gebildet hatten. Übrigens erwiesen sich einige als so dauerhaft, dass sie noch anhielten, als wir schon längst in die Freiheit entlassen waren. Wir schützten uns oft dadurch, dass wir einfach darüber lachten. Aber mir geschah es in einer Nacht, dass mich heiße Küsse eines mageren, blassen Mädchens weckten, von der ich dachte, dass sie bisher zu mir gekommen war, weil sie bei mir Trost suchte, wenn sie sich schlecht fühlte. Etwa so, wie man zu einer älteren Schwester kommt. Aber nein, diesmal war es nicht wie unter Schwestern.

Zum ersten Mal empfand ich Ekel vor dem weiblichen Körper, sowohl vor dem ihren als auch vor meinem eigenen – überhaupt vor den Weibern. Ziemlich brutal stieß ich das Mädchen von meinem Stockbett. Im Fallen weckte sie die daneben schlafende Krysia. Später hieß es, dass sie ohnmächtig geworden sei, als sie von ihrem dritten Stock heruntersteigen wollte.

Das Jahr 1942 ging zu Ende. In den letzten Wochen des Jahres zeichnete sich im Block 15 schon der später eng zusammenhaltende Bund ab: die Gruppe der jungen Operierten. In dieser Zeit entstand auch der Konflikt, von dem ich schon berichtete: der Konflikt zwischen den Alten und den Jungen. Man muss aber zugeben, dass es auch Grauhaarige gab, die uns immer viel Wohlwollen zeigten und die uns wegen unserer „verpfuschten Jugend" bedauerten. Mutter Liberakowa, die von allen „Kaninchen" „Mutter" genannt wurde (übrigens bis heute), stand verlässlich auf unserer Seite, so wie auch Frau Halina Chorążyna, Frau Stefa und viele andere. Zweifellos erweckten wir bei vielen dieser Frauen mütterliche Gefühle: Sie verteidigten uns, wo sie konnten, sowohl vor anderen älteren Frauen als auch hin und wieder vor jüngeren. Wenn wir auch durch das Lager erzogen wurden, so erzogen uns auch ein bisschen unsere älteren Freundinnen, indem sie uns das Beste gaben, was sie hatten.

Das Jahr 1942 ging nicht zu Ende, ohne dass am 28. Dezember noch zwei Frauen in das Revier kamen: Władka Marczewska und Jaśka Marciniak teilten das Los ihrer Vorgängerinnen – wieder Knochenoperationen.

Ein makabres Jahr. Mit Schrecken blickten wir auf das kommende Morgen. Was wird uns das Jahr 1943 bringen?

16

Das Jahr 1943 begann grau und düster. Zunächst gab es keine größeren Veränderungen. Die im Revier lagen, gesundeten langsam. Auf die oft gestellte Frage, warum gerade wir operiert werden, gab der Arzt bagatellisierende Antworten: „Weil in eurem Transport die meisten schönen Frauen sind!" Oder er sagte nur: „Fragt den Kommandanten." Der Kommandant aber sagte, dass er von Operationen nichts wisse, wir sollten den Arzt fragen.

Am 5. Januar wurde Staszka Michalik und zehn Tage später Halina Piotrowska und Zofia Modrowska in das Revier genommen und operiert. Damit waren schon 71 Frauen operiert worden, von denen noch 66 am Leben waren. 66 Frauen, die nicht wussten, wie ihr Leben weitergehen wird, vertraut mit dem Gedanken an den Tod, an Behinderung. Die Knochenoperierten zweifelten, ob sie irgendwann normal würden laufen können, die Infizierten, zumindest einige, – wussten gut, dass ihre Beine nie wieder normal werden. Und die Frauen mit den etwas besseren, schon vernarbten Wunden wussten nicht, auf welche Weise und wann sich die eingespritzten Bakterien bemerkbar machen würden.

So lebten wir in Block 15, umgeben von Wohlwollen und in einer gewissen Bequemlichkeit. Mutter Liberakowa tat alles, was sie konnte, damit es den „Karnickelchen" so gut wie möglich ginge. Inzwischen gab Dr. Oberhäuser im Revier ihr Wort, dass es keine Operationen mehr geben würde. Wir wünschten, dass das wahr wäre. Scheinbar gab es keine Veränderungen und doch gab es welche, kaum merkbar. Immer öfter sagten wir laut, dass wir genug von allem hätten. Es kann sein, dass wir einfach anfingen, etwas normaler zu reagieren. Aus den stumpfen, ausgehungerten „Klötzen" wurden wieder lebendige Menschen. Ob die Pakete mit Nahrungsmitteln, die uns stärkten, dazu beitrugen, ist schwer festzustellen.

Die Atmosphäre wurde immer angespannter. Der Anblick so vieler Krüppel (in dieser Zeit humpelten wir alle noch, sogar die, die heute wieder laufen können) in einem Block und das Gefühl der Zusammengehörigkeit taten das ihre. Wir fühlten uns als Gruppe, waren nicht mehr verloren in einer Masse fremder, feindlicher Frauen, wuchsen in eine, wer weiß, woher geschöpfte Kraft.

Am 10. Februar 1943 wurden acht Frauen aus dem Warschauer Transport exekutiert, unter anderem auch die operierte Maria Pajączkowska. Am nächsten Tag wurde eine Gruppe aus dem Lubliner Transport erschossen, unter ihnen die operierte Marysia Gnaś. Tag für Tag gab es Exekutionen, Tag für Tag wurden Operierte zum Sterben geholt.

In Block 15 siedete es. Es waren wohl die ersten Exekutionen, die statt der düsteren Stille, die voll von Erwartung auf den Fortgang war, eine fieberhafte Erregung hervorriefen. Jetzt war es klar geworden, dass die Operationen nicht vor dem Tod schützten, dass man fünfmal operiert werden und danach durch die Kugel umkommen konnte.

Diese Ereignisse ließen einen neuen Gedanken heranreifen: handeln, etwas tun, um nicht machtlos zu sein.

Während einer ihrer schlaflosen Nächte verfiel Nina auf eine einfache, in ihrer Einfachheit direkt freche Idee: Wir sollten unsere Angehörigen informieren, unsere Heimat von dem in Kenntnis setzen, was in Ravensbrück los ist. Es war ein neues Ziel für uns. Fieberhafte Beratungen setzten ein und mit Herzklopfen versuchten wir, das Projekt zu realisieren. Eine Nachricht für Lublin wurde vorbereitet. Dieses gefährliche Spiel inmitten des Lagers erregte uns und rettete uns gleichzeitig vor völliger Verzweiflung. Leichter würden wir sterben können, wenn wir die Gewissheit hätten, dass unsere Nachrichten in die Freiheit durchgesickert waren.

Dann warteten wir auf Nachricht. Wir hatten vereinbart, dass unsere Leute zu Hause einen roten Faden ins Päckchen legen sollten, zum Zeichen, dass man den Brief entziffert hatte. Mittlerweile aber war die Situation zum Sturm herangereift.

Zu der Zeit erzählte man sich im Lager eine unwahrscheinliche Geschichte, wonach Frau Gnasiowa (sie war die Schwägerin der erschossenen Marysia Gnaś) kurz vor der Exekution den Versuch unternommen hätte zu fliehen. Die Gnasiowa, schwarz, düster, mit großen Pupillen, hatte immer schon einen nicht alltäglichen Eindruck gemacht. Sie wäre auf irgendeine Weise über die Mauer gekommen und im Sträflingsanzug geradeaus ins Feld gelaufen.

Natürlich hätte man sie geschnappt und zum Kommandanten gebracht. Auf die Frage, wie sie über die Mauer gekommen sei, hätte sie geantwortet, dass „es sie hinübergetragen habe". Und wirklich, wenn man in den Abgrund ihrer fast schwarzen Augen blickte, konnte man glauben, dass „es sie hinübergetragen" hatte.

Auf die Frage, warum sie geflohen sei, hätte sie gesagt, dass sie wisse, dass sie erschossen werden solle.

Lange betrachteten wir die Stelle, wo Frau Gnasiowa angeblich die Mauer überwunden hatte. Natürlich kam uns der Gedanke: Wenn sie es geschafft hat, dann kann ich es auch. Doch die Mauer war überall gleich glatt und überall liefen die elektrischen Drähte entlang. Nichts deutete darauf hin, dass man hier hinausgelangen könnte. Aber die erhitzte Phantasie der Frauen war entfacht. Nun waren wir nicht mehr stumpf und willenlos. Ein dumpfer Widerstand wuchs in uns, die Nacken richteten sich gerade, Mut der Verurteilten erfüllte die Seelen.

Wir waren sehr erregt in jenen Tagen: Konflikte gab es, Zank, Streit. Das Fass kam zum Überlaufen, als uns jemand einen sinnlosen Vorwurf hinschmiss: „Ohne Widerstand seid ihr gegangen, wie die Lämmer, fast wie Freiwillige." Das schmerzte, brannte wie eine Wunde im Herzen. Am meisten quälte uns das Gefühl der Erniedrigung im Moment der Operation. Dass sie uns wie Kaninchen operieren. Und gleichzeitig hegte jede den Gedanken, nicht zur Operation zu gehen. Aber das war ein Gedanke, dem keine Tat folgen konnte, denn man nahm uns ja immer mit Hinterlist. Es hieß also zum Arzt oder zum Arbeitsamt. Schließlich nahm man ja auch Frauen zur Exekution mit, ohne dass sie wussten, wohin sie geführt würden.

Wir waren also völlig machtlos. Aber während uns bis jetzt die Machtlosigkeit geschmerzt hatte, wollten wir sie jetzt abschütteln.

Wir hatten genug von den Operationen, von den Lügen und Hinterlisten. Bisher hatten wir die Zähne zusammengebissen, hatten auch die Ohrfeigen ertragen, denn wir wussten, wenn man sie der Aufseherin zurückgab, konnte das ein Massaker, den Bunker und oft auch den Tod nach sich ziehen.

So gingen wir eben zur Operation, denn wir konnten nichts anderes tun. Jetzt aber, nachdem man zwei von uns erschossen hatte, hatten wir eine mächtige Waffe in der Hand: den Mut der Verurteilten, von Menschen, denen heute alles erlaubt ist, weil sie morgen nicht mehr leben.

Nun sprachen wir einen Gedanken lauter aus, der uns seit Langem verfolgte: dass sie uns ja doch fertigmachen, dass sie diese „lebenden Beweise“ ihrer Untaten schon aus Vernunftgründen nicht am Leben lassen würden. Wir waren schließlich ein recht ernster „Makel“ auf dem Gewissen des Dritten Reiches. Ohne Verabredung, ohne Diskussion kamen wir alle zu dem gleichen Schluss: Genug war genug!

Als Erste sagte es Dziuba Sokulska. Am 13. März beorderte man sie zur Operation, aber sie sagte, dass sie nicht ginge. Daraufhin führte man sie zum Kommandanten, wo sie ihren Standpunkt wiederholte und hinzufügte, dass sie sehr wohl wisse, um was es hier ginge, denn sie wäre schon zweimal operiert worden und hätte genug von solchen Operationen.

Vermutlich war der Kommandant etwas ratlos, denn er fragte nur: „Sind Sie sich der Konsequenzen bewusst?“

„Jawohl!“

Dann wurde sie zum Block zurückgeschickt.

Dieser erste, laut ausgesprochene Widerstand wurde mit Enthusiasmus begrüßt. Wir waren von Dziuba begeistert für dieses mutige „Ich gehe nicht“.

Zofia Stefaniak, eine von denen, die schon operiert worden waren und nun noch einmal unter das Messer kommen sollte, sprang aus dem Fenster des Reviers und kehrte zum Block zurück. Zofia Modrowska, die schon zum zweiten Mal bestellt wurde, weigerte sich hinzugehen. Der ganze Block vibrierte von heißem, pulsierendem Leben: Endlich wurden wir tätig! Endlich fühlten wir wieder, dass wir Menschen waren!

Am nächsten Morgen wurde eine neue Liste gebracht: Fünf Frauen sollten sich im Revier melden. Die Antwort war ein einstimmiges: „Nein!" Stattdessen wollten wir alle zum Kommandanten gehen. Auf der Stelle schrieben wir eine „Petition". Frau Halina Chorążyna redigierte, wir standen mit hochroten Köpfen im Kreis. Wir schrieben in einigen einfachen Sätzen, dass wir, die unterschriebenen politischen Häftlinge, den Herrn Kommandanten fragen, ob ihm bekannt ist, dass im Lager medizinische Versuche an völlig gesunden Frauen vorgenommen werden, die alle politische Häftlinge sind. Weiter, dass die Operationen Verkrüppelungen hervorriefen und sogar den Tod. (Hier folgten die Namen der nach den Operationen Verstorbenen.) Kein internationales Recht lasse Operationen an lebendigen Menschen ohne deren Einwilligung zu. Wir, die Operierten, protestierten gegen die Operationen. Dann folgten unsere Unterschriften.

Tatsächlich fehlten ein paar Unterschriften, was aber im Grunde genommen nicht so wichtig war. Es betraf ohnedies die ganze Gruppe und vermutlich hatte die Leitung gar nicht bemerkt, dass drei oder vier Namen fehlten.

Der möglichen Folgen waren wir uns nur allzu bewusst. Es war uns aber egal. Übrigens erwarteten wir keine positive Reaktion auf unseren Protest, nahmen nicht an, dass er einen Einfluss auf den Verlauf der begonnenen Experimente haben würde. Vor allem ging es uns um die Manifestation unseres Standpunkts, denn zu empfindlich hatte uns die Machtlosigkeit und Passivität zugesetzt.

Wir gingen in Viererreihen zum Gebäude des Kommandanten. Wir waren ungefähr 50 Frauen, die noch alle hinkten. Die Schwächsten trugen wir auf den Armen, ein Teil ging an Krücken. Es war ein makabrer Zug. Die Frauen, die wir auf der Lagerstraße trafen, schauten uns entsetzt nach. Im Lager wusste man von unserer Aktion nichts. Als Dolmetscherin ging Marzenka Svediková mit uns, auf die wir uns verlassen konnten.

Langsam, Schritt für Schritt, schob sich unser Zug an diesem sonnigen Tag vorwärts. Zum ersten Mal verließen wir alle den Block. Wir hatten nämlich noch Bettkarten und waren von den Appellen dispensiert. Die weißen Verbände hoben sich grell von dem schwarzen Kohlenschotter ab, mit dem die Straße aufgeschüttet war, und boten ein gespenstisches Bild. Zwischen den hinkenden Beinen immer wieder hölzerne Krücken, die den Rhythmus störten. Auch die Gesunden gingen mit uns, die jetzt zum ersten Mal bestellt worden waren. Sie trugen die Schwächsten auf den Armen.

Der Weg „nach vorne“ schien uns entsetzlich lang. Wir machten vor dem Gebäude halt, in dem das Büro untergebracht war. Unter den Fenstern blühte flammender Salbei, der umso greller erschien, als er mit den weißen Verbänden unserer Beine kontrastierte. Allerdings waren viele Verbände schon nicht mehr blendend weiß. Nach diesem Marsch, der für viele doch zu anstrengend war, drang da und dort gelbgrüner Eiter und Blut durch die Verbände.

Der Kommandant ließ sich nicht dazu herab, aus dem Gebäude herauszukommen. Stattdessen schickte er eine Angestellte, die erklärte, das Gerede von irgendwelchen Operationen sei eine hysterische Idee der Frauen. Es sei allgemein bekannt, dass den ins Revier Bestellten dreimal täglich die Temperatur gemessen werde – nichts mehr. Und wir sollten ruhig in den Block zurückgehen.

Die Aufseherin war sich ihrer Sache nicht allzu sicher. Es war für sie auch schwer, von „hysterischen Ideen“ zu sprechen, angesichts so vieler verbundener Beine. Wir aber nahmen sie beim Wort und antworteten, wenn es nur um Temperaturmessen ginge, dann wäre es doch egal, welche Frauen sich stellten. Es müssten ja nicht unbedingt diese fünf aus unserem Transport sein. Dem wurde zugestimmt. Und noch am selben Tag schickte der Kommandant – um die Richtigkeit seiner Worte zu beweisen – die Lagerläuferin im ganzen Lager herum, um Freiwillige zum Temperaturmessen zu finden. Natürlich gab es diesmal keine Freiwilligen, obwohl die Aufforderung in allen Blöcken wiederholt wurde. Unsere Marzenka verlas sie mit triumphierender Miene während unseres Abendappells.

Das war ein Sieg für uns. Vorläufig wenigstens waren unsere fünf Mädchen gerettet. Sie wurden nicht geholt, weder an diesem Tag noch am nächsten. Sie wurden überhaupt nicht geholt. Sie haben bis heute gesunde, starke Beine. Ich bin mir nicht sicher, ob unser Protest bewirkt hat, dass man keine neuen Frauen mehr zu einer Operation holte. Es kann auch sein, dass irgendwelche Umstände außerhalb des Lagers zu dieser Entwicklung geführt hatten. Es war ja schlimm genug, wenn die noch einmal operiert wurden, die schon geschnitten worden waren.

Unser Petitionsmarsch „nach vorne“ hatte uns gestärkt, wir gewannen jetzt immer mehr Selbstsicherheit. Der Kommandant ließ sich nie mehr bei unserem Block sehen und die ganze Sache wurde totgeschwiegen. Es gab auch keinerlei ernstere Konsequenzen, vor denen sich eine Schar feiger Frauen gefürchtet hatte. Viele hatten uns geraten, um des lieben Friedens willen die Operationen zu erdulden, um die andern nicht in Gefahr zu bringen.

Ganz ohne Strafe kamen wir aber nicht davon. Nach einer oberflächlichen Untersuchung unserer Beine wurden uns die Diät und die Bettkarten weggenommen und die meisten mussten wieder arbeiten gehen. Nur die „schlimmsten“ Fälle durften weiter im Block bleiben. Obwohl viele von uns noch stark hinkten und alle entweder offene Wunden oder ganz frische Narben hatten, die bei jeder unvorsichtigen Bewegung aufbrechen konnten.

So stellte man uns wieder zum Arbeitsappell auf, zusammen mit allen „Verfügbaren“ (so wurden Häftlinge genannt, die keine ständige Arbeit hatten). Wir standen nun auf diesem Markt, in einem Haufen, der in verschiedenen Sprachen sprach, und rundum sprang ein Rudel von Anweiserinnen, die sich Arbeitskräfte herauszogen. Krysia, mich und andere unserer Gruppe holte eine Deutsche zu einer „Entladungskolonne“. Man jagte uns durchs Tor bis zum See, wo am Ufer ein Schiff stand, das mit Steinen beladen war. Wir mussten sie ausladen und zu einem am Ufer stehenden Auto tragen. Anfangs war es gar nicht so schlimm. Die Steine, die obenauf lagen, waren ziemlich klein und das leere Auto nicht allzu hoch. Je mehr Steine wir aber entladen hatten, desto schwerer wurde es, sie über Bord zu werfen und auf das nun vollere Auto zu laden. So beluden wir ein Auto, ein zweites, ein zehntes. Wir packten diese Bruchsteine und schaukelten sie mit Anspannung aller Muskelkraft eine Weile, um sie zum Ufer zu werfen. Immer öfter fielen sie mit Krach auf den Boden des Schiffes zurück, quetschten uns die Füße, verletzten mit ihren scharfen Kanten die kranken Beine.

Anfangs sagten wir noch lachend, dass das eine wunderbare Gymnastik sei nach so vielen Monaten des Liegens. Schnell jedoch hörten wir auf zu lachen. Unsere Herzen, die durch die Narkose und auch durch den Schmerz, Morphium und nicht zuletzt durch das lange Liegen geschwächt waren, schlugen wie rasend. Wortwörtlich fielen wir vor Müdigkeit um. Eine wurde sogar ohnmächtig. Wir trugen sie auf den Armen zum Lager. Wir waren unmenschlich müde.

Nicht alle unserer Gruppe der Operierten waren beim Steineausladen dabei. Einige hatte man in andere Kolonnen gesteckt, die zu verschiedenen Arbeiten eingeteilt waren. Aber alle nutzten – ohne sich zu verabreden – die Gelegenheit, um für uns Propaganda zu machen. Wir trugen ja keine Strümpfe, sodass die verbundenen Beine oder die frischen, blau angelaufenen Narben von Weitem sichtbar waren. Sie erweckten allgemeines Interesse. Die eine erzählte einem tschechischen Fahrer von den Operationen, eine andere irgendwelchen Franzosen, die sie auf dem Bahnhof getroffen hatte, noch eine andere den jungen, frisch angekommenen Aufseherinnen. Daraufhin kam prompt am nächsten Tag gleich in der Früh ein Befehl heraus, dass es den Operierten auf keinen Fall gestattet sei, das Lager zu verlassen, dass sie nur Innenarbeiten verrichten dürften.

Nun wurden wir zu den Strickerinnen eingeteilt, den Strumpfstrickerinnen. Das war eine große Gruppe von alten oder schwachen Frauen, die wegen Fehlens eines speziellen Gebäudes in den Essräumen der eigenen Blöcke arbeiteten. Das Pensum betrug ein Paar Strümpfe pro Woche. Die Arbeit war insofern angenehm, als wir in unserem eigenen Kreis saßen, und meist ohne Aufseherin, Übrigens machten es uns die Strickerinnen so angenehm wie möglich, denn die Arbeit war erschreckend langweilig. So sprach Frau Peretiatkowicz von der Erde und von den geologischen und geografischen Wundern, Frau Chorążyna hielt Vorlesungen über Chemie und Frau Tyrankiewicz überredeten wir je nach Stimmung –, über die Psychologie der Tiere und Pflanzen oder über polnische Literatur zu sprechen.

Seit dem Protestmarsch der Operierten hatten wir entschieden bessere Laune und einen dementsprechend besseren Ausdruck. Wir verhielten uns auch ganz anders. Wir lachten lauter und offener, sangen und konnten Witze machen, wenn wir hörten, dass sie uns umbringen würden. Wir berieten, ob der Rauch von „Jim“ wirklich rot sein würde (wegen ihres sprichwörtlichen Temperaments) und der von Steńka vielleicht gelb. Leidenschaftlich diskutierten wir über Ehe und Kinder und die jüngeren Frauen widersprachen „Jim“ heftig, wenn sie mit düsterer Stimme ihre Theorie verkündete: „Kinder? Unsinn! Geschrei und schmutzige Windeln den ganzen Tag, langweilig.“ Manche waren dann so erregt, erhitzten sich in solchem Grade, dass sie alles darum gegeben hätten, jetzt sofort ein Kind zur Welt zu bringen, um zu dokumentieren, dass die Mutterschaft das Ziel und der Sinn ihres Lebens ist.

Nun dachten wir nicht mehr an den Tod und bemühten uns, „Jim“ davon zu überzeugen, dass die Ehe und Mutterschaft die wahre Berufung der Frau sei. Wojtka konnte stundenlang von ihrem „Berdzik“ erzählen und geriet in Wut (natürlich nur im Scherz), wenn unsere sogenannten jungen Hunde (die Jüngsten) hinter ihr her pfiffen und riefen: „Berdzik! Berdzik!“

Wir bogen uns aber vor Lachen, als der „G-Klub“ seine geheimnisvollen Praktiken begann. Das waren leidenschaftliche, unheilbare Raucherinnen, die glaubten, dass niemand sie bemerkte. Mit theatralischem Flüstern luden sie im ganzen Block zum Treffen „auf den Boden“ ein. Dazu hatten sie in der Decke des Blocks zwei Bretter locker gemacht und herausgenommen und konnten nun durch die so entstandene Lücke auf den Boden klettern. Die Bretter quietschten erbarmungslos, wenn der ganze „Klub“ oben war.

Gott weiß, woher sie die Zigaretten bekamen. Wir rätselten über das Material, das sie rauchten. Und da es nichts anderes gab, muss es wohl das Stroh aus unseren Strohsäcken gewesen sein. Zwar weiß ich das nicht bestimmt, aber auf jeden Fall war der Qualm nicht gerade duftend.

Schon damals fanden einige der „Antikaninchen-Weiber“, also

unsere „Gegner“ unter den älteren Frauen, dass wir grenzenlos verwöhnt waren. Das war aber eigentlich gar nicht wahr. Gewiss waren wir manchmal etwas laut, aber das sollte meist die quälenden Fragen übertönen: Was wird mit uns? Lassen sie uns zurückkehren? Lassen sie uns mit diesen verkrüppelten Beinen zurück nach Polen? Immer seltener sprachen wir von der Rückkehr, teils aus Aberglauben, teils aber auch, um nicht zu weich und nachdenklich zu werden.

Je schwieriger die Umstände wurden, desto mehr bemühten wir uns, immer ein Lachen bereit zu haben. Aber wir wurden immer härter. Wenn wir gerade nicht über uns selbst lachen konnten, blieb uns immer noch „Elel“ – das magische Wort, dessen Sinn sogar unsere Jüngsten verstanden –, über das wir lachten.

Es war auch der gesunde Selbsterhaltungstrieb, der uns zwang, über die meist deutsch-zigeunerischen „Paare“ zu lachen, die von Ecke zu Ecke schlichen. Das schützte uns gewissermaßen vor der Anormalität. Laut lasen wir eine „Liebeserklärung“ vor, die eine schöne, junge Zigeunerin „dem Michael“ geschickt hatte. Laut lachten wir über die zärtlichen Paare. Wir lachten, obwohl der Anblick eigentlich abstoßend war: irre Augen, Zuckungen, seltsame Mienen – all das erfüllte uns mit Ekel. Und so blickten wir mit mehr Sympathie auf die „normalen“ Prostituierten.

Die lesbische Liebe aber verbreitete sich weiter wie eine Epidemie. Es gab immer mehr von diesen männlichen Frauen mit steifen Krägelchen, rasiert, mit hohen Schuhen und tiefen Stimmen, manchmal sogar mit Bartwuchs. Diese „Männer“ standen vor den Blöcken, taxierten die vorübergehenden Frauen und ließen von Zeit zu Zeit zynische Bemerkungen fallen. An Sonntagen fanden hinter den Blöcken wahre Orgien statt. Junge Zigeunerinnen tanzten, während die „Männer“ – wir nannten sie „Many“ – dazu im Takt klatschten.

17

Wir lebten im 15. Block in einer verschworenen Gemeinschaft, und der Kontakt, den wir mit der freien Welt geknüpft hatten, festigte und stützte uns. Die gegenseitige Verbundenheit wuchs stetig und es entstanden enge Bindungen, obwohl wir so unterschiedlicher Herkunft und nur zufällig hier zu einer Gruppe geworden waren. Im Sommer 1943 waren wir, die „Kaninchen", eine deutlich erkennbare Einheit.

Bis zum 15. August 1943 hatten wir einigermaßen Ruhe. Es ging lediglich ein unbestätigtes Gerücht um, dass man statt uns Hunde operierte. Aber am 15. August schlug die Nachricht wie der Blitz ein: Es würde wieder Operationen geben; im Revier seien Betten und der Operationssaal bereits vorbereitet. Wir hatten verlässliche Kundschafter im Revier, sodass wir gleich am Morgen gewarnt wurden.

Die Spannung stieg im Block. Natürlich war es klar, dass die Angeforderten nicht hingehen würden. Nur wussten wir noch nicht, wen sie bestellen würden. Fieberhafte Erwartung, Erregung machte sich breit.

Am Nachmittag kam dann die Lagerpolizistin mit der Liste, einem weißen Papier, das vom Arbeitsamt unterschrieben war. Zehn Namen standen darauf: Hela Piasecka, Dziunia Karolewska, Halina Piotrowska, Joanna Szydłowska, Stefa Sieklucka, Pela Michalik, Bogna Bąbińska, Urszula Karwacka, Zofia Kormańska, Dziuba Sokulska. Und die Polizistin befahl ihnen, sogleich zum Revier zu gehen. Sie aber erklärten, dass sie nicht gingen. Da ging die Polizistin weg und wir warteten auf das, was nun folgen würde.

Nach einer Weile kam die Oberaufseherin Binz mit einer Meute Polizistinnen. Wir wurden vor den Block gejagt und im ganzen restlichen Lager wurde Blocksperre verhängt. Die Lagerstraßen waren leer und vor jedem polnischen Block stand eine Polizistin vor der Tür.

Die bestellten Zehn mussten vortreten und die Binz redete ihnen zu, dass sie doch gehen sollten. Sie gab ihr Wort, dass sie nicht operiert würden. Aber wir wussten, was ihr Wort wert war! Die Binz versuchte uns einzureden, dass es lediglich um eine bestimmte Arbeit gehe, wir aber wussten, dass im Revier sechs weiße Betten warteten.

Schließlich befahl sie ihnen, „nach vorne" zu gehen. Dazu erklärten sich die Zehn bereit, aber ins Revier würden sie nicht gehen. So bewegten sie sich – von Polizistinnen umgeben – in Richtung des Büros, uns aber stieß man hinter den Block. Dort standen wir in Zehnerreihen in Todesstille.

Plötzlich erscholl hinter der Mauer wütendes Hundegekläffe. Die SS-Leute bringen die Hunde, ging ein Flüstern durch die Reihen. Da sahen wir auch schon unsere Zehn die Straße entlangrennen. Sie liefen direkt auf uns zu. Ruhig und ohne Kommando öffneten sich unsere Reihen, ließen die Frauen durch und schlossen sie wieder. Es war wie bei einer eingedrillten Parade. Als die Polizistinnen um die Ecke preschten, sahen sie nur mehr die gerade ausgerichteten Reihen. Nur unsere Gesichter waren anders, wir hatten einen kämpferischen Ausdruck mit glänzenden Augen und hoch erhobenen Köpfen.

Nach einer Weile kam die Binz wieder. Sie rief die zehn Namen auf und zehn Nummern. Stille … keine regte sich.

„Die zehn Frauen sollen vortreten."

Niemand rührte sich. Keine Reaktion. Stille …

Die Oberaufseherin schäumte. Es trafen sie nur verachtungsvolle, aber mutige Blicke. Endlich kam ihr eine Idee. Sie ließ die schlimmste aller Polizistinnen kommen, eine Frau mit krimineller Vergangenheit, die alle unsere Gesichter kannte. Sie lief an den Reihen entlang und deutete auf die Betreffenden, die dann mit Gewalt vor die Front gezerrt wurden. Schließlich standen alle zehn vor uns.

Die Binz gab nun bekannt, dass die Frauen wegen Nichtachtens des Befehls in Arrest kommen, in den Bunker. Ja, sagten sie, in den Bunker könnten sie gehen, aber ins Revier nicht. Dann wurden sie von den Polizistinnen abgeführt, während wir hinterherriefen; „Haltet euch tapfer, wir sind mit euch!"

Jetzt hielt uns die Binz eine längere Rede: Sie schätze doch die Polinnen so und den Polinnen ginge es so gut im Lager, eigentlich ginge es den Polinnen am besten, sie hätten die beste Arbeit und …

An dieser Stelle konnte ich es nicht mehr aushalten und sagte aus der ersten Reihe: „Und nur die Polinnen sind operiert worden und nur Polinnen werden erschossen."

Zeternd sprang sie auf mich zu. Ich aber sprach ruhig zu Ende: „Ja, nur Polinnen sind operiert worden. Einundsiebzig!"

Das war nicht ganz genau, denn es waren auch einige Geisteskranke anderer Nationen operiert worden.

Sie aber brüllte los: „Was? Ist das eine Meuterei?"

„Nein, bloß die Wahrheit!"

Da holte sie aus. Ich sah sie fest an – wie alle anderen auch – mit Wut und Verachtung. Einen Moment lang wusste ich nicht, ob sie mich schlagen wird. Sie schlug nicht. Sie zerrte mich nur am Ärmel. Da wurde mir plötzlich klar, dass ich meine Nummer nicht offen trug. (Normalerweise wäre das sofort bestraft worden. In der Erregung hatte die Binz es nicht gemerkt.) Ich sagte die Nummer – 7709 –, sie notierte und erklärte, dass sie mich dem Kommandanten melden würde. Dann befahl sie uns, in den Block zu gehen und ihn nicht zu verlassen.

Nach einer Weile wurde ich zum Kommandanten gerufen. Jadwiga K. ging mit mir und Marzenka als Übersetzerin. „Schutzhäftling siebenundsiebzig null neun."

Der Kommandant stand dicht vor mir – oder besser über mir, denn er war groß. Er befahl, alles zu wiederholen, was ich gesagt hatte. Darauf sagte ich, dass es nur ein Satz gewesen sei und dieser Satz wäre wahr gewesen. Dann wiederholte ich ihn auf Deutsch. „Und was hast du denen nachgerufen, die zum Bunker gingen?" „Ich fragte, ob sie Strickjacken mitgenommen hätten, weil es im Bunker kalt ist."

Das war zwar nicht wahrheitsgemäß, aber dem Herrn Kommandanten ging es gar nicht darum.

Nun hielt es die Binz nicht mehr aus. Sie wurde wütend und fing an, schnell zu reden: Wie ich aber ausgesehen hätte, als ich diesen einen wahren Satz gesprochen hätte; dass ich die Fäuste geballt und böse Augen gemacht hätte, als ob ich sie hätte fressen oder gar erschlagen wollen. Sie stockte einen Moment, verschluckte sich an der eigenen Wut. Der Kommandant sah auf seine Fingernägel; er wusste wohl nicht, welche Strafe er sich ausdenken sollte für einen Häftling, der die Aufseherin mit den Augen „auffressen oder erschlagen" wollte. Er kam so nah zu mir heran, dass er fast mein Gesicht berührte, beugte sich nieder und sagte in theatralischem Flüsterton:

„Ist dir klar, dass ihr alle in meiner Macht seid? Wenn ich will, stelle ich dreißig SS-Leute mit Maschinengewehren auf und von diesem verfluchten fünfzehnten Block bleibt nichts übrig!" Er sprach immer lauter, er schrie, ein Wutkrampf – verzerrte sein Gesicht. Ich fürchtete, was jetzt kommen würde. Der Kommandant hatte einen Stiernacken und große, schwere Pfoten, mit denen er gern zuschlug.

Seine Augen stierten mich an. Immer lauter brüllte er: „Dieser verfluchte fünfzehnte Block!" Da kam in mir Freude auf. Das waren wir, „dieser verfluchte fünfzehnte Block"! Wir waren ihm unter die Haut gegangen. Seine Versuche, die polnischen Transporte auseinanderzureißen, hatten nichts genützt. Wir, der fünfzehnte Block! Fast lächelte ich in kindlichem Trotz.

Er hörte auf zu brüllen, schluckte ein paarmal und fügte dann etwas ruhiger hinzu: „Geht zum Block und wiederholt dort, was ich gesagt habe."

Wir gingen zum Block, aber noch bevor wir irgendetwas hätten wiederholen können, erschien der Kommandant mit der Oberaufseherin Binz. Und nun spielte sich eine fabelhafte Szene ab.

Wir saßen alle im Essraum. Die Atmosphäre war sehr gespannt. Als die Blockwärtin bei ihrem Eintritt „Achtung" rief, trat plötzlich Stille ein, aber keine stand auf. Der Kommandant stand in der Mitte des Essraumes und sagte:

„Angesichts der Meuterei, die stattgefunden hat, sehe ich mich gezwungen, den fünfzehnten Block zu bestrafen, und zwar mit dreitägigem Arrest ohne Essen und ohne Luft." Er sah dabei auf die Nägel seiner rechten Hand.

Da hörte man eine Stimme aus der Menge: „Das war keine Meuterei. Wir wollen nur nicht mehr operiert werden!"

Eine andere sagte: „Wissen Sie denn, dass das internationale Recht nicht gestattet, Versuchsoperationen an Menschen ohne deren Einwilligung vorzunehmen?"

„… dass wir Krüppel sind?“

„… dass wir gesund waren vorher?“

„… dass fünf gestorben sind?“

Jetzt sprachen viele. Jede warf einige Worte hin, mal deutsch, mal polnisch. Marzenka, die danebenstand, fing wie im Fluge die polnischen Worte auf und übersetzte sie. Zum ersten Mal in der Geschichte des Lagers hatte der graue Häftling es gewagt, dem Kommandanten die Wahrheit ins Gesicht zu schleudern.

Und er? Er wich einen Schritt zurück und sagte etwas unsicher: „Ich bin nur SS-Mann und mein Auftrag lautet, die Ordnung im Lager zu bewahren.“ Zur Abwechslung besah er sich nun die Nägel der linken Hand.

Dann gingen beide hinaus. Nach einer Weile stürzte eine Rotte Polizistinnen herein, die uns vor den Block jagte. Eine Revision wurde durchgeführt, aber diesmal genauer als sonst – es war eine Requisition. Alles nahmen sie weg, was essbar war. Anschließend mussten wir wieder in den Block zurück und hinter uns wurden die Türen und Fensterläden verschlossen. Außen blieben SS-Leute mit Gewehren postiert. Es war dunkel und wurde sofort stickig. Grelles Licht fiel nur durch schmale Spalten, die die Polizistinnen übersehen hatten.

„Dziadek“ (das heißt „Großvater“; so nannten wir eine der älteren Frauen) nahm sofort das Steuer in die Hände: „Nicht schreien, nicht laufen!“ So wenig Bewegung wie möglich, um wenig Energie zu verbrauchen!“

Trotzdem wurde es immer stickiger. 300 Frauen waren im heißen, trockenen Sommer eingeschlossen! Auf den dritten, den obersten Betten war es wirklich nicht zum Aushalten.

Ein initiatives Mädchen, Manicha, versuchte einen Holzschuh zwischen Fenster und Fensterladen zu zwängen. Aber es gelang nicht, denn ein SS-Mann bemerkte es und haute mit dem Kolben gegen den Laden, wobei er einen deutschen Fluch ausstieß. So saßen wir weiter ganz still da.

Beim Abendappell fehlte unser Block und verursachte eine Lücke. Diese leere Stelle provozierte natürlich Fragen. Ein paar tausend verschiedensprachiger Frauen erkundigten sich, was mit der Fünfzehn los ist. So wusste schon nach kurzer Zeit das ganze Lager, dass die Polinnen eine Meuterei angezettelt hatten, weil sie nicht zur Operation gehen wollten.

Die Nachricht, was geschehen war, ging am anderen Tag auch nach außen. In unserem Block gab es eine ganze Menge Frauen, die in Betrieben außerhalb des Lagers beschäftigt waren. Überall mussten die leitenden Kolonnenführerinnen die fehlenden Frauen entschuldigen und dabei erklärten sie eifrig, was geschehen war. So gelangte die Nachricht hinter die Mauern des Lagers und ein alter, sonst meist geiziger Gärtner schickte uns eine Handvoll Obst.

Abends schlichen sich Frauen heran und warfen uns Essenspäckchen herein, wobei sie Gefahr liefen, eine Kugel von der SS abzukriegen. Sie schlichen sich leise an, machten auf der einen Seite des Blocks Lärm und öffneten blitzschnell auf der anderen einen Fensterladen, um ein Bündel hineinzuwerfen. Niemand sah die Frauen und niemand wusste, ob es Polinnen waren oder andere. Das war jetzt auch unwichtig, das ganze Lager stand solidarisch hinter uns.

Es gelang allerdings nur wenigen, etwas hineinzuwerfen. Trotzdem waren auch einige ganze Brote darunter. Wer weiß, wo sie requiriert worden waren.

Am nächsten Tag war es nicht mehr zum Aushalten. Die Sonne erhitzte das Dach und so kam von der Decke her eine unerträgliche Glut. Wir konnten kaum noch atmen. Eine Frau wurde sogar ohnmächtig. Nun wurde der Blockarrest wirklich sehr schwer.

Gegen Abend des zweiten Tages kam die Binz in unseren Block. Niemand schrie „Achtung“, keine stand auf, keine rührte sich. Was ging uns denn die Oberaufseherin an? Wenn wir nur Luft hätten!

Die Binz befahl den Polizistinnen, die Läden für zehn Minuten zu öffnen. Nach zehn Minuten waren wir sehr erregt, denn eine Frau hatte uns durch das offene Fenster informiert, dass wieder operiert worden war. Etwas später kam ein genauerer Bericht. Es gab keinen Zweifel, die Hälfte derer, die sie mitgenommen hatten, war im Bunker in der Zelle operiert worden.

Wut erfasste uns, ohnmächtige Wut. Wie fortgeblasen war unsere gute, patriotische, erhebende Stimmung, durch die wir bisher den Arrest einigermaßen ertragen hatten. Was blieb, war eine blinde, harte Verbissenheit und die Verzweiflung, dass es umsonst gewesen war, alles umsonst.

Bis spät in die Nacht diskutierten wir leidenschaftlich die Situation. Aber es nutzte nichts, dass wir uns sagten, es sei uns nur um den Effekt gegangen, um die Manifestation unserer Gefühle, dass wir ja im Grunde gar nichts anderes erwarten konnten.

Schwere erdrückende Stille senkte sich wieder über den Block.

„Verflucht noch mal!“ Wie eine Furie hatte Manicha gegen einen Fensterladen gedonnert. Der schwankte und bog sich auseinander. Durch die entstandene große Spalte steckte Manicha triumphierend ihren Schuh.

„Du teuflische Missgeburt, du sollst den Morgen nicht mehr erleben!“ Sie spuckte aus, als sie die Beine des vorübergehenden SS-Mannes sah. Sie hatte einen schrecklich irren Blick in ihren schwarzen Augen.

Wir alle waren erfüllt von Zorn und von Bedauern für die frisch Operierten. Wie ging es ihnen? Wir alle konnten uns nur allzu genau daran erinnern, wie es nach der Operation war. Wer ist jetzt dort bei ihnen? Wer gibt ihnen Wasser oder den Schieber? Mit den Fäusten schlugen wir an die Holzwände des Blocks.

Oben auf dem Boden schrieb Krysia in einem kleinen Lichtkegel, der durch eine Luke fiel, mit zusammengepressten Lippen einen neuen geheimen Brief für die Außenwelt. Daten, Ziffern, Namen. Wir hielten Wache. Es musste vor allen geheim gehalten werden. Nur die Allernächsten, nur die Sichersten wussten von unseren Briefen.

Ich sah auf das weiße Blatt und dachte mit ganzer Kraft: Gott, gib, dass es ankommt! Wir betrachteten so einen Brief wie eine verehrungswürdige Reliquie, für die unsere Freunde ihr Leben riskierten, indem sie den Brief aus dem Lager schmuggelten. Wir waren überzeugt, etwas Gutes und Wichtiges zu tun.

Er kam an … alle kamen an …

18

Der Appell nach drei Tagen Arrest war grotesk-makaber. Wir gingen auf wankenden Beinen auf die Lagerstraße. Gemurmel begrüßte uns, ein Raunen der Anerkennung, Sympathie und des Mitgefühls. Die Aufseherin, die die Angetretenen zählte, kam immer näher. Ich weiß nicht, welche zuerst ohnmächtig wurde und ob sie wirklich ohnmächtig wurde oder nur so tat, aber es war ansteckend. Plötzlich fielen ganze Gruppen um. Still, ohne einen Ton von sich zu geben, sanken sie auf den schwarzen Schotter. Die Aufseherin zählte ungerührt die auf dem Boden liegenden Körper.

Inzwischen hatten unsere zehn Freunde eine schwere Nacht im Bunker erlebt. Sie waren zu je fünft in zwei Zellen untergebracht. Sie quälten sich, rangen mit sich selbst, mit den andern, mit der Lust zu leben – und beschlossen, Selbstmord zu verüben, wenn sie zur Operation geholt werden sollten. Aber wie? Bogna probierte die Festigkeit ihres Gürtels aus. Sie war sehr erregt und spielte laut mit ihren Gedanken: „Morgens machen sie auf, kommen herein und finden fünf Leichen. Die Leichen von fünf jungen Mädchen hängen am Fenster." Ihre Augen glänzten fiebrig. „Das wäre was. Hört mal, jetzt ist der Moment, man muss handeln!"

Aber wenn sie den anderen in die Augen schaute, wusste sie, dass es keine fünf Leichen geben würde. Wieder würden sie sich „wie die Lämmer" abführen lassen. Alle entschieden sich zwar für den Tod, aber Bogna glaubte ihnen nicht. Sie schaute in das heiße, mutige Gesicht von Dziuba. Na ja, Dziuba wird es tun und vielleicht noch Zofia. Aber Pela? Und Urszula? Wenn der Moment kommt, werden sie vielleicht doch alle die Kraft aufbringen! Bogna kniff die Augen zusammen. Dann wird es doch fünf Leichen geben! Die würde der Schlag treffen. Leichen können sie nicht operieren. Was für ein herrlicher Effekt, dachte sie im Einschlafen. Wenn man das nur sehen könnte.

Am nächsten Morgen holte die Aufseherin Urszula heraus. Die wollte nicht gehen, aber ihren harten, verbissenen Widerstand brach ein einziger Satz der Aufseherin: „Wenn du nicht gehst, krepieren die anderen ohne Pflege.“

Also ging sie. Da sie gut deutsch sprach, sollte sie nun die fünf operierten Frauen pflegen, die in der anderen Zelle lagen.

Sie waren in einem schrecklichen Zustand. Schwere Knochenoperationen an beiden Beinen. Zu entsetzlichen physischen Schmerzen kam ein noch schlimmerer psychischer Zustand. Man hatte sie geholt, trotz der Widerstandsversuche, trotz Meuterei, trotz verzweifelter Verteidigung. Eben waren sie noch gesunde junge Frauen, jetzt lagen sie verkrüppelt da.

Im Flüsterton erzählte Dziunia, dass die SS-Leute sie an Armen und Beinen gehalten und ihr den Mund verknebelt hätten.

Joanna wiederholte hartnäckig ihren letzten Gedanken: „Ich habe doch ganz schmutzige Füße.“ So lagen sie da mit Schmerzen, von der Welt abgeschnitten, und Urszula trippelte zwischen ihnen hin und her und versuchte, ihnen Linderung zu verschaffen.

Die Nachricht von ihren Operationen, von den haarsträubenden hygienischen Bedingungen und den verzweifelten Versuchen der Frauen, sich zu wehren, lief durch den ganzen Bunker und sprang sogar über die Mauern hinaus in die Welt. So wusste bald jeder von Helas Bein, das einfach brach, als sie nach einigen Wochen aufstehen wollte, weil der Knochenverlust so groß war. Oder von den Leiden Halinkas, die keinen Verband erhalten hatte, nur ein kleines Stückchen Gaze. Auf ihrem Bein breitete sich die Wundrose aus. Oder auch von den massakrierten Beinen von Stefa und Joanna.

Alle diese Nachrichten wurden von allein durch das Ladekommando nach außen getragen. Das war eine Arbeitskolonne, die regelmäßig nach Neustrelitz fuhr, um das Brot für das Lager zu holen. In Neustrelitz aber waren polnische Kriegsgefangene, mit denen sofort Kontakte geknüpft worden waren.

Es war unerklärlich, warum die Lagerleitung nicht an diese Kontaktmöglichkeit gedacht hatte. Die Aufseherinnen wussten nicht, warum es nie an Freiwilligen mangelte für diese doch nicht leichten Arbeiten. Sie wussten nicht, wie attraktiv es für uns war. Es lohnte sich, schwere Säcke zu schleppen, um ein- oder zweimal in der Woche nach Neustrelitz fahren zu können.

Es fing ganz unschuldig mit dem Pfeifen einer polnischen Melodie und einigen schnell ausgetauschten Worten an. Der Rest kam dann von allein. Der Schmuggel begann ganz klein und wurde mit der Zeit immer intensiver, immer frecher. Wir bekamen von ihnen Seife, Schokolade, Zigaretten, Rosinen, während wir sie mit Handschuhen, Ohrenschützern und Socken aus gestohlener Wolle und mit gestohlenem Rivanol gefärbt belieferten. Wir produzierten große Mengen und das Ladekommando lieferte es mit viel Geschick an Ort und Stelle ab. Gott allein weiß, wie sie das machten, denn sie mussten schließlich täglich durch die Wache und die Revision. Weiche wollene Socken zu verstecken, war ja noch relativ leicht, aber es war eine Kunst, auch Bücher wie „Die Legende des jungen Polen" oder eine Gesamtausgabe von Mickiewicz zu schmuggeln.

Das erste Buch nach so vielen Monaten war ein unvergessliches Erlebnis. Eines Tages las Frau St. laut aus „Pan Tadeusz" vor. Wir „Kaninchen" oder jetzt schon „Könige" saßen verdächtig still da. Eine solche Stille herrscht nur dann, wenn die Tränen nahe sind, dicht unter den Lidern. Einige, die weniger abgehärtet waren, schluchzten laut. Frauen, die singend und lachend in den Tod gehen konnten, weinten, als sie die bekannten Strophen hörten.

Der Kontakt mit den polnischen Kriegsgefangenen in Neustrelitz ergriff uns wie eine Epidemie. Da wir nicht hinauskonnten, taten wir alles Mögliche, um den Kontakt mit ihnen aufrechtzuerhalten und zu beleben. Das war ein Weg in die Welt. Die Jungs schickten unsere so wertvollen heimlichen Briefe weiter.

Wir begannen „unsere" Jungs zu mögen, obwohl wir nichts von ihnen wussten. Ach – wir liebten sie! Später verfielen wir in eine wahre Stickwut. Wir stickten kleine polnische Adler, denn unsere Jungs wollten unbedingt für den Tag der Befreiung solche Adler parat haben. Wie betrunken stürzten wir uns auf diese Arbeit und beschafften uns dunkelrote und weiße Fäden, um den Jungs die polnischen Embleme sticken zu können. Und sie bekamen sie, hatten aber keine Ahnung, wie viel Mühe das Sticken des Zeichens gemacht hatte und welchen Gefahren wir ausgesetzt waren.

Um die Mitte September stellte sich heraus, dass bei den Jungs im Kriegsgefangenenlager ein katholischer Priester war, ein Franzose. Nun erreichte der Schmuggel seinen Höhepunkt. In einer kleinen Blechdose erhielten wir weiße runde Oblaten: das Allerheiligste.

Als diese Büchse eintraf, wurde die Stille über dem 15. Block irgendwie groß und heilig. An allen Fenstern hatten wir Posten aufgestellt und dann bewegten sich durch die Bettreihen Frauen, die alle ein Krümelchen von der Hostie haben wollten. Von oben schaute ich auf die stillen, feierlichen Gesichter, die wie durchleuchtet schienen. Die einen erlebten das Wunder, andere, deren gequältes Herz trommelte, beneideten jene um ihre Ruhe und wieder andere schwiegen und verstanden nichts. Aber niemand störte den geheiligten Augenblick. Von lächelnden Lippen kamen geflüsterte Gebete: „Schenk eine Weile Rast allen Beunruhigten!"

Einige Tage später, am 23. September, traf uns ein neuer Hieb: wieder Exekution. Vier Operierte wurden abgeholt. Frau Pela Rakowska verabschiedete sich von uns mit einem Lächeln und sagte ruhig: „Gott sei mit euch. Ich werde meinen Sohn sehen." Ich blickte von oben auf sie, vom dritten Stock aus. Sie hatte das gleiche helle Lächeln und die gleichen, in die Ferne blickenden Augen wie in dem Moment, in dem sie die Hostie empfangen hatte. Im Hinausgehen schlug sie das Kreuz über den Block. Sie segnete die, welche zurückblieben. Aber alle fragten sich: Wie lange noch?

Mit Pela gingen die schon einmal verschonte 19-jährige Rózia Gutek, die junge kernige Aniela Sobolewska und Marysia Zielonkowa, die Mutter von zwei Kindern war, die sie in ihrem Dorf hatte zurücklassen müssen. Lange sahen wir ihnen nach und brachten kein Wort heraus. – Vier blutbefleckte Kleider kehrten in die Wäscherei zurück.

Das Dunkel der Nacht wurde durch die Flammen erhellt, die aus dem Schornstein des Krematoriums kamen. Erst vor Kurzem war das Krematorium gebaut worden, dicht hinter der Mauer. Es war nicht groß, gerade für die Bedürfnisse des Lagers.

Wir waren überzeugt, dass sie uns alle früher oder später erschießen würden. Zeit hatten sie genug. Das Ende des Krieges war nicht abzusehen.

Aus dieser Gewissheit erwuchs ein etwas dreister Mut: Was hatten wir zu verlieren? Die Polizistinnen griffen uns nicht an. Sie wagten es nicht, einen „König" zu schlagen. Uns war schließlich alles egal. Langsam und heimlich schlich sich ein Bewusstsein ein, dass wir eben doch etwas anderes waren. Immer enger band uns das Geschick aneinander, immer tiefer wurde der Abstand zwischen uns und allen anderen im Lager. In uns schlummerte eine blinde Wut, dass wir nicht irgendein gewöhnliches „Goldstück" aus der Fabrik waren, das bestimmt freikommen würde. Und daneben lauerte die düstere Befriedigung: Solange wir hier und am Leben waren, wollten wir in Ehren unsere letzten Tage verbringen.

Inzwischen waren wir im ganzen Lager für unsere Hochnäsigkeit bekannt. In der Nacht aber, wenn es niemand sah, überlegten wir fieberhaft, wie wir überleben könnten. Jede von uns hing doch so sehr am Leben! Jede kämpfte auf ihre Weise mit dem Gefühl der Hoffnungslosigkeit angesichts des sich nähernden Todes – jede für sich allein still in der Nacht und alle gemeinsam laut am Tag.

„He da! Ihr Seifchen, kommt baden, ehe sie Seife aus euch machen!", schrie Bogna.

„Seifchen" wurden vor allem die Jüngsten genannt, die Bogna neckten und sagten, dass man aus ihnen wenigstens Seife machen würde, aus ihr aber roten, schlangenartig sich windenden Rauch, der immerfort zischen würde: „Man muss etwas tun, etwas tun …". Es wäre leidenschaftlicher Rauch, Rauch mit Erotik getränkt. Sie lachten laut und sangen aus vollem Herzen. Und zwar gar nicht gekünstelt, sondern echt. Aber nicht nur die Jüngsten machten Späße. Sogar Ceść (die wir früher Priesterin genannt hatten, weil sie so leicht zu schockieren war) nahm keinen Anstoß an unseren derben Witzen, sondern lachte laut mit. Gelegentlich lief sie auf ihren operierten Beinen (soweit man das laufen nennen konnte) hinter Marysia her und rief: „Warte mal, warte mal, ich erzähl dir einen schweinischen Witz." Wenn dann Marysia, die für ihre Empfindlichkeit bekannt war, ausriss, so schnell es die Krücken zuließen, rief ihr Cesć auf der Lagerstraße hinterher: „Arsch!" Das schockierte natürlich die würdevollen grauhaarigen Damen.

Die Damen nahmen auch Anstoß daran, wem Śledź Dzidzia nachäffte, indem sie wie diese im Fieber nach den Rufwachen aus der Narkose sang: „Gebt mir einen Säbel." Bogna lachte darüber, bis ihr die Tränen kamen. Sie nahmen ebenso Anstoß daran, dass wir über die Verkrüppelungen lachten. Sie konnten nicht verstehen, dass uns früher oder später ein Beinverlust drohte und wir diese schreckliche Aussicht durch Lachen und Spott relativieren und bagatellisieren wollten. Jede von uns hatte eine tief eingebrannte Spur der eigenen Operationserlebnisse in sich, was uns einander ähnlich machte, uns aber von den anderen trennte.

Die älteren Frauen hielten uns „Kaninchen" – oder „Könige" – für nicht mehr ganz normal. Sie sagten, die Operationen hätten unsere Gehirne angegriffen. So standen wir auch bei Frost auf dem Appellplatz und sangen scheinbar fröhlich und sorglos unseren geliebten Fox: „Baumwolle pflückt der schwarze Jimmy, watet damit durch den Fluss." Wir schüttelten uns in einer Art Negertanz und versuchten so, unsere schmerzenden Beine zu erwärmen. Die Beine mit den frischen Narben taten bei Frost nämlich besonders weh. Also stampften und sangen wir, obwohl bei den Appellen unbedingte Stille zu herrschen hatte. Aber wir wurden ja sowieso dauernd für irgendwas bestraft, sodass wir abgestumpft waren und uns nicht mehr vor Sanktionen fürchteten.

Ungefähr seit damals nannten die Aufseherinnen unseren Block den Banditenblock. Sie hatten es auf uns abgesehen und machten bei uns besonders häufig Revision. Wir wurden intensiv beobachtet, seitdem Radio London eine Namensliste der Operierten bekannt gegeben hatte. Nun lief sogar das Gerücht um, wir hätten im Block einen geheimen Sender.

Wir erfuhren von diesen Radioberichten von neu angekommenen Französinnen, die uns mit großen Augen ansahen, als wir ihnen unsere verletzten Beine zeigten. Sie waren verwundert, dass ein Chirurg so etwas tun könnte. Sie hatten davon gehört, es aber nicht geglaubt. Vielmehr hatten sie die Gerüchte für antideutsche Propaganda gehalten. (Wie so viele später auch, die das alles nicht glauben konnten.)

Mit Verbissenheit versuchte die Lagerleitung, die undichte Stelle zu finden, durch die Informationen aus dem Lager nach außen drangen. Unser Banditenblock wurde besonders oft durchsucht und schikaniert. In ganz unregelmäßigen Abständen platzte dann die streifende Kontrolle herein, ließ uns strammstehen, zum Appell antreten und durchsuchte den Block. Anfangs wurden wir fast hysterisch, wenn die SS-Hände ganz nahe an unsere „Schätze" herankamen, aber mit der Zeit bekamen wir Routine, eine unwahrscheinliche Routine im Irreführen der Revidierenden und wurden unglaublich erfinderisch im Verstecken verbotener Gegenstände.

Die meisten Schwierigkeiten hatten wir mit der Bibliothek, die damals schon 30 Bände umfasste und die wir auf keinen Fall verlieren wollten. Hela, unsere Hauptbibliothekarin, machte sich große Sorgen, bis wir endlich für unsere Bücher einen sicheren Platz fanden. Es war wirklich lächerlich, wie einfach das Versteck war: Wir befestigten die Bücher unter den Tischen und unter den Schränken. Die Tische hatten keine Schubladen und die Schränke niedrige Beine, und wenn sie verschoben wurden, so wanderten die darunter befestigten Bücher mit. Komischerweise kam es nie jemandem in den Sinn, unter die Möbel zu schauen.

Verstecke gab es übrigens in Hülle und Fülle und verbotene Gegenstände hatten wir damals schon eine Menge. Die unerwarteten Revisionen riefen bei uns öfter einen Lachsturm hervor, was die anderen Frauen erstaunte, und die revidierenden SS-Leute und Aufseherinnen in Wut brachte. Eines Tages überraschte uns eine besonders bösartige Aufseherin in einem Moment, in dem ich Spritzen in den Händen hielt, die wir für „teures Geld", nämlich für vier Brotportionen, für Kawka gekauft hatten. Es waren zwölf Spritzen Calcium Glukonatum. Kawka hatte Tuberkulose und brauchte dieses Kalkpräparat, das wir unter großen Schwierigkeiten besorgt hatten. Ich hielt sie also in Händen, als die Aufseherinnen hereinplatzten und „raus" schrien. Ich wusste nicht, was tun. Ich gab Krysia die Hälfte, den Rest steckte ich in die Tasche, aber wir mussten das Zeug irgendwie loswerden, denn gleich würden wir – wie gewöhnlich – einer Leibesvisitation unterzogen. Langsam gingen wir durch den Essraum hinaus. Es war Mittagszeit und auf dem Tisch stand eine rote Schüssel voll Kohlrübensuppe. Wie abgesprochen warfen wir beide die Spritzen in die Suppe. Draußen standen wir dann in einer Reihe gegenüber den Fenstern und konnten so unsere Schüssel im Auge behalten.

Die Revision dauerte sehr lange. Uns war kalt und wir waren durch das Stehen ermüdet. Schließlich langweilte mich das Anschauen der Schüssel. Plötzlich fasste mich Krysia am Arm. Ich sah sie an, ihre Mundwinkel zuckten verräterisch. Sie konnte das Lachen kaum unterdrücken. Im ersten Moment wusste ich nicht, was die Ursache dieser Fröhlichkeit war. Ich folgte ihrem Blick. Dicht neben dem Tisch, direkt neben unserer Schüssel, stand eine dicke, rote Aufseherin mit einer Peitsche in der schwitzenden Hand und in der roten Schüssel … Ich hielt es nicht länger aus und brach in Lachen aus. In der roten Schüssel, dicht neben der roten Pfote der großen Aufseherin, guckten lustig die Köpfchen unserer Spritzen heraus. Seit dieser Zeit weiß ich, dass man Spritzen nicht in Suppe tauchen sollte.

Wir bemühten uns, ruhig zu bleiben und nicht auf unsere Schüssel zu sehen. Als aber die Revision beendet war und wir wieder in den Block konnten, lachten wir lange und laut, was unsere Kameradinnen sehr wunderte. Kawka bekam ihre Serie Kalkspritzen und eine gewisse Zeit fühlte sie sich besser.

Unser Banditenblock hatte ohne Zweifel eine besondere Stellung im Lager. Und je mehr wir verstandesmäßig begriffen, dass wir dem Tod geweiht waren, desto mehr glaubten wir daran, dass wir lebend zurückkehren würden. Ich bin überzeugt, dass sogar Bogna, die die schlimmsten Voraussagen krächzte, in der Tiefe ihrer Seele an eine Rückkehr glaubte.

Vonseiten unserer Kameradinnen erfuhren wir viele Beweise von Herzlichkeit und Sympathie, aber die meisten hielten uns doch für nicht ganz normal. Es war ja auch schwer für sie zu verstehen, dass Frauen, die wussten, dass sie im besten Falle Krüppel sein würden, die Einzigen im Lager waren, die laut lachten und sangen. Manchmal hatten wir tatsächlich Anfälle übertriebener und makabrer Heiterkeit. Schließlich fürchteten wir uns selbst davor. Wenn uns etwa unerwartet die Lust zum Singen überkam und wir in dunkler Nacht ungeniert die Marseillaise sangen. Das hatte dann meist irgendwelche Folgen.

Unser selbstsicheres Auftreten bewirkte immerhin, dass die feigeren Aufseherinnen – nicht zu reden von den Zuträgern und der Lagerpolizei – unseren Block umgingen. Sie gingen uns aus dem Weg und wagten nicht, uns zu schlagen.

19

Die Verhältnisse im Lager wurden immer schlechter: immer mehr Menschen, immer mehr Läuse, Krätze, Krankheiten, Tod, Hunger. Wir aber wollten nicht nur leben, wir wollten, sozusagen, unsere Seelen verteidigen, wo wir doch unsere Leiber nicht schützen konnten.

Im Herbst 1943 und im Frühjahr 1944 betrieben wir eine Schule oder besser Schulen. Alle jüngeren Frauen lernten und viele so eifrig, dass ihnen der Unterricht später als Lehrgang anerkannt wurde. Ich konnte sogar Anatomieunterricht nehmen, weil ich schon damals daran dachte, einmal Medizin zu studieren, obwohl ich mich noch nicht entschieden hatte. Der Unterricht fand unter größter Geheimhaltung und unter ständiger Furcht auf dem Dachboden statt. Besonders beliebt waren Sprachen. Die bezaubernde Madame Karczewska lehrte uns Englisch – und auf Englisch, wie man es mit den Männern machen muss. So sagte sie: „Mädels, habt nur Geduld. Denkt daran, wie ich gekämpft habe. Ich habe gekämpft, bis ich ihn erobert hatte." Dann erzählte sie uns die Geschichte, wie sie 30 Jahre mit Herrn Karczewski, einem zerstreuten Gelehrten, verlobt war, ehe er sie schließlich heiratete.

Im Jahre 1944 gab es eine Veränderung, die für uns vorteilhaft, aber wohl nicht so gemeint war. Die Deutschen wollten die „Kaninchen" so weit wie möglich wegschieben – vielleicht um sie im geeigneten Moment schnell fertigmachen zu können – und verlegten uns daher in den letzten Block des Lagers, in den Block 32. Dieser hatte den großen Vorteil, dass er in der Ecke lag und nur von einer Seite her einen Zugang hatte. Wenn also die Blockrevision zu uns kam, dann meldeten unsere Posten, die oben auf dem Boden saßen, dies wesentlich früher, sodass uns die SS-Leute nicht überraschen konnten.

Dieser Block war übrigens ein besonderer Block. Er hieß „NN-Leute-Block", weil hier zum Tod verurteilte Häftlinge untergebracht waren, die bei „Nacht und Nebel" von dieser Welt verschwinden sollten.

Mit uns waren dort Russinnen – Kriegsgefangene von der Front – und außerdem ein paar Französinnen und Norwegerinnen.

Die Blockwärtin war eine deutsche Kommunistin namens Knoll, die angeblich früher noch Ideale gehabt hatte. Aber sie saß nun schon acht Jahre und in dieser langen Zeit hatte sie wohl alle Ideale vergessen. Sie war eine rechte Plage für uns und gehörte zur Gattung der Spürhunde. Zum Glück hatte sie ein im Knie steifes Bein, sodass sich wenigstens einige von uns schneller als sie bewegten.

Zu Stubenältesten wurden Polinnen aus unserem Kreis gewählt, nämlich Jadwiga Wilczanska und Maria Mrozek, was uns die Regierung der „Königin" Knoll etwas erleichterte.

Nun hatten wir schon Gewissheit, dass unsere Listen der Operierten und Erschossenen an ihrem Bestimmungsort angekommen waren. Es kamen nämlich bereits Päckchen mit Zucker und Trockenfrüchten vom Roten Kreuz aus Genf sowie Luxuspäckchen mit portugiesischen Sardinen speziell für die Operierten. Etwas Besonderes waren Pakete aus Fribourg mit gedruckten Kärtchen, auf denen zu lesen war, dass der Heilige Vater uns seinen Segen erteilte. Das ganze Lager war sehr erregt und natürlich die Deutschen auch. Wir wussten nun, dass die Jungs aus dem Kriegsgefangenenlager Wort gehalten und unsere Familien die ihnen zugesandten Briefe richtig ausgeweitet hatten. Übrigens war die Freundin von Dziuba, Aka Kołodziejczak, eine amerikanische Staatsbürgerin, im Dezember 1943 in die Freiheit entlassen worden und hatte vor der Abreise Namen, Ziffern und Daten auswendig gelernt, um sie der Welt bekannt zu machen.

Da wir sicher waren, dass wir nicht nach Hause zurückkehren würden, taten wir etwas Seltsames: Auf Anregung von Władka schrieben wir unseren Letzten Willen. Wir gingen in unserem Testament davon aus, dass die Deutschen den Krieg verlieren und Entschädigungen an Polen leisten würden. Daraus sollte eine Schule, eine erstklassige Erziehungsanstalt, finanziert werden, in der Frauen zu friedliebenden Menschen erzogen werden sollten, die auch keine verbrecherischen Experimente an Menschen mehr zulassen würden. Dieses Testament, das von fast allen Operierten unterschrieben wurde, schickten wir auf geheimnisvollen Wegen in die Welt hinaus. Ich habe nie mehr davon gehört. Vielleicht hat es sich irgendwo erhalten?

So wie die Anzahl der Pakete wuchs, ging es uns besser und wir waren auch irgendwie munterer. Wir klammerten uns an die Hoffnung: Wenn die Welt von den Vorgängen hier weiß, dann wird sich vielleicht jemand um uns kümmern, ehe man uns umbringt. Denn daran hatten wir keinen Zweifel, dass es der Plan der Deutschen war, uns umzubringen.

Im Frühjahr 1944 wurde es immer wahrscheinlicher, dass die Deutschen den Krieg verlieren würden. Im Lager begann der Kampf um das Überleben.

Im Block 32 herrschte eine seltsame Atmosphäre. Zwischen den verschiedenen Nationalitäten unter den zum Tod Verurteilten kam es zu eigenartigen Rivalitäten. Insbesondere zwischen Polinnen und Französinnen, während sich eine russisch-polnische Freundschaft entwickelt hatte. Im Waschraum konnte man das auf besondere Weise beobachten: Auf der einen Seite stand eine Reihe nackter, gut gewachsener Frauen, die sich in eiskaltem Wasser wuschen. Das waren Polinnen und Russinnen. Auf der anderen Seite voll und ganz angezogene Französinnen, die sich mit, wer weiß woher organisiertem, Rote-Rüben-Saft das Gesicht beschmierten und sich lediglich die Hände wuschen. (Bis heute benutze ich die Redensart: Waschen auf Französisch.) Wir anderen bemühten uns immer, uns von den Französinnen fernzuhalten, denn da sie sich nie wuschen, stanken sie unbeschreiblich. Schließlich teilten wir den Waschraum in eine polnische oder besser polnisch-russische Seite und eine französische.

Es war interessant, wie sich die internationalen Beziehungen in unserem Block entwickelten. Mit der Gruppe der Norwegerinnen verband uns eine herzliche Freundschaft. Sie waren außerordentlich solidarisch, dienstfertig und kultiviert und sogar die Einfachsten unter ihnen waren zurückhaltend und taktvoll. Die Belgierinnen, die sich verbissen mit den Französinnen zankten, waren auch recht nett. Unter den Holländerinnen waren die Jungen erträglich. Die Alten waren nörgelig, missgünstig und langweilig. Wir bemühten uns, soweit es möglich war, uns von ihnen fernzuhalten. Die Tschechinnen wohnten nicht mit uns im Block, was uns nur eine sehr oberflächliche Freundschaft erlaubte.

Im Allgemeinen erfreuten sich die „Kaninchen“ des Wohlwollens des ganzen Lagers. Das hatte übrigens seine entscheidende Bedeutung, als das Lager sich dem Ende näherte. Denn eigentlich rettete uns nur die Haltung unserer Kameradinnen das Leben. Das aber war später. Vorläufig war das Jahr 1944 sehr schwer. Briefe und Pakete kamen nicht mehr an, sodass wir keine Nachricht von unseren Lieben hatten. Und wieder begann der Hunger. Wie leicht ist es heute zu schreiben: „Die Tage verflossen …“ Aber niemand, der nicht dort war, weiß, was das bedeutet. Niemand kann wissen, was die dahinfließenden Tage bedeuteten, die so lang waren wie die Ewigkeit und so hoffnungslos!

Die Optimistinnen unter uns waren stiller geworden. Sogar Frau Chrobakowa, die von Anfang an mit den Schuhen im Bett geschlafen hatte, um bereit zu sein, wenn die Freiheit käme, sprach nicht mehr vom Ende des Krieges.

Das Ende des Krieges, obwohl es nah zu sein schien, entfernte sich ins Unendliche. Für uns wurde die Situation sehr schwer. Eigentlich kann man sagen, dass es immer schwerer wurde, je weiter die Zeit fortschritt. Die menschliche Ausdauer hat eben Grenzen. Wir wussten nur, dass die Front irgendwo nah unserer Heimat war, sodass wir uns jetzt Sorgen um unsere Lieben machten.

Und dann kam der Warschauer Aufstand. Eine unglaubliche Spannung erfasste das Lager. Wir bekamen bruchstückhafte Nachrichten von heimlich abgehörten Radioberichten oder aus geklauten Zeitungen. Aber wir konnten nicht beurteilen, was davon echt und glaubwürdig war. Bis wir authentische Nachrichten erhielten, als nämlich riesige Transporte von „Evakuierten“ aus Warschau eintrafen, vor allem schwangere Frauen und Kinder. Zuerst erschienen die Kinder. Polnische Kinder! Die Frauen im Lager schnappten beinahe über. So viele Jahre hatten wir kein Kind mehr gesehen. Arm waren diese Kinder, die ganz verängstigt dasaßen. Wenn sie spielten, dann waren das Spiele wie Judenerschießung oder Marmeladeausteilen.

Am Ende des Lagers wurden damals Luftschutzgräben ausgehoben und wir, die „Könige“, wurden zur Schutzgrabenpolizei ernannt. Das war eine feine Beschäftigung, denn sie gab uns die Möglichkeit, uns freier zu bewegen und eine Armbinde zu tragen wie die Lagerpolizei. Jetzt hatten wir eine starke Position im Lager. Wir waren die einzige gut organisierte Gruppe und hatten Freunde überall, bei allen wichtigeren Stellen und in allen bedeutenderen Funktionen. Nun waren wir alte schlaue Lagerfüchse geworden und hatten die höchsten Sprossen der Lagerhierarchie erklommen. Mit Hilfe der Außentransporte organisierten wir uns einen Fotoapparat mit einem Film, mit dem wir in einen abgelegenen Teil des Lagers unter größter Geheimhaltung an einem sonnigen Tag mit Herzklopfen Aufnahmen der schlimmsten Beine machten. Der Film wurde sorgfältig aufbewahrt und dann zu unseren Jungs geschickt. Nina war die Eigentümerin des Apparats, der übrigens nach der Ausführung dieser Aufnahmen unbrauchbar wurde, weil wir keine weiteren Filme hatten. Trotzdem hoben wir ihn sorgfältig bei unseren anderen „Schätzen" auf.

Wir, die „alten Hasen", versuchten den Warschauer Transporten zu helfen und ihnen zu zeigen, im Lager zurechtzukommen. Manchmal nahmen wir Kostbarkeiten von ihnen in Verwahrung: irgendwelche Andenken, Fotografien, Ringe, Uhren. Wenn sie in der Hitze längere Zeit stehen mussten, dann trugen wir ihnen auch schon mal Eimer mit Wasser hin. Auch später noch, nachdem sie in Blöcken untergebracht worden waren, sorgten wir für sie, wenn es nur möglich war. Sie waren in einer weitaus besseren Situation als wir. Uns hatte damals niemand aufgenommen, sie aber fanden ein organisiertes Lager vor und eine ausgezeichnet zusammenhaltende polnische Gruppe, die sie sofort adoptierte. Später machte man uns den Vorwurf, dass wir uns nur um die Warschauer Intelligenz gekümmert hätten. Das stimmte nicht. Wir setzten unsere eigene Haut Gefahren aus, um allen zu helfen, aber manchmal waren wir eben machtlos.

Mein erster Enthusiasmus für die Warschauer „Heldinnen" verging schnell. Eine von ihnen erzählte laut: „Und stellen Sie sich vor, dass so eine Rotznase, so ein Lumpengesindel, wer weiß, woher er war, vor meinen Augen einen so ordentlichen Gestapomann totgeschlagen hat, den wir kannten und der niemandem etwas Böses tat." Wir aber fühlten uns solidarisch mit solchem „Lumpengesindel", denn wir hatten unsere Erfahrungen mit „ordentlichen“ Gestapoleuten. Eine andere Warschauerin bat mich, eine von ihr besonders geliebte Fotografie aufzubewahren. Ich versteckte sie, aber in der Nacht, ich weiß selbst nicht, warum – sah ich sie mir genauer an. Jetzt erst bemerkte ich, dass das Foto die Frau zusammen mit einem deutschen Soldaten zeigte. Ich zerriss das wertvolle Dokument. Von jetzt an blickten wir kritischer auf den Warschauer Transport und fingen tatsächlich an, sehr genau zu unterscheiden, wem wir helfen wollten. Nicht für alle wollten wir uns Gefahren aussetzen. Auf diese Weise verwandelte sich der Enthusiasmus in Misstrauen. Die einfache, spontane Nächstenliebe ist doch so schwer!

Wir bemühten uns, die Neuankömmlinge vor der Arbeit in der Munitionsfabrik zu bewahren. Es gab zwar dort besseres Essen, aber es war doch die schlimmste Arbeit. Wenn man daran dachte, für wen diese Kugeln bestimmt waren! Die empfindsameren Frauen wollten lieber Hungers sterben, als solche Arbeit verrichten.

Im Lager wurde es immer schwerer und der Hunger immer drückender. Pakete kamen schon lange nicht mehr. Es kamen zwar laufend mehr Frauen, doch die Anzahl der Betten blieb die gleiche. Wir schliefen zu fünft, später zu sechst auf zwei Betten in zwei Schichten. Epidemien brachen aus. Erstaunlicherweise starben sehr viele Französinnen, aber unerwartet wenige Polinnen. Offensichtlich machte uns das kalte Duschen widerstandsfähiger. Thyphus, Scharlach, Masern – Kinderkrankheiten – dezimierten die Frauen nicht weniger, als die SS es tat.

Nun begannen die Zeiten des schrecklichen sogenannten Hungerdurchfalls, der bis zum Ende des Lagers immer schlimmer wurde. Die Kanalisation, die für einen zehnmal kleineren Bedarf berechnet war, genügte nicht mehr. Haufen von Kot sammelten sich vor den Blöcken, überall gab es stinkenden, ekelhaften Schlamm; und dazu Hunger, Dreck und natürlich Läuse und Flöhe in Massen.

Das Ende des Krieges, das so nah schien, rückte wieder in weite Ferne. Man begann nun, Gefangene aus kleineren evakuierten Lagern zu uns zu verlegen. Es kamen magere, ausgehungerte Frauen, wandelnde

Skelette. Die verwilderten Massen stürzten sich wie von Sinnen auf alles, was zu essen war. Auch unser ruhiger, sauberer Block wurde von der Masseninvasion nicht verschont. Wir mussten eine „Kampfgruppe“ schaffen, die auf den Kessel aufzupassen hatte und die Kameradinnen schlug, wenn sie sich auf Essensträgerinnen stürzten. Es schien, als seien die Reste der Menschlichkeit in diesen Frauen erstorben. Es kam zu Schlägereien, bei denen die Suppe verschüttet wurde, und dann warfen sie sich auf die Erde und leckten die Brocken – zusammen mit dem Staub der Straße – auf. Auch wir waren hungrig und mager, aber es kam nie vor, dass polnische Frauen sich um des Essens willen auf jemanden gestürzt hätten.

Jetzt aber überfiel uns ein Haufen, dessen man sich kaum erwehren konnte. Sogar die Lagerleitung hatte dies bemerkt und stellte zum Suppeausfahren Handwagen zur Verfügung, die von einer Kolonne von Aufpassern begleitet wurden. Auf diese Weise gelang es uns, das Essen bis zu unserem Block zu bringen.

Seit die Warschauer angekommen waren, gab es im Lager immer mehr Kinder; polnische, Zigeunerkinder, irgendwelche verirrte Judenkinder, alle im Alter bis zu 13 Jahren. Ihre Zahl wuchs mit der Zeit auf 350 an. Wir versuchten, ihnen das Leben so angenehm wie möglich zu machen.

Eines Tages erschien eine Kommission, ich weiß nicht mehr, ob vom Roten Kreuz oder irgendeiner anderen Organisation, die den Kindern Milch zusprach. Uns, den „Königen“, wurde das Verteilen dieser Milch anvertraut. Es war bekannt, dass wir die große Klappe hatten, aber dabei ehrlich waren. Es bestand keine Gefahr, dass wir die Milch trinken würden, die für die Kinder bestimmt war.

Aber was hatten wir für ein Kreuz mit dieser Milch – und mit diesen Kindern! Dem Anschein nach war die Sache ganz einfach: je einen halben Liter Milch für jedes Kind verteilen. Das war alles! Es stellte sich aber bald heraus, dass dies eine schwere Arbeit war. Immer fehlte was. In der Regel stürzte sich diese Rotte schwarzer, flinker Kinder auf uns und schon war die Milch alle. Wir probierten verschiedene Möglichkeiten aus. Schließlich schlossen wir die Kinder im Block ein und ließen immer nur eins heraus, gaben ihm die Milch an der Tür und befahlen, die Milch in unserer Gegenwart gleich auszutrinken. Sonst hätte es keine Gewissheit gegeben, dass das Kind seine Milch bekommen hatte. Die Mütter, besonders die Zigeunerinnen, handelten nämlich mit dieser Milch.

Aber trotzdem schien es nie zu reichen. Auch wenn wir jedem etwas weniger gaben, ging es nie auf. Einmal kam ein kleiner Zigeuner zu mir mit einem deutlichen Milchschnurrbart um den Mund und sagte:

„Sie, ich hab keine gekriegt."

„Was heißt, du hast keine gekriegt?"

„Ich hab keine gekriegt, das war mein Bruder." Und schon stand ein zweiter neben ihm, der genauso aussah. Nun wusste ich nicht, wer seine Ration bekommen und wer vielleicht nur gekostet hatte. Die raffinierten Jungen kletterten durch das Fenster zurück in den Block und stellten sich ein zweites Mal an. Sie waren einander so ähnlich, dass es unmöglich war, sie zu unterscheiden.

Im Januar 1945 gab es gewisse Auflösungserscheinungen im Lager. Man fühlte das nahe Kriegsende. Ab jetzt hieß es, bis zum Ende durchhalten. Und immer öfter gestatteten wir uns verwegene Gedanken an die Freiheit. Einige unverbesserliche Optimistinnen schmiedeten bereits laut Zukunftspläne. Aber Bogna gestattete uns nicht, von der Freiheit zu reden. Sie beharrte darauf, dass sie uns vor dem Ende noch erschießen würden. Uns schien das ganz unmöglich, denn wenn sie so lange mit dem Erschießen gezögert hatten, dann würden sie jetzt doch wohl nicht.

Am 15. Januar war es dann wieder so weit. Es wurden einige Frauen aus dem Warschauer Transport abgeholt. Die Front war irgendwo stecken geblieben, doch für uns bedeutete jeder Tag einen Tag des Lebens. Unter den Erschossenen war auch Halina Wolfart, ein wunderhübsches Mädchen mit goldbraunen Honigaugen, das Gedichte schrieb. Sie erfuhr es schon am Vortag und wir alle wussten es auch, aber wir fanden nicht den Mut, mit ihr darüber zu sprechen. Was kann man einer Frau sagen, die zwanzig Jahre alt ist und weiß, dass sie am nächsten Tag getötet – wird? Still, ganz still schlichen wir an Halina vorbei. Sehr ruhig war sie und sehr blass. Eine dumpfe Wut erfasste uns: Jetzt sterben? Im Jahr 1945, wo doch das Ende des Krieges absehbar war? Der Tod Halinas, dieses frohen, strahlenden zauberhaften Mädchens, das voll Lebensfreude war, erfüllte uns mit großer Bitterkeit. Was für eine entsetzliche Ironie!

Drei Wochen später kam die Reihe an uns. Wieder kam am Vortag die Liste aus der Politischen Abteilung. Alle Operierten und einige andere Frauen aus unseren Transporten standen darauf. Die Lagerläuferin las die Liste vor und gab bekamt, dass diese Häftlinge den ganzen Tag den Block nicht verlassen dürften und sich am nächsten Morgen „vorne" melden sollten.

Eine unheimliche Stille trat ein, nachdem die Lagerläuferin den Block verlassen hatte. Plötzlich sah ich das Gesicht von Ceść. Es war grau; nicht blass, sondern grau. Eben noch hatte Władka von der faszinierenden Vision des Todes gesprochen, als die Liste verlesen wurde. Władka war nicht auf der Liste, doch ich war darauf und Krysia und alle Operierten!

Ich dachte: Morgen sterbe ich. Und dieser Gedanke erschien mir so wunderlich und unmöglich, dass ich in lautes Lachen ausbrach. Eine Frau, die neben mir stand, sah mich an, als wäre ich verrückt geworden.

Ich beschloss, mich zum Sterben vorzubereiten. Ich verabschiedete mich von Frau Zofia Kahlowa und bat sie, meine letzten Worte zu übermitteln. Was waren das eigentlich für Worte? Ich erinnere mich nicht mehr daran. Ich erinnere mich nur, dass sie es sich schrecklich zu Herzen nahm und zu weinen begann. Diese Frau, die immer so tapfer und ruhig war, sagte zu mir und Krysia:

„Kinder, das ist unmöglich, ihr dürft doch jetzt nicht sterben! Es gibt doch noch irgendeine Gerechtigkeit und das wäre wirklich ungerecht."

„Und Halina?", fragte ich zurück.

Nun schwieg sie und machte uns mit zitternder Hand das Zeichen des Kreuzes auf die Stirn. Sie weinte, wir nicht!

Dann warf sich Lodzia Czajkowska heulend auf mich. Ein großes, starkes einfaches Mädchen vom Dorf, das wir von Anfang an mit durchgefüttert hatten, denn sie bekam nie Pakete. Sie schluchzte so laut, dass wir sie anschreien mussten, damit sie sich endlich beruhigte. Sie stand nicht auf der Liste und war auch nicht operiert worden.

Nun begann ein großes Schluchzen. Ohne Übertreibung kann man sagen, dass die ganze Lagerstraße weinte. Die bisher so harten und schweigsamen Frauen weinten wie die Kinder.

An diesem Abend wurden in allen Blöcken Beratungen abgehalten. Heimlich wurden wir laufend davon informiert. Etwas Unerhörtes geschah: Das Lager wollte uns verteidigen! Frauen aller Nationalitäten hatten entschieden, dass wir jetzt nicht sterben dürften und dass sie alles tun werden, um uns zu verstecken.

Wer die Idee hatte, weiß ich nicht, doch auf jeden Fall hatte das Lager beschlossen, dass wir schon während der Nacht verschwinden sollten. Alle waren bereit, dafür zu stehen, und wenn es ewig dauern sollte. (Wenn Gefangene flohen, so musste das ganze Lager so lange auf den Appellplätzen stehen, bis die Geflohenen wieder zurückkehrten.)

„Reißt aus! Verschwindet alle!" Tja, es war aber nicht so leicht zu fliehen. Die Mauer war hoch und glatt und die Drähte standen unter Hochspannung. Es wurde beschlossen, dass es keinen Sinn hätte, einen Fluchtversuch zu unternehmen, stattdessen müssten wir uns im Lager verbergen. Die Frauen gaben uns freie Hand, wie wir das machen wollten, nur finden durften sie uns nicht.

Aber es ging uns eigentlich nicht mehr darum, unser Leben zu retten, sondern darum, eine Spur zu hinterlassen. Wir wollten, dass wenigstens irgendeine von uns mit dem Leben davonkäme, als ein lebender Beweis dessen, was hier geschah.

Bis tief in die Nacht dauerten die Beratungen. Die Russinnen aus unserm Block gaben uns beim Abendessen einen Kessel Suppe ab und sagten dazu: „Mädels, ihr braucht jetzt Kräfte." Es gab aber auch Häftlinge, die der Blockwärtin vorschlugen, ihnen unser Brot auszugeben, weil wir doch sowieso morgen tot wären!

Szura, die Elektrikerin war, versprach, dass es während des Appells kein Licht geben würde.

Es war Władkas Schuld, dass ich die ganze Nacht weinte. Sie war zu mir gekommen und flehte mich an, dass wir während des morgigen Appells unsere Nummern austauschten. Sie erklärte mir, dass sie alt sei und ich jung, dass sie am Ende ihres Lebens sei und ich am Anfang, dass sie nicht operiert sei und ich würde ein Beweis sein. Sie hatte sich sogar ausgedacht, dass sie Krebs hätte, also sowieso sterben würde, dass sie von niemandem gebraucht würde und niemand auf sie warte …

Ich brach in Tränen aus und konnte lange, lange nicht einschlafen. Ich erklärte ihr, dass dies unmöglich sei, dass ich nie mehr Ruhe finden könnte und dass ich überhaupt keinen Mut mehr zum Leben haben würde. Endlich beschlossen wir, dass wir am anderen Tag zusammen gehen wollten – und Krysia, die kleine Krysia sollte bleiben. Wir wollten sie verstecken. Władka sollte mit ihrer Nummer gehen und Krysia sollte als Zeugin eines Tages nach Hause zurückkehren. Aber Krysia wollte nicht einwilligen.

Am andern Morgen schickten wir Krysia in Władkas Block und erklärten ihr, dass es leichter sein würde, sich zu verstecken, je weniger „Kaninchen" da wären.

Dann standen wir nebeneinander auf dem Appellplatz. Władka hatte einen Ausdruck, den ich im ersten Augenblick nicht deuten konnte. Es war eine Art lauerndes Lächeln. Wenn sie lächelte, waren in ihren Augen immer goldene Blitze. Nach einer Weile verstand ich: Władka hatte Krysias Nummer – 7708.

Ein früher Morgen im Februar und daher noch dunkle Nacht. Wir standen in tiefer Stille. Die Aufseherin ging von Block zu Block und mit ihr eine Gruppe von SS-Männern. Sie kamen immer näher. Einer hatte ein weißes Blatt Papier in der Hand. Wir wussten, welche Namen auf dem Papier standen. Stille … Stille … Warten.

Sie waren schon ganz nah. Ich fasste Władka am Arm …

Plötzlich ging das Licht aus. Lärm, Geschrei, schwarze Nacht und das Heulen von Tausenden von Weibern. Ein unbeschreibliches Durcheinander, teuflisches Gebrüll.

Szura hatte Wort gehalten!

Diese Szene wiederholte sich jeden Morgen. Eine Woche lang ging während des Appells das Licht aus, obwohl sämtliche SS-Leute aufpassten. In der Dunkelheit gab es Geschrei und Tumult, sodass das Zählen und Suchen unmöglich wurde.

Wir waren zum Kampf auf Leben und Tod entschlossen. Die Deutschen bemühten sich, uns einzufangen, machten Extra-Zählappelle, sperrten plötzlich Durchgänge ab, suchten uns unentwegt. Die Parole „Sie fangen die Könige“ wurde allgemein verstanden, und mehrmals am Tage gab es Alarm.

An diesem „Spiel“ nahm fast das ganze Lager teil. Es war ein schreckliches Versteckspiel, das bis Ende April 1945 dauerte, als wir aus dem Lager verschwinden mussten.

Wir nahmen unsere Nummern ab und versteckten uns. Eine große Hilfe waren unsere polnischen Blockwärtinnen Borkowska, Cetkowska, Kulinicz, Schönemann, Mrozek, Jadzia Wilczańska und wie sie alle hießen. Sie halfen uns mit einer unerhörten Solidarität, uns zu verstecken.

Ich konnte es allerdings kaum ertragen, den halben Tag oben auf dem Boden zu sitzen, sodass ich beschloss, mich doch lieber erschießen zu lassen, als so untätig herumzusitzen. So ging ich auf die Lagerstraße hinaus und meine Krysia natürlich mit mir. Wir verkleideten uns als „Goldstücke“: Ich hatte damals etwas längere Haare, flocht sie zum Zopf auf der Stirn, machte ein dummes Gesicht, band mir das Kopftuch schief unterm Kinn wie die Ukrainerinnen und machte mich an Władka heran. Ich berührte sie und sagte leise: „Alles ist gut, alles gut, ich esse alles.“ Ich versuchte, die Goldstücke zu imitieren. Władka wandte sich mit Abscheu von mir ab, denn sie konnte schmutzige Weiber gar nicht leiden. Ich schob mich noch näher an sie heran. Da zog sie die Stirn in Falten und – brach in Lachen aus; erst jetzt hatte sie mich erkannt. Nun war ich sicher, dass auch unsere Polizistinnen mich nicht erkennen würden. Und sie erkannten mich auch nicht, obwohl ich die ganze Zeit im Lager herumgeisterte.

Als Auschwitz evakuiert wurde, brachte man die überlebenden

Frauen in unser Lager. Sie wurden in einem riesigen Hangar in der Mitte des Lagers untergebracht. Dieser Auschwitzer Transport rettete uns wahrscheinlich das Leben. Niemand wusste nämlich, wie viele Frauen sich dort befanden, sodass wir dort immer untertauchen konnten.

An einem Sonntag wurde wieder mal ein zusätzlicher Appell durchgeführt. Der Schrei „Sie fangen die Könige“ erstarb, als die SS-Leute die Hunde losließen. Wir standen regungslos in der Reihe, neben mir Krysia und Jadzia. Vor uns saß eine Reihe alter Französinnen auf Schemeln. (Nach einer Visitation des Roten Kreuzes durften die alten Frauen während längerer Appelle auf Schemeln sitzen.)

Die SS-Männer waren nun ganz nah. Sie umzingelten unseren Block. Aber nun, was soll's ... Wir waren sechs, der Rest der „Könige“ hatte sich verflüchtigt. Ich beugte mich zu Jadzia und sagte: „Hör mal, du schmeißt Germaine auf den Linken und ich die nächste auf den andern, den Rechten.“

Leise zählten wir: „Eins, zwei, drei.“ Und dann schrien wir beide: „Könige, Achtung!“ Woher ich die Kräfte nahm, um die alte Frau einschließlich Schemel auf den SS-Mann zu werfen, weiß ich nicht. Wir schmissen aber beide, ich und Jadzia, gleichzeitig. Dadurch entstand in dem SS-Kordon eine Lücke, durch die wir wie Wahnsinnige hindurch rasten. Das war bestimmt mein schnellster Lauf im ganzen Leben. Blitzartig verschwanden wir in den Haufen der Auschwitzer, die durch die Ritzen des Hangars beobachtet hatten, was da los war. Sie machten auch sofort mit. Nie im Leben habe ich mich so schnell aus- und angezogen (die Auschwitzer trugen Zivilkleidung). Ich bekam irgendeinen roten Mantel, eine schnelle Frisurveränderung und eine blitzartige Tätowierung auf den Arm – die Nummer einer auf dem Transport verstorbenen Kameradin. Schon nach ganz kurzer Zeit gab es keine „Könige“ mehr, sondern nur noch Auschwitzer. Auch diesmal fanden sie uns nicht.

Und so ging es tagelang. Die ständige Spannung war ermüdend, gleichzeitig aber hielt uns eben das aufrecht. Wir waren zwar ausgehungert und gequält, aber dieses Spiel um Leben und Tod gab uns das Gefühl, Menschen zu sein. Wir waren nicht mehr passiv, ich lebte auf.

Andere konnten das nicht verstehen. Bogna sagte, ich sei albern und würde mich nur produzieren wollen, statt mich zu verstecken. Doch ich konnte es nicht einen Moment im Versteck aushalten. Ich musste etwas tun, tätig sein, musste das Gefühl haben, dass ich etwas mache, etwas kann. Wir standen ja genügend unter Zwang. Ich aber wollte frei sein. Ich wollte das Recht der Wahl haben! Ich wollte das tun, was ich will, und das nur deshalb, weil es mir eben so gefällt!

Władka versuchte anfangs, mich dazu zu bringen, im Versteck zu bleiben, aber dann, nachdem ich es ihr erklärt hatte, kapitulierte sie. Sie sah ein, dass dies die einzige Möglichkeit für mich war. Also lief ich weiter im Lager umher.

Einmal überraschte uns der Ruf „Sie fangen die Könige!“ auf der Lagerstraße im neuen Teil des Lagers, weit weg von unserem Block. Ich wusste nicht, wo wir uns verstecken könnten. Da sah ich große Kisten herumstehen. Ich deckte Krysia mit einer zu und kroch selbst unter eine andere. Schon hörte ich Pfeifen und Hundegebell. SS-Leute brüllten. Dann war es wieder still. Plötzlich stand ein Hund neben meiner Kiste und bellte. Wie lange er da bellte, weiß ich nicht mehr. Nach einer Weile hatte ich genug. Ich konnte es nicht mehr aushalten, ich wollte nicht warten, bis sie mich holen. So sprang ich heraus, stampfte wie toll mit dem Fuß auf und schrie den Hund an: „Hau ab, aber gleich!“

Diese Hunde waren speziell auf uns abgerichtet. Ich sah mich um: Wir befanden uns hinter der Biegung einer Gasse und waren von der Lagerstraße aus nicht zu sehen. Es war auch kein SS-Mann in der Nähe. So trat ich an den Hund heran, sah ihm direkt in die Augen und sagte: „Wenn du nicht auf der Stelle abhaust, dann erwürge ich dich mit meinen eigenen Händen!“ Diesen riesigen Schäferhund! Und … der Hund duckte sich, kniff den Schwanz ein und raste davon. Ich traute meinen Augen nicht. Ich hatte wirklich wahnsinnige Angst vor diesem Hund. Überhaupt fürchte ich mich bis heute vor Schäferhunden und in meinen Angstträumen sehe ich diese Schäferhunde aus dem Lager, die in der Nacht zu mir kommen, um mich zu beißen.

Wir atmeten auf. Und auch diesmal war es gelungen!

20

Sie suchten uns dauernd und wir versteckten oder verkleideten uns. Aber kurioserweise sahen sie nie unsere operierten Beine, die uns verraten hätten. Öfter ging ich als Ukrainerin oder Zigeunerin verkleidet an der Polizei vorbei, aber nie befahlen sie, die Strümpfe auszuziehen.

Gleichzeitig führten unsere Delegierten, Bajka und Jadzia, in unserem Namen fruchtlose Gespräche mit dem Kommandanten. Sie sagten ihm, dass wir uns deshalb nicht stellten, weil es um Exekution ginge und wir doch leben wollten und dass wir freiwillig nicht gehen würden. Der Kommandant bekam einen Wutanfall und brüllte, dass das alles Weiberhysterie sei und dass es um den ersten Evakuierungstransport nach Groß-Rosen ginge. Unsere Abgesandten aber antworteten ihm darauf, dass Groß-Rosen schon eingenommen sei und dass wir es vorzögen, mit dem ganzen Lager zusammenzubleiben und dass wir keine speziellen Privilegien wollten.

Tatsächlich hatte man mit Evakuierungstransporten begonnen. Es gelang uns immer wieder, heimlich hier und da einen oder zwei der „Könige“ hinzuzufügen, vor allem von denen, die laufen konnten.

Eines Tages umzingelten SS-Leute sechzehn von uns in einer Ecke des Lagers. Wir standen mit dem Rücken zur Mauer und sie umstellten uns mit einem doppelten Kordon. Jetzt ist wirklich Schluss, dachte ich, jetzt kann man nichts mehr machen. Ich sah keine Möglichkeit der Rettung. In der Tasche hatte ich einen kleinen Beutel mit polnischer Erde. Den hielt ich fest in der Hand. „Sentimentale Gans“, beschimpfte ich mich selbst.

Vor uns stand eine Reihe Russinnen, die bereit waren, uns zu verteidigen. Wir standen dahinter. In der letzten Reihe machten einige Löcher in den Drahtverhau, der das Lager vom Revier trennte. Tatsächlich gelang es zweien, hindurchzuschlüpfen und sich im Revier zu verbergen. Doch gleich bemerkte das die Lagerpolizei und stellte sich vor die Lücke. Es gab keine Rettung mehr …

Wir standen, wie schon so oft, des Todes gewiss!

Plötzlich passierte etwas, was ich kaum richtig beschreiben kann. Plötzlich wälzte sich auf der breiten Lagerstraße eine Masse schreiender, kopflos voranstürmender Weiber auf die SS-Leute zu und teilte den Kordon wie mit einem Messer. Sofort schlüpften wir durch das entstandene Loch und verbargen uns wieder einmal im Auschwitzer Zelt. Später stellte sich heraus, dass die Blockwärtin Bortnowska ihren ausgehungerten Schäfchen gesagt hatte, dass dort, wo die SS-Leute stehen, Brot ausgegeben würde. Die ausgehungerten Frauen stürzten sich also wie irrsinnig auf das vermeintliche Essen. Sie hatten nichts von der Aktion gegen die „Könige" gewusst, aber sie retteten uns das Leben.

Diesmal schliefen wir nicht in unserem Block, sondern blieben bei jenen, die uns gerettet hatten. Man suchte uns zwar, aber die „Könige" waren nicht da. Was war mit ihnen geschehen? Sie waren einfach verschwunden. Das ganze Lager führte einen Kampf zu ihrer Rettung. Eigentlich halfen uns alle, die einen bewusst, die anderen unbewusst.

Von dem Moment an, wo sich alle entschlossen hatten, wie eine Mauer hinter uns zu stehen, war die Stimmung im Lager irgendwie anders geworden. Jetzt gab es keine „Klötze" mehr, es gab lebendige, heiße Gesichter, fieberhaftes Flüstern, wachsame Spannung in den Augen.

Dank einer in der Geschichte des Lagers nie dagewesenen Solidarität und der Haltung aller Polinnen, aber auch vieler Nicht-Polinnen, dank der besonderen Hilfe unserer Blockwärtinnen und dank der Hilfe von Mutter Liberakowa hatten alle „Kaninchen" bald richtige, feste Verstecke. Kormańska, Marciniak, Pietrzak und Janka Marczewska verbrachten die meisten Nächte in der Wäschekammer, hinter Stößen von Kleidern und Wäsche auf den Regalen liegend. Sie froren dort ziemlich, denn schließlich war Februar, und die Kälte setzte uns ganz schön zu. Dzido und Stenia, die von Marysia Mrozek verborgen gehalten wurden, saßen auf dem Boden über dem Dienstzimmer.

Eins der Verstecke war der Block der Zugänge, der Transportblock. Unsere polnische Blockwärtin versteckte uns dort unter den Neuankömmlingen, Jugoslawinnen und Ukrainerinnen, die keine andere

Sprache als die eigene verstanden. Eines Tages wurden sie alle aus dem Block herausgeholt – zusammen mit den dort versteckten „Königen“ – und zur Selektion aufgestellt. Es war dies die erste Selektion, der noch weitere folgen sollten (das dauerte bis Ostern). Alle Alten, Kranken und Verkrüppelten sollten vergast werden.

Nun hatte Jadzia eine riesige Narbe, die sich über den ganzen Unterschenkel erstreckte, und außerdem war das Bein sehr deformiert. Sie hatte große Angst. Der Transportblock war von Stacheldraht umgeben, eine Flucht war also ausgeschlossen.

Wir hatten nicht erwartet, dass es Selektionen im Block der Neuankömmlinge geben würde. Wir hatten auch keine Hoffnung, dass Jadzia, deren Bein im Sprunggelenk steif war, unbemerkt bleiben konnte. Frau Halina Chorążyna und Stenia stellten sich dicht neben sie, um so ihr krankes Bein zu verdecken. Hinter dem Draht stand die sonst so vorwitzige Sledź, unser „Hering“, diesmal mit einem aschgrauen Gesicht. Die Ärztin kam immer näher. Ich weiß nicht, warum Dr. Oberhäuser Jadzias Bein schließlich nicht bemerkte, aber als die Ärztin vorbei war, fing das immer so tapfere Mädchen an zu weinen und zitterte am ganzen Körper.

Schließlich wurde wieder mal ein General-Zählappell angesagt, um durch das Abzählen endlich die verschwundenen „Kaninchen“ zu finden. Sorgfältig bereiteten wir uns auf diesen Appell vor. Die mit den schlimmsten Beinen – Stenia, Bogna, Wojtka, Jadzia, Dzido, Piasecka und Marczewska – nahmen eine aus der Kleiderkammer gestohlene Steppdecke, Essen, eine Schaufel und vergruben sich unter dem Block. Brrr … Dort war es kalt und stinkend, denn da die Kanalisation durch die Überfüllung des Lagers schon lange überfordert war, machten die Frauen eben ihre Geschäfte unter dem Block. Große schwarze Ratten mit nackten, glatten Schwänzen rannten dort herum. Die Mädchen arbeiteten fieberhaft. Plötzlich riss Wojtka, dieses starke, tapfere Mädchen, Stenia die Schaufel aus der Hand und schrie hysterisch laut: „Hör auf!“ Dann sackte sie zusammen und weinte hemmungslos. Nach einer Weile beruhigte sie sich und sagte mit einem Ton der Entschuldigung: „Ich hatte so sehr das Gefühl, dass ich bei lebendigem Leib begraben werde." Ich sagte kein Wort, aber dachte, dass ich das gleiche Gefühl gehabt hatte.

Sieben Tage und sieben Nächte lebten sie dort unter dem Block, vergraben in diesem kalten, nassen Loch. Dzidzia bekam in dieser Zeit einen Krampf und konnte den Kopf nicht bewegen.

Am siebten Tag endlich kam eine von ihnen zu mir (die ganze Zeit über fungierte ich mit Krysia und Jadzia Kamińska als Verbindung zur „Oberwelt", als „königlicher Bote") und sagte: „Ich habe genug. Ich melde mich morgen freiwillig. Sollen sie mich doch erschießen. Ich kann nicht mehr länger." Und dann musste sie sich erbrechen.

Am gleichen Tag kam Dziuba von der Schreibstube gerannt und brachte die Nachricht: „Mädels, passt auf, es gibt große Veränderungen!" Die lebendig begrabenen „Könige" krochen aus ihrer Höhle.

Und tatsächlich gab es Anzeichen von Veränderungen.

Zehn Operierte wurden in alphabetischer Reihenfolge zum Kommandanten gerufen. Angeblich sollten sie in die Freiheit entlassen werden. Aber wir gingen nicht hin. Wir dankten ihm für seine Fürsorglichkeit und ließen ihm durch die Lagerläuferin sagen, dass wir lieber zusammen mit den andern bis zum Schluss im Lager blieben. Wir würden es vorziehen, im Lager zu bleiben, weil es uns hier sehr gut geht! Dann versuchte es der Kommandant anders. Er beorderte Maria Broel-Plater zu sich und gab ihr ein Blatt zum Unterschreiben, auf dem es hieß:

„Ich, die Unterzeichnete, erkläre, dass die Narbe an meinem Bein von einem Arbeitsunfall herrührt."

Für das Unterschreiben dieses Textes sollte sie in die Freiheit entlassen werden. Maria verweigerte aber die Unterschrift. Sie fühlte sich solidarisch mit allen anderen „Kaninchen" und glaubte nicht einen Moment an das, was der Kommandant sagte.

Schließlich lud man eine Delegation vor. Bajka und Jadzia gingen hin. Im Zimmer des Kommandanten saß ein unbekannter Mann in Zivil mit einer Mappe mit Papieren. Der Kommandant flüsterte ihm etwas zu, dann zeigte er auf die Beine der Frauen und sagte, diese seien nicht so schlimm, es gäbe andere, „schrecklichere". Der Mann schwieg, sagte in ihrer Gegenwart kein Wort.

Jadzia, die immer wagemutig war, manchmal sogar frech, sagte, von diesen Operationen wisse die ganze Welt. Sie wies auf die Pakete aus Genf, aus Schweden, aus Portugal hin, die ausdrücklich für die Operierten gekommen waren. Sie erwähnte auch den besonderen Segen des Papstes. Schließlich wagte sie es zu sagen, dass der Krieg schon zu Ende gehe, dass es zwar leicht wäre, uns jetzt noch zu erschießen, aber das könnte vielleicht Konsequenzen für die Verantwortlichen haben. Für den Kommandanten selbst könnte es doch mildernde Umstände geben, wenn durch ihn die „Könige" mit dem Leben davonkämen.

Er unterbrach sie und sagte, dass er selbst nichts tun könne, da Berlin zuständig sei. Er werde sich aber mit den Behörden in Verbindung setzen. Dann schickte er sie weg.

Einige Tage später hielt der Lagerkommandant Bajka auf der Lagerstraße an (Bajka und Judzia verbargen sich nicht, weil sie immer bereit waren, als von uns ausgewählte „Delegierte" aufzutreten) und sagte ihr, dass Berlin im Augenblick wichtigere Dinge auf dem Hals habe als die Sache der „Kaninchen". Das glaubten wir ihm sogar. In dem Moment, in dem das ganze Dritte Reich zu stürzen drohte, hatte Berlin an anderes zu denken als an einige operierte Polinnen in Ravensbrück. Wir müssten also warten. Er aber, der Lagerkommandant, gäbe sein Wort, dass uns nichts geschähe.

Diesmal glaubten wir dem Wort des Kommandanten und langsam krochen die „Könige" aus ihren Höhlen. Aber 15 fehlten, weil wir sie mit abgehenden Transporten weggeschickt hatten. So stimmte die Zahl bei den Appellen nicht!

Joanna und Jadzia kümmerten sich darum, Frauen „auszuleihen". Jeder Block borgte uns solidarisch welche, damit bei unseren Appellen die Zahl stimmte. Alle ordentlichen Blockwärtinnen nahmen an dieser Aktion teil. Frau Siasia Schönemann führte die Aktion des „Leichensparens": Sie versteckte einfach die Leichen der Verstorbenen im Block und meldete, dass sie diese zur Leichenhalle geschickt hätte. Wir aber stellten die Leichen zum Appell auf. Der letzte Dienst der Verstorbenen für die Lebenden! Manchmal borgte uns sogar das Revier seine Angestellten, die vom Appell befreit waren.

Wenn es auch in anderen Blöcken nicht immer stimmte, bei uns stimmten die Zahlen immer. Im schlimmsten Fall waren wir gelegentlich vielleicht neun anstatt zehn. Die breitschultrigen Russinnen füllten gern die Lücken aus und fürchteten sich nicht davor, für uns den Kopf hinzuhalten.

Der Stand des Lagers stimmte aber erst dann wirklich, als die französischen „Nacht und Nebel"-Transporte abgefahren waren. Zu dem schon abgezählten Transport wurden im letzten Moment mehr als zehn Französinnen hinzugefügt und so war der Stand des Lagers endlich ausgeglichen. Das war aber schon Anfang April. Der Kampf um die „Könige", um das Leben der „Könige", der vom ganzen Lager geführt wurde, ging seinem siegreichen Ende zu.

Die „Kaninchen" machten noch einen letzten Aufstand. Diesmal ging es um Pakete. Kanada hatte 6000 für die Französinnen, für polnische Jüdinnen und für Polinnen geschickt. Den Französinnen wurden sie sofort ausgegeben, den Jüdinnen auch, während die Binz den „Königen" sagte, dass die Polinnen erst morgen die Pakete bekämen, die Operierten aber schon heute, damit sie sich nicht drängeln müssten. Und tatsächlich wurden sie uns ausgeteilt. Einige, die besonders naschhaft waren, fingen schon am gleichen Abend zu essen an.

Am nächsten Morgen gaben sie jeweils ein Päckchen für zwei Polinnen aus. Das machte uns wütend. Wir packten die erhaltenen Päckchen wieder ein, legten sie auf einen Handwagen (trotz des großen Hungers! Seit sieben Monaten hatte es im Lager keine Päckchen mehr gegeben!) und brachten sie „nach vorne". Wir ließen ausrichten, wir könnten die Päckchen nicht annehmen, wenn nicht alle Polinnen auch je ein ganzes bekämen.

Der Kommandant wurde wütend. Es wäre doch schließlich sein Entgegenkommen gewesen, dass wir, die Versuchskaninchen, Päckchen erhalten hätten. Unsere Delegierten sagten, dass wir für die Gnade dankten, aber die Päckchen seien für alle Polinnen gewesen, was wir deutlich auf der Liste gesehen hätten.

Wir kamen mit stolzen Mienen zurück und wurden auf der Lagerstraße enthusiastisch begrüßt. Die vielsprachige Menge war begeistert. Jemand schrie: „Die Kaninchen sollen hochleben!“ Und sie hoben uns auf die Arme. Die ausgehungerten Frauen wussten unsere Geste zu schätzen und brachten die Kraft auf, uns in diesem Triumphzug zu tragen. Das war ihnen zu Herzen gegangen. Ein hungriger Mensch ist sehr, sehr empfindlich für alles, was mit Essen zusammenhängt. Von 6000 Päckchen wurden 1500 ausgegeben – den Rest nahm die SS mit!

Das war der letzte „Kaninchen-Aufstand“. Und eben deswegen blieb er besonders stark im Gedächtnis unserer Kameradinnen haften.

Den Worten des Kommandanten glaubten wir aber doch nicht so ganz und schmuggelten auch weiterhin „Könige“ aus dem Lager. Schließlich kam die Reihe an mich und Krysia. Władka redete uns eindringlich zu, mit dem Transport der Auschwitzer mitzufahren. Wir erhielten Nummern von Frauen, die gestorben waren, und malten sie uns mit Tinte auf die Arme. (In Ravensbrück wurde nicht tätowiert!)

Ich wollte eigentlich nicht fahren, sondern mit Władka zusammenbleiben und bis zum Ende da sein. Aber Władka überredete mich mit einem einfachen Argument: „Bring Krysia von hier weg !“ Also fuhren wir.

Von Anfang an gab es Schwierigkeiten. Schon am zweiten Tag stellte sich heraus, dass unsere Nummern falsch angegeben und nicht „gestorben“ waren.

Plötzlich hörte ich nämlich einige Reihen vor mir meinen angenommenen Namen und die angenommene Nummer. Zitternd wartete ich, bis die Reihe an mich kam. Was sollte ich sagen? Die erste beste Nummer warf ich hin. Niemand überprüfte sie. Und ich nannte einen erfundenen Namen: Danuta Szarecka. Zum Glück war die Auschwitzer Liste nicht da und die Deutschen fertigten sie neu an. In der Nacht trieb man uns in einen großen Schuppen und hielt uns dort einige Tage fest. Es war schrecklich. Gestank, Hunger, kein Wasser, kein Essen, kein Klosett …Krysia weinte in der ersten Nacht leise auf meinen Knien. Wir konnten uns nicht hinlegen, denn es gab keinen Platz. So konnten wir nur sitzen.

Von dort wurden wir nach Neustadt-Glewe in Mecklenburg gebracht, in ein kleines Lager neben einer Fabrik, wo man uns in einen leeren Saal einschloss.

Wir, Krysia und ich, waren nicht imstande, uns an die neue Umgebung anzupassen. Die Auschwitzer schlugen sich nämlich um das Essen. In Ravensbrück, im „Luxus-Lager", wo die „Könige" ihre eigene Würde hatten, wo wir uns mehr um Lernen und Bücher kümmerten als um die Suppe, war der Kampf um das Essen unbekannt. Wir waren nicht imstande, uns darum zu schlagen. Und so bekamen wir eben gar nichts zu essen. Wenn nicht Polina da gewesen wäre, eine russische Ärztin aus Ravensbrück, die im Lager als Anatomopathologin arbeitete und Sektionen durchführte, hätten wir dieses Lager nicht überlebt.

Anfangs kaufte ich noch Brot für Krysia von SS-Leuten. Es war sehr teures Brot, der letzte Brotlaib kostete zwanzig Golddollar!

In Ravensbrück hatte ich einige goldene Münzen gefunden, die ich durch alle Revisionen durchgebracht hatte, obwohl sie mich hundertmal nackt ausgezogen hatten. Es war eine sehr einfache Methode: Ich hatte sie mir unter die Fußsohlen geklebt. Ich habe einen hohen Spann und es war nicht schwierig, auf den goldenen Dollar-Münzen zu laufen. Sie guckten mir einfach nie unter die Füße, obwohl doch die Leibesvisitationen sehr brutal waren. Durch alle Kontrollpunkte brachte ich diese Dollars und kaufte dafür für Krysia Brot von den SS-Leuten. Danach aber hatte ich weder Dollars noch Brot. Wann würde der Krieg endlich zu Ende gehen?

In einer Nacht stürzten sie plötzlich herein und suchten die „Kaninchen". Sie hatten offensichtlich Wind von dem Schwindel bekommen, aber warum sie uns nicht fanden, weiß ich nicht.

In Neustadt-Glewe war der Hunger viel schlimmer als in Ravensbrück. Es war ja nur ein ganz kleines Lager, das viel schlechter versorgt wurde. Die Rationen waren sehr klein. Pro Tag erhielten wir nur einen Becher Suppe aus Kartoffelschalen und eine Scheibe Brot. Aber Krysia und ich bekamen nie diese Suppenration. Heute kann ich mich nicht mehr erinnern, wie lange wir dort waren, doch mit jedem Tag näherten wir uns unserem Schicksal: dem Hungertod. Wäre der Krieg nicht im entscheidenden Moment zu Ende gegangen, wir wären unausweichlich verloren gewesen.

Nächte voll Lärm und stickiger Luft. Es war so eng in unserem Raum, dass wir zusammengekauert dasaßen, und nur dank der Freundlichkeit von Frau Nela J., die uns gestattete, uns gegen ihre Beine zu lehnen, konnten wir so einigermaßen schlafen. Betten hatten wir nicht und auch ausziehen konnten wir uns nicht. Auf dem nackten Fußboden lagerte eine zusammengepferchte Masse. Natürlich gab es wieder Läuse.

Eines Tages gingen mir die Kräfte aus und ich fiel um. Jemand trug mich zum Revier; vielleicht war es Krysia.

Dieses Revier war genauso wie in Ravensbrück. Und alle wussten, dass man hier fertiggemacht werden sollte. Mich trugen sie in jenen Teil, wo die Sterbenden lagen. Ich hatte den berühmten Hungerdurchfall und konnte nichts essen, absolut nichts. Obwohl Polina mir einmal Suppe und einmal verkohltes Brot brachte – ich konnte es nicht essen. Danach schaute niemand mehr herein, auch Essen wurde nicht mehr gebracht, weil die dort liegenden Halbleichen sowieso nicht imstande waren, etwas herunterzuschlucken.

Sie legten mich auf ein mittleres der Stockbetten. Über mir und unter mir und sogar mit mir zusammen im Bett lagen Frauen, die wie ich wegen Hungerdurchfall im Sterben lagen. In meinem Bett lag mit mir eine Französin. Oder war es eine Zigeunerin? Ich weiß es nicht. Es war eine kleine, schwarze Frau, eigentlich ein Mädchen, fast noch ein Kind.

In der Nacht fiel plötzlich aus dem Bett über mir eine Frau herunter. Einen Moment dachte ich, dass sie einfach herausgefallen war, dann aber verstand ich, dass ihre Nachbarin eine Leiche aus ihrem Bett geworfen hatte.

An einem der nächsten Tage verstarb meine Nachbarin, die kleine Zigeunerin, deren Vornamen ich nicht einmal kannte. Im ersten Moment dachte ich, sie aus dem Bett hinauszuwerfen. Doch dann tat sie mir leid. Ich deckte sie mit unserer einzigen Schlafdecke zu. So lag sie mit mir zusammen bis zu ihrem Ende. Heute kann ich nicht mehr sagen, wie lange das gedauert hat, wie viele Tage und Nächte das waren. Auf jeden Fall hatte ich nicht mehr die Kraft, sie dann hinauszuwerfen, auch wenn ich es gewollt hätte. Ich war zu schwach.

So verstarb eine nach der anderen, bis es mir endlich schien, als lebten sie alle nicht mehr. Niemand schaute zu uns herein, nur die blasse

Krysia kam an das Fenster. Oder bildete ich mir das nur ein? Ich wollte ihr mit der Hand zuwinken, konnte aber selbst das nicht mehr.

Immerhin lebte ich noch. Und je schwächer ich wurde, desto klarer dachte ich. Vor allem dachte ich natürlich über den Tod nach. Ich spann hier einen Gedanken, dessen Faden mir in Ravensbrück so oft abgerissen war, wenn ich auf den Tod wartete. Ich meine, dass ich nie vorher und nie nachher so klar und hell gedacht habe. Ob ich richtig gedacht habe oder doch bloß fantasiert, das weiß ich nicht.

Eines Tages aber kam irgendein Mann, zerschnitt mit einer großen Schere den Stacheldraht, mit dem das kleine Lager umgeben war, und rief auch in unsere Baracke: „Mädels, ihr seid frei!“ Ein zweiter sagte zu ihm: „Du Dummkopf! Was schreist du so? Das ist doch eine Leichenhalle!“

Ich aber lebte. Und als ich dort lag, mit der erkalteten Leiche der Zigeunerin an der Seite, fasste ich den Entschluss, Medizin zu studieren. Das mag paradox klingen: In einem Moment, da ich dem Hungertod nahe war, eben da plante ich mein Leben. Und so ist das bis heute: Der Gedanke an den Tod weckt in mir die Lust zum Leben und zum intensiven Handeln.

Eine längere Zeit hindurch kam es mir gar nicht zum Bewusstsein, dass der Krieg zu Ende war, dass wir frei waren. Die durchschnittenen Drähte machten auf mich keinen Eindruck. Ich dachte: Was geht mich das an und was heißt das eigentlich?

Ich stand erst auf, als Krysia zu mir kam. Es fiel mir sehr schwer, ich schwankte auf den Beinen. Es war ein sonniger Tag …

Vor der Baracke bot sich uns ein unwahrscheinlicher Anblick: Ein Haufen schreiender Frauen hatte das Magazin aufgebrochen und sich auf das Essen geworfen. Dabei waren einige Schwächere niedergetrampelt worden. Wir standen da und sahen zu.

Die Frauen entrissen sich gegenseitig das Essen, rauften sich die Haare, gruben sich die Nägel ins Fleisch, Blut floss … Ich aber dachte: Werden diese Frauen überleben? Oder werden sie im Angesicht der bevorstehenden Freiheit doch noch sterben?

Freiheit! Dieses Wort bedeutete in diesem Moment nichts für mich. Ich fühlte nur, dass ich schrecklich, schrecklich hungrig war.

21

Als ich im Revier dahingedämmert und auf den Hungertod gewartet hatte, hatte ich oft einen komischen Traum: weißer Grieß mit Milch. Ein voller Teller und ich konnte nicht essen, weil der Teller hinter einer Scheibe stand!

Plötzlich hatte ich Appetit auf Grieß. So sagte ich zu Krysia: „Krysia, ich will Grieß!" Irgendetwas musste in meiner Stimme und in meinem Blick gewesen sein, dass Krysia ohne Widerspruch sofort sagte: „Komm, wir suchen Grieß."

So gingen wir los. Zuerst suchten wir in den Baracken der Aufseherinnen und der SS-Leute. Doch wir waren nicht die Ersten. Die Häuser waren schon geplündert. Die hungrigen Massen waren vor uns da gewesen. So wanderten wir Schritt um Schritt, schwach, wankend, bis wir in das kleine Städtchen kamen, das unbeschädigt geblieben war. Die Läden und Magazine standen offen, waren teilweise schon ausgeplündert. Aber sie waren trotzdem noch voll von Esswaren. Ich wollte nichts davon, ich wollte nur Grieß. Mit einer fanatischen Hartnäckigkeit, die damals unverständlich war, suchte ich nach Grieß. (Heute weiß ich, dass dies der verlässliche Instinkt war, der uns das Leben rettete.) Ich schaute nicht auf die vollen Einmachgläser, auf Fleisch und Konserven. Aber Grieß war nirgends zu finden.

Müde setzten wir uns auf die Straße auf irgendwelche Stufen und sahen zu, wie eine verirrte deutsche Abteilung die Waffen niederlegte. Zwei sowjetische Soldaten und ein amerikanischer entwaffneten eine ganze Abteilung. Vor der Brücke lag ein Berg von Waffen. Aber uns ließ das gleichgültig. Ich sage „uns", aber eigentlich weiß ich nicht, was Krysia empfand. Es war mir auch völlig gleichgültig. Ich wollte nur einen Teller voll weißen Grieß haben und war dem Weinen nah, weil ich ihn nicht finden konnte.

Es wurde schon dunkel, als wir endlich in einem kleinen, kaputt geschlagenen Laden in einer umgekippten Schublade eine Handvoll

Grieß fanden. Wir sammelten ihn in ein Taschentuch und wanderten die vier Kilometer zum Lager zurück. Eigentlich weiß ich nicht, warum wir dahin zurückkehrten. Wahrscheinlich deshalb, weil wir nicht wussten, was wir mit uns anfangen sollten.

Wir kehrten auf das schon ziemlich leer gewordene Gelände des Lagers zurück, wo noch ein paar Frauen herumstrichen. Wir gingen zum Lager der SS-Leute und beschlossen, dort die Nacht zu verbringen. Den Grieß kochte ich in Wasser ohne Salz und ohne Zucker, füllte Krysias und meinen Teller und wir fingen an zu essen … Heute kann man das kaum begreifen, aber das bisschen Grieß aßen wir an diesem Abend und den ganzen folgenden Tag. Da lag ich auf dem SS-Bett und hätte weinen können, dass ich so viel Grieß habe und nicht essen kann. Krysia hatte fast einen ganzen Teller voll aufgegessen und war eingeschlafen. Ich aber lag da und dachte.

Seltsam war diese erste Nacht in der Freiheit. Es war der 7. Mai 1945. Die Front bestand noch, man hörte in der Ferne Detonationen. Eine Masse von ehemaligen Häftlingen kam in der Nacht zum Lager. Frauen und Männer. Sie sangen, lagerten sich, machten ein Lagerfeuer und brieten ganze Lämmer und Kälber. Ich wunderte mich, woher sie die Lämmer hatten. Und woher waren diese Männer gekommen? In welcher Sprache sie redeten, weiß ich nicht, denn ich saß am Fenster und sah auf dieses Bild wie auf einen Film.

Die Männer und Frauen beendeten ihren Schmaus. Neugierig betrachtete ich sie und war sprachlos. Die Frauen, in denen ich meine Kameradinnen erkannte, hatten rot angelaufene Gesichter, begannen wunderlich zu zucken und zogen ihre Lumpen aus, wobei sie ihre ekligen, mageren Körper entblößten. Die Männer aber, ebenfalls mager und ausgezehrt, warfen sich auf diese Körper. Gegen Morgen schliefen sie endlich ein, immer noch einander umarmend. Leichen, dachte ich, es sind Leichen, sie sind hier gestorben.

Tatsächlich lagen neben den noch glühenden Feuerstellen am Morgen Leichen. Sie waren verkrümmt und auf den Gesichtern lag ein erstarrter Ausdruck von Schmerzen. Viele von ihnen waren nach diesem abendlichen Mahl gestorben. Ein Teil wurde mit Darmverschlingung mit Krankenwagen des Roten Kreuzes in das nahe Krankenhaus gebracht, wo sie lange krank lagen.

Doch wir verbrachten den ganzen nächsten Tag bei unserem Grieß und konnten schon richtig volle Teller essen.

Nach dem dritten Teller Grießsuppe bekamen wir wieder Lust zum Leben. Nun gingen wir auf Kundschaft aus. Das Lager Neustadt-Glewe war ein kleines Arbeitslager neben einem Flugplatz, auf dem Hallen mit Flugzeugen standen, die durch Bäume getarnt waren. Ich kletterte in ein Flugzeug und bekam plötzlich große Lust zum Fliegen! Doch niemand war da, der mit uns hätte in die Welt fliegen können. Zwischen den Bäumen entdeckten wir einen hohen Fallschirmspringerturm. Langsam stiegen wir ihn hinauf. Es dauerte lange, bis wir eine kleine Plattform auf der Spitze erreichten. Wir japsten laut.

Ich stand wie erstarrt. Ein faszinierender Ausblick hatte sich plötzlich vor mir eröffnet: ein riesiges Meer von Wald, soweit das Auge reichte nur Wald und in der Ferne irgendwo ein blitzender See. Über dem See ein weißes Schlösschen und wieder grüner, grüner Wald. Wie oft hatte ich vom Wald geträumt. Tief zog ich die Luft ein und wunderte mich über meinen plötzlichen Ausruf, der weithin vom Echo getragen hallte: „Frei! Frei! Wir sind frei!“

Wir liefen die Treppen hinunter – und waren gar nicht mehr müde! Wir waren auch nicht mehr grau und ausgezehrt. Krysia, die so blass gewesen war, hatte frische rote Bäckchen. Fieberhaft packten wir ein paar Gegenstände in ein kleines Bündel und entschlossen uns, nach Hause zurückzukehren. Jetzt, gleich, auf der Stelle, nach Hause, zu Mutti …

Fünf Kameradinnen schlossen sich uns noch an. Nun waren wir sieben.

Bevor wir losgingen, wollten wir noch etwas essen und Vorräte mitnehmen. Auf dem Boden fanden wir ein Säckchen mit getrockneten Erbsen, aber sonst nichts. Ich sagte im Ton eines Anführers (ganz spontan, obwohl ich nicht die Älteste in der Gruppe war), dass ich Essen suchen wollte. Ich lief den Pfad entlang und war sicher, dass ich irgendein Tier finden würde, um für Krysia ein Mittagessen zu erjagen. Aber kein Tier war da. Endlich erblickte ich auf einer kleinen Wiese ein Pferd liegen, das frisch blutete. Es war kein ausgewachsenes Pferd, sondern eher ein Fohlen. Es lag mit ausgestrecktem Hals da und sah schrecklich aus. Herzhaft ging ich darauf zu. Einen Moment überlegte ich, wo ich ein gutes Stück Fleisch herausschneiden könnte, welches wirklich schmackhaft sein würde. Als ich mich endlich entschlossen hatte, stieß ich das Messer in den Körper hinein.

Was nun geschah, ist schwer zu beschreiben. Ich war sicher gewesen, im Wald allein zu sein! Niemanden hatte ich vorher gesehen. Als ich mit dem Messer zustieß, sprang das tot geglaubte Fohlen auf und wieherte. Das war das Signal! Plötzlich war ich von einem Haufen Weiber umgeben. Sie warfen sich auf „mein" Fohlen und ich stand an der Seite und sah zu. Das Fohlen verstummte nun endgültig und sie rissen es mit bloßen Händen auseinander. Ich hielt das Messer, doch sie rissen es mit den Fingernägeln und Zähnen in Stücke. Sie zerrten die einzelnen Teile zusammen mit dem Fell heraus. Dann wurde es still im Wald. Nur die Knochen waren übrig geblieben. Wären nicht die Knochen da gelegen, hätte ich gemeint, das alles geträumt zu haben.

Aber noch immer hatte ich nichts zum Essen! Ich wanderte am Waldrand entlang und fand dann in einem verlassenen Haus einige Eier und im Ofen gebackene Kartoffeln. Ich nahm sie mitsamt der Pfanne mit. Nun kehrte ich ins Lager zurück.

Die Eier schmeckten ganz unbeschreiblich. Wie schmecken Eier, wenn man vier Jahre keine gegessen hat?

Danach machten wir uns mit unseren kleinen Bündeln auf den Weg. Als wir in das nächste Städtchen kamen, verkündeten gerade die Lautsprecher den Frieden. Wir wurden von einem Posten angehalten und mussten uns nun entscheiden, denn wir waren hier in einer neutralen Zone: auf der einen Seite die Amerikaner und auf der anderen die Sowjetarmee. Wir wurden gefragt, wohin wir gehen wollten. Einen Augenblick lang verstand ich diese Frage nicht. Wieso denn wohin? Der höfliche russische Offizier erläuterte, dass wir gehen könnten, wohin wir wollten. Für Krysia und mich war das ganz einfach. Wir wollten nach Hause!

Ein Teil der Frauen war unentschlossen, einige gingen, ohne zu zögern, auf die amerikanische Seite. Ich hegte keinen Moment Zweifel, was ich tun sollte.

So begann unsere Wanderung. Im Quartier der Soldaten stellte man uns eine Bescheinigung aus, dass wir aus dem Lager kämen und dass die Behörden verpflichtet seien, uns zu helfen. Na, und dann brauchten wir ein Papier für den Gruppenführer. Die Frauen einigten sich darauf, dass ich die Anführerin sein sollte. So blieb es dabei. Es war der 8. Mai 1945. Wer hätte gedacht, dass wir noch 20 Tage unterwegs sein würden?

22

Mai … der erste herrliche Mai in der Freiheit! Wie schön war diese Erde, über die wir wanderten! Blühende Obstgärten, Wälder an Seen, die plötzlich auftauchten, duftende Magnolienbäume … Der erste Tag – wie ein Traum – in der Sonne, im Grünen … Die helle Straße, glatt wie ein Spiegel, flimmerte in der Sonne …

Ein Städtchen. Geschlossene Fenster. Die Deutschen gingen nicht aus dem Haus und auf den Straßen waren russische Soldaten. Wir fragten nach dem Hauptquartier. Sie führten uns hin und ich zeigte meine Gruppenführerpapiere. Ich erklärte, dass wir Operierte aus Ravensbrück seien, dass wir nicht laufen könnten, weil uns die Beine wehtäten und dass sie uns ein Fuhrwerk mit Pferden geben sollten.

Der diensthabende Offizier wurde gerufen. Ich sah ihn an … mir schwindelte. War das ein schöner Mann!

„Grischa, gib ein Fuhrwerk für die Mädels aus Ravensbrück!"

Grischa zeigte ein glänzendes Lächeln. Er hatte himbeerrote Lippen, große, feste, blendend weiße Zähne, Augen wie der Himmel und Haare, die so schwarz waren, dass sie dunkelblau wirkten …

„Na, dann komm mit!"

Und so gingen wir … Durch den Flur in den Garten. Ich dachte, wir gingen zum Stall, Pferde zu holen. Aber nein, es ging durch den Garten auf einem langen Pfad, der immer schmaler wurde, bis er ganz verwachsen war und wir zu einem in der Sonne glänzenden See kamen. Auf dem See lag ein Boot an der Kette, am Ufer war eine kleine Bank, von Blättern verdeckt, und über ihr ein Magnolienstrauch. Auf der gegenüberliegenden Seite sah man einen Felsen und darauf ein Schlösschen.

Grischa sagte: „Ist es nicht wie im Märchen?"

Ich lachte. Er trat nah an mich heran, langsam und zurückhaltend. Er war nicht aufdringlich, fasste mich nicht einmal an. Er schaute mich mit seinen riesigen, blauen Augen an. Er war sehr jung, wohl jünger als ich. Zart beugte er sich nieder, fasste mich in der Taille und sagte:

„Küss mich!“

„Ich will nicht!“

Das verstand er nicht. Ungläubig blickte er unter den langen, dunklen Wimpern hervor und sagte:

„Küss mich!“

„Nein.“ Schließlich wurde er ärgerlich.

„Warum nicht?“

„Weil ich nicht will.“

„Bin ich denn hässlich oder aussätzig?“

Ich lachte wieder. Ehrlich sagte ich:

„Grischa, du bist der hübscheste Junge, den ich je im Leben gesehen habe!“

„Warum also nicht?“

„Weil ich nicht will.“

Er zerknüllte seine Mütze und warf sie auf die Erde. Sein Gesicht lief rot an. Jetzt fasste er mich fest an den Armen. Es tat weh und ich stöhnte leicht. Er beachtete es nicht. Hartnäckig fragte er wieder:

„Warum denn nicht?“

Ich sah mich um. Wir waren allein. Herrliches Wetter und dieser blühende Garten … Was sollte ich ihm sagen?

„Ich liebe dich doch nicht!“

Jetzt beruhigte er sich, ließ mich los, aber fragte:

„Warum liebst du mich nicht? Ich liebe dich doch so, so sehr …“

Er war so wunderhübsch in diesem Moment und so nett sagte er polnisch „kocham“.

Ich versuchte, ihm zu erklären, dass ich nicht so schnell lieben könne. Er aber verstand nichts.

„Warum nicht?“, fragte er, „ich kann das.“

„Grischa, ich liebe einen anderen Jungen!“

Das verstand er. Sofort ließ er mich los, stieß mich schroff von sich und sagte:

„Nein, dann nicht.“

Mit weit ausholenden Schritten ging er weg. Ich hob seine Mütze von der Erde auf und ging in das Büro zurück, wo ich sie dem obersten Offizier übergab und dazu sagte:

„Euer Offizier vom Dienst hat keine Pferde gefunden, aber seine Mütze verloren."

„Und ihr habt diese Mütze gefunden?"

Ich sah ihn fest an und sagte langsam:

„Ich danke euch für die Hilfe und das Fuhrwerk. Wir gehen doch besser zu Fuß."

Der Offizier wurde verlegen. Er war viel älter als Grischa. Er sagte etwas Entschuldigendes, dass doch schließlich Krieg war, dass … Ich unterbrach ihn:

„Wir danken für die Pferde. Wir werden selber suchen."

Dann gingen wir weg. Ich beschloss, selbst ein Pferd zu suchen, da meine Gefährtinnen nicht besonders gut laufen konnten. Der erste Hof im Ort war sauber und ordentlich. Mit Wehmut dachte ich an die ärmlichen Hütten bei uns in Südpolen. Im Stall stand ein Pferd, aber es lahmte. Es hatte ein verbundenes Bein. Als ich wieder heraustrat, stand ein Soldat auf dem Hof, ein fröhlicher blonder, untersetzt, mit hellem Gesicht.

„He, Mädel, was suchst du? Ein Pferd?" Er lachte. „Komm, ich geb dir ein Ross, ein eisernes."

Er zog mich zu einem Schuppen. Ich wollte nicht hineingehen.

„Hab keine Angst, ich tu dir nichts."

Aber ich fürchtete mich trotzdem!

Wir gingen hinein. Ein Fahrrad stand dort an die Wand gelehnt.

Ich freute mich. Ein Fahrrad – das war ein guter Ausweg. Wenn man fünf Räder kriegen könnte! Aber das eine ist schon was. Wir würden wenigstens unseren Kram dranschnallen können.

„Gib es mir!"

Er gab es mir, aber als ich hinauswollte, vertrat er mir den Weg.

„Komm, wir wollen uns lieben."

„Ich will nicht!"

„Und ein Kleid … und einen Ring! Schau!" Und wieder das Gleiche: „Warum willst du nicht?"

Ich sagte ernsthaft und ruhig: „Weil ich dich nicht liebe."

Er lachte und sagte sorglos: „Na, dann liebe mich eben, ich liebe dich schon, ich liebe sofort heiß!"

„Wie heiß?“

„Auf Tod und Leben.“

Wieder fing ich an zu lachen. Mein Lachen regte ihn auf.

„Du glaubst mir nicht?“

„Ich glaube, ich glaube, doch gib mir Liebesbeweise.“

Schon umarmte er mich. Ich löste mich aus seiner Umarmung.

„Weißt du, wir polnischen Frauen lieben nur uneigennützig.“

„Ich auch.“

„Wieso du auch? Du willst, dass ich mit Liebe für das Fahrrad bezahle.“

„Nein, ich gebe dir das Rad.“

„Du gibst es? Na, dann gib her!“

Ich nahm das Rad, aber er vertrat mir wieder den Weg.

„Komm mit mir!“ Er zeigte auf eine Ecke, wo duftendes Heu lag.

Das regte mich schließlich auf: „Ich will dein Rad nicht, lass mich raus!“

Ich ließ das Rad stehen, er wollte mich aber nicht hinauslassen.

„Ich liebe dich doch.“

„Liebst du mich sehr?“

„Mehr als mein Leben!“

Wieder lachte ich. „Ich will dein Leben nicht, aber lass mich mit dem Rad heraus. Sei nicht geizig. Ein Mann, der liebt, kann doch schließlich der Frau ein Rad geben.“

„Ich, geizig?“, entrüstete er sich. „Bei uns ist niemand geizig.“

„Dann gib es her!“

„Na, dann nimm!“ Endlich ließ er mich mit dem Rad gehen.

Wir gingen zusammen hinaus. Als ich mich auf das Rad setzte, sah ich mich nach ihm um. Er stand traurig da und sagte:

„Lächle mich doch wenigstens an!“

Ich lächelte.

Auf dem Rad kehrte ich vor das Hauptquartier zurück. Die Freundinnen fragten mich gleich, woher ich es hätte.

„Ich hab es bekommen.“

„Bekommen hast du es?“

Ungläubiges Lachen und jemand fragte: „Wofür?"

Lachend antwortete ich: „Für ein Lächeln." Und es ärgerte mich nicht, dass sie mir nicht glaubten, denn mir war froh zumute und ich hatte aufgehört, mich zu fürchten.

An diesem Tag kamen wir nicht mehr weit. Und als wir zur Nacht bei einem leerstehenden Haus anhielten, kamen die Offiziere uns nachgefahren. Zuerst tauchte Grischa allein auf. Er war nur die Vorhut und sagte uns, dass sie hierher zum Abendessen kämen. Wir sollten etwas vorbereiten!

Ich wählte ein Eckzimmer im Parterre für das Essen aus, weil man dort leicht aus dem Fenster springen konnte. Die jüngeren Mädels brachte ich oben unterm Dach unter und schloss sie ein, während ich mit Halinka zusammen das Abendessen mit den Offizieren einnehmen wollte.

Vor Einbruch der Nacht kam noch eine Ukrainerin zu uns, Wiera, ein junges, schwarzes, zierliches Mädchen. Sie saß vor dem Haus auf einer Bank, umgeben von dem massenhaft blühenden Flieder. Und im Flieder sangen die Nachtigallen!

Da kam ein Soldat des Weges, der es bald auf Wiera abgesehen hatte. Schließlich zerrte er sie in die Büsche, von wo sie nach ein paar Minuten weinend herauskam.

Ich wurde wütend. Aber der Soldat lachte nur.

In diesem Moment kam der Offizier vom Hauptquartier mit einigen anderen angefahren. Wiera weinte. Sie kamen auf mich zu und fragten gleich:

„Wo sind die Mädchen?"

„Sie sind vor Angst vor euch ausgerissen. Sie sind nicht da."

„Warum?"

„Warum?" Ich zeigte meine Erregung und sagte laut:

„Deshalb, weil ihr Schweine seid. Und dieses Mädchen weint, weil einer eurer Soldaten sie vergewaltigt hat."

„Was?" Der Offizier kniff die Augen zusammen. „Welcher Soldat?"

Ohne zu zögern, zeigte ich mit dem Finger auf ihn:

„Der!"

Der Offizier trat dicht vor ihn hin und sagte irgendetwas. Dann drehte er sich zu mir um:

„Dafür bezahlt man bei uns mit dem Leben."

Die Nachtigall sang weiter, ich aber hatte eiskalte Hände.

Die Offiziere luden uns zum Abendessen ein und hatten alles dafür mitgebracht: jede Menge Wodka und Wein, einen Haufen gutes Essen, schwarzen Kaviar! Neben mir saß der älteste Offizier, Iwan. Grischa saß mir gegenüber, beachtete mich aber kaum. Er machte Halinka den Hof.

Es gab kein elektrisches Licht, sodass wir bei Kerzenlicht essen mussten. Ich sah auf die Kerzen und beschloss, keinen Tropfen zu trinken. Alles schüttete ich unter den Tisch.

Die Männer wurden immer lauter, immer fröhlicher. Um Mitternacht machte mir Iwan eine Liebeserklärung. Tatsächlich. Er stand auf, hielt eine Rede und hielt um meine Hand an. Ich dankte so herzlich, wie ich konnte, und sagte, ich müsste erst zu meiner Mutter nach Warschau. Gut, meinte er, wir könnten gleich nach Warschau fahren. Ich überlegte, wie lange die Kerzen noch brennen würden.

Zwei leere, weiße Betten standen da. Iwan stand auf, deutete auf sie und sagte:

„Da, das eheliche Lager wartet auf uns, Wandoczka."

Ich erwiderte, dass ich ohne Hochzeit nicht mit ihm ins Bett gehen würde.

„Den Popen willst du?"

„Ja. Ich will nur nach der Hochzeit."

Er war schon so betrunken, dass man auf alles gefasst sein musste. Ich flüsterte Halinka zu:

„Bleib in der Nähe vom Fenster. Wenn die Kerzen ausgehen, springen wir hinaus."

Nach kurzer Zeit verlöschten die Kerzen. Ich sprang aus dem Fenster. Halinka hinter mir her. Ich hörte noch ein betrunkenes Lallen:

„Wanda, Wandoczka, meine …"

Wir liefen hinauf in die Dachkammer und sperrten uns ein. So schliefen wir bis zum Morgen.

Nach dem Aufwachen beschlossen wir, dass wir schnell frühstücken und dann verschwinden wollten. Aber bevor wir aufessen konnten, fuhr ein Wagen vor dem Haus vor, mit vier herrlichen Pferden, und darauf … Oh Gott! Ich dachte, ich müsste sterben! Auf dem Wagen saß mein gestriger Verehrer mit weißen Handschuhen und einem riesigen Fliederstrauß und neben ihm saß ein verängstigter Pope. Ein richtiger, authentischer Pope mit langem Bart!

Ich wartete nicht, was nun weiter geschehen würde. Durch den hinteren Ausgang flohen wir in den Wald!

Viele Kilometer gingen wir so und schoben auf dem Rad unsere gesamten Habseligkeiten. Die Beine taten uns weh und wir waren hungrig. Nirgends fanden wir noch irgendetwas zu essen, denn vor uns war eine Flut von Menschen gegangen, die wie ein Hornissenschwarm alles weggegessen hatte.

Als wir uns eines Tages auf der Straße so dahinschleppten, überholte uns eine Kolonne von Lastwagen. Der letzte von ihnen hielt an.

„Wohin, Mädels?“

„Nach Polen!“

„Steigt ein!“

Wir stiegen mitsamt unserem Fahrrad auf, das ich für ein Lächeln errungen hatte. Fröhlich singend fuhren wir so übers Land. Auf dem Lastwagen waren noch sieben jüngere Soldaten und zwei ältere. Plötzlich bog der Wagen in einen Seitenweg ein, der in einen Wald führte. Bald wurde es dunkel, Bäume verdeckten die Sonne. Ahnungsvoll fragte ich den Offizier, warum wir in den Wald eingebogen seien. Er lachte breit:

„In den Wald? Holz holen natürlich!“

Die anderen Lastwagen hatten nicht diesen Weg genommen. Wir aber fuhren immer tiefer in den Wald hinein und hielten plötzlich an.

Die Männer, die bisher fröhlich mit uns über das Lager und die Kämpfe gesprochen hatten, wurden still. Der Fahrer kam aus seiner Kabine und rief scharf:

„Genug der Fahrerei! Aussteigen!“

Sie warfen unsere Sachen hinaus und fuhren davon. Wir verstanden zunächst nicht, was geschehen war, als – plötzlich der Lärm des Motors verstummte. Das Auto war irgendwo in der Nähe stehen geblieben, ohne dass wir es sehen konnten. Ich fasste Krysia am Arm. Jetzt wurde uns klar, warum sie uns zurückgelassen hatten. Wir drängten uns fest aneinander. Wir standen am Rande einer Art Schonung mit kleinen, dichten Büschen. Hinter uns war hoher, dichter Wald. Hinter dem jungen Wald weite Felder und weit, sehr weit, rote Hausdächer. Zu weit, als dass uns jemand hören könnte, dachte ich.

Die Männer näherten sich uns wortlos und ziemlich düster. Wir aber drängten uns krampfhaft immer fester aneinander.

„Kommt her!"

„Nein!"

„Kommt!"

„Nein!"

Ich sagte zu den Mädchen: „Haltet mit ganzer Kraft zusammen, schließlich können sie uns zusammen nicht vergewaltigen!"

Einer der Älteren stand da und rauchte eine Zigarette. Ich wandte mich an ihn. Er war schließlich älter als die anderen. Flehend sagte ich:

„Hören Sie, Sie haben vielleicht eine Frau und eine Tochter zu Hause …!

Er schwieg.

Ich änderte den Ton: „Du bist ein Schwein. Kein ordentlicher Soldat würde dir die Hand geben!"

„Ich?" Er sprang auf uns zu.

„Wenn dein Vorgesetzter hier wäre, würde er dich wie einen Hund erschießen."

„Ich habe euch nicht einmal angefasst."

Tatsächlich stand er da und rührte niemanden an.

Jetzt trat er dicht an mich heran. Blasse Augen und Lippen. Er entblößte seine Zähne und das Zahnfleisch zu einer Grimasse. Ich hatte Angst vor ihm. Und vor Angst begann ich, ihn übel zu beschimpfen. Doch er reagierte nicht.

Dann schwieg ich wieder. Ein zweiter Soldat tauchte hinter ihm auf.

„Kommst du endlich, zum Teufel, oder nicht?", brüllte er.

Hoch über uns stand die Sonne. Man hörte eine Lerche singen. Sattes Grün überall. Verzweifelt dachte ich: Haben wir dafür vier Jahre im Lager gesessen? Ist das möglich? Oh Gott!

„Komm, du verfluchte Hexe!“

Ich warf den Kopf zurück. Durch diese Bewegung lösten sich meine Haare und fielen wie eine Welle auf meinen Rücken. Ich blickte zum Himmel auf. Dann sprach ich zu ihm so ruhig, dass ich mich selbst wunderte:

„Du kannst mich erschießen, wenn du willst. Vielleicht wird mal jemand genauso deine Schwester erschießen! Aber ich gehe auf keinen Fall mit dir!“

Ich weiß nicht, wer von uns damit anfing und ob überhaupt eine die Erste war. Ohne Verabredung und ohne ein Wort der Verständigung schrien alle plötzlich gleichzeitig, wie auf Kommando, und so laut, als wären wir zutiefst überzeugt gewesen, dass dieser Schrei erhört wird: „Mama!“

Der Schrei war so laut, dass die Männer, die uns inzwischen eng umstellt hatten, zurücksprangen.

Dann trat Stille ein, eine lange Stille, die eine Ewigkeit zu dauern schien. Da, ein Krachen von Zweigen, Brummen des Motors – und wieder Stille … nur die Lerche sang.

So standen wir eine Zeit lang da und wagten nicht, uns zu rühren. Als wir endlich die Augen öffneten, war niemand mehr da. Das Auto war weggefahren. Wir waren allein. Noch eine ganze Weile standen wir an der gleichen Stelle, dann gingen wir an den Waldrand, wo die Felder begannen. Die Erde duftete. Ich warf mich ins Gras und plötzlich begann ich zu weinen. Bald weinten wir alle.

Von dieser Zeit ab stiegen wir nie mehr in Autos ein. Wir gingen immer nur zu Fuß. Wir wagten uns nicht einmal in die Nähe von Dörfern. Aber die Beine schmerzten sehr und ich hatte Blasen an den Füßen, denn die großen, harten Schuhe aus dem Lager waren für einen solchen Marsch nicht geeignet.

Wir sehnten uns nach zu Hause, aber das schien uns noch in weiter Ferne.

Eines Abends hielten wir zum Übernachten bei einem kleinen Häuschen an, das von einem Garten umgeben war. Wir wollten im oberen Stock schlafen, aber die ganze Nacht der Reihe nach Wache halten.

In einem Zimmer stand eine große Couch, auf die sich zwei von uns legten. Kafka lag quer am Fußende. Ich blieb mit Zofia Modraczek aufrecht sitzen und wir hielten Wache. Um Mitternacht stürzten zwei betrunkene Soldaten herein.

„Ihr Mädels, wir werden hier mit euch zusammen schlafen!" Ich sah hinaus, ob die beiden allein waren. Tatsächlich war sonst niemand da.

Der eine, der schon fast besinnungslos war, warf sich gleich neben Kafka auf die Couch. Der andere setzte sich neben mich und wir sprachen bis zum Morgen angeregt miteinander. Er kannte sogar die Gedichte von Mickiewicz und zitierte einige auswendig.

Gegen Morgen erwachte Kafka, setzte sich auf und bemerkte jetzt erst neben sich die Gestalt des halb ausgezogenen Soldaten. Kafka erschrak. Sie war sichtlich entsetzt.

Der Soldat wachte durch Kafkas Bewegungen ebenfalls auf und wurde ganz verlegen. Er machte seine Knöpfe zu, stand auf, wühlte in seinen Hosentaschen und holte eine Handvoll Geld heraus. Mit hochrotem Kopf drückte er das Geld der entsetzten Kafka in die Hand und raste zur Tür, ohne sich noch einmal umzusehen. Der andere Soldat war unterdessen auf dem Tisch eingeschlafen, nachdem er die ganze Nacht mit mir Wache gehalten hatte.

Beim Anblick von Kafkas Gesichtsausdruck brachen wir in Lachen aus und dann zählten wir das Geld: Es waren achtzig Złoty. Da wir von der inzwischen durchgeführten Währungsreform noch nichts wussten, waren wir überzeugt, einen Haufen Geld in der Hand zu haben. Kafka aber wurde ausgelacht, weil sie sich auf so leichtes Geldverdienen eingelassen hatte!

Es scheint, dass Kafka tatsächlich nicht wusste, was in dieser Nacht eigentlich los gewesen war. Und wir amüsierten uns darüber so sehr, dass wir sie auch nicht aufklärten.

23

Hände … Männerhände, die sich nach uns ausstreckten … gierige Blicke … lüsternes Auflachen …

Wie viele Variationen dieser Blicke gab es, wie viele angeblich unschuldige Berührungen!

Recht schnell lernten wir, von Gesicht oder Gesten abzulesen, wer ungefährlich und wer gefährlich für uns war. Ich wusste immer ganz genau, wann ich ausreißen, wann ich Krysia mitnehmen musste und wann man ruhig bleiben konnte. Ich war wie ein Barometer. Die anderen glaubten mir und taten immer das, was ich tat. Aber sie lernten auch schnell.

Aus dem Lager war uns ein Ekel vor Frauen verblieben. Andererseits hatten wir die Männer idealisiert, weil wir lange keinen Mann gesehen hatten. Jetzt aber sahen uns alle so an, dass wir uns beleidigt fühlten und uns vor ihnen fürchteten.

Eine Nacht verbrachten wir an einem See. Damit uns niemand finden sollte, ließen wir uns ganz leise auf der Bootsanlegestelle nieder. Morgens entdeckte uns aber doch jemand. Ein Mann kam auf den Hof, als wir uns eben an der Pumpe wuschen.

„Mädchen!“, schrie er.

Sogleich kamen noch mehr Männer. Wir flohen in einen Schuppen, in dem Paddelboote an Haken von der Decke hingen. In diese Boote legten wir uns auf deren Boden und zogen dann die Leiter hoch. Wir hielten uns ganz still. Die Männer rannten wie verrückt auf dem Hof umher, brüllten und suchten.

Am nächsten Abend gingen wir nicht in die Nähe des Dorfes, sondern schliefen in einem Schuppen im Wald. Wir mieden die Menschen und so mieden wir auch die Wege und Straßen. Wir waren verlassen und hungrig und dieses Polen, das unser heiß ersehntes Ziel war, schien uns überhaupt unerreichbar.

In dieser Nacht weinte Kafka ganz still, so wie sie es auch im Lager getan hatte.

Endlich kamen wir an die Oder. Über diesen riesigen, schwarzen Fluss mit Stacheldraht am Ufer führte eine Brücke und ein schmaler Fußgängersteg. Aber man ließ niemanden hinüber. Wir warteten den ganzen Tag. Es war windig und kalt und wir hatten nichts zu essen. Mit einem Eimerchen versuchte ich mein Glück und fand am Ufer einen toten Hecht. Ich war zwar nicht sicher, ob er frisch war, doch schien er mir gut zu sein. So brachte ich ihn zu den anderen und sagte, ich hätte ihn mit dem Eimer gefangen. Auf einem offenen Feuer kochten wir uns eine Fischsuppe.

Als es schon finstere Nacht war, ließen sie uns endlich über die schwankende Brücke ans andere Ufer. Wir verstanden zunächst nicht, warum sie uns erst in der Dunkelheit hinüberließen. Aber dann sahen wir, was auf der anderen Seite los war: Lagerfeuer brannten, Männer amüsierten sich mit Frauen, lachende Frauen saßen entspannt an den Feuern und hatten gerötete Wangen. Einige von ihnen waren sehr hübsch.

Ich sah auf meine Mädels, die müde und ermattet waren und denen die Angst in den Augen stand. Wo sollten wir schlafen? Wir fürchteten uns vor diesen Männern, wer sie auch waren, ob Soldaten oder Zivilisten, ob Franzosen oder Serben, Polen oder Russen. Sie wussten ja nicht und konnten sich auch nicht vorstellen, was wir hinter uns hatten. Wo sollten wir nun hingehen? Es waren keine Häuser oder Baracken da, nur offenes, freies Feld. Und diese Feuer und diese Zelte, voll von begehrlichen Männerhänden!

Ich spielte mit dem Gedanken, mich überhaupt nicht hinzulegen. Aber das wäre wieder eine schlaflose Nacht gewesen, nach einer Reihe von vielen anderen schlaflosen Nächten.

Am Ufer standen etwas abseits ein paar Pferde. Wir gingen zu ihnen und wie ein kleines Mädchen sagte ich zu dem ersten Pferd: „Hör mal, pass auf uns auf und schütze uns!"

Krysia und Derka legte ich direkt unter den Bauch des Pferdes und wir alle anderen legten uns zwischen die Tiere. Nie hätte ich gedacht, dass dies ein sicherer Platz sein könnte. In diesem Moment aber waren die Pferdehufe unsere Verteidigung. Wie dankbar war ich diesen Tieren!

Die Pferde verhielten sich sehr ruhig und traten uns nicht ein einziges Mal. Wenn sich aber jemand näherte, dann wieherten sie.

Niemand kam natürlich auf den Gedanken, Mädchen unter und zwischen den Pferdeleibern zu suchen!

Am folgenden Morgen gingen wir weiter. Nach ein paar Tagen kamen wir endlich nach Arnswalde, der ersten Bahnstation jenseits der Oder, die nach dem Krieg in Betrieb genommen worden war. Unsere Füße waren so aufgerieben, dass sie bluteten. Den ganzen Tag saßen wir an der Station, bis ein Zug kam. Als er aber heranrollte, packte uns schieres Entsetzen. Der Zug war voll Männer! Wir waren verzweifelt.

Ich ging zu einem Bahnbeamten und sagte schnell, obwohl ich gar nicht wusste, ob er mich verstehen würde:

„Ach bitte, wir möchten nach Hause fahren, aber wir fürchten uns vor diesen Männern. Wir haben vier Jahre im Lager gesessen und nur auf diese Freiheit gewartet!"

Der Beamte verstand mich, obwohl er Russe war. Er sah mich an, überlegte und sagte dann:

„Ich habe eine Tochter in eurem Alter. Wartet mal …"

Er ging weg und suchte alle Waggons ab. Schließlich kam er zurück, uns zu holen. Der Wagen, zu dem er uns dann führte, war ein Güterwagen voller Teppiche. Sechs Soldaten und ein Offizier saßen darin.

Was der Bahnbeamte diesen Leuten sagte, weiß ich nicht, aber offensichtlich hatte er sie gerührt. Sie waren sehr gut zu uns, breiteten für uns Teppiche aus und machten uns richtige Lager zurecht. Die Soldaten schliefen in der einen Ecke, wir in der anderen. Sie waren während der ganzen Fahrt sehr taktvoll und diskret. Unsere gemeinsame Reise dauerte einige Tage.

Auf jeder Station stellten sich „unsere" Jungs, so nannten wir sie, schon bald in die Tür und ließen niemanden herein. Bei längeren Fahrtunterbrechungen kochte ich das gemeinsame Essen, meist einen Kessel Suppe, der ihnen schon am ersten Tag schmeckte, denn sie hatten lange nichts Warmes mehr gegessen.

Wir unterhielten uns ganz offen über alles. Eines Tages setzte sich der Offizier zu mir und fragte: „Wanda, was ist eigentlich mit euch geschehen?"

Ich erzählte ihm alles, der Reihe nach. Er hörte zu, zog das Gesicht in Falten. Er hieß Boris und war nett, intelligent und gut. Er sorgte für uns, organisierte Essen. Vor allem passte er auf, dass uns niemand anrührte.

So fuhren wir mit unseren Jungs wie unter der Fürsorge von Brüdern. Die gemeinsame Reise ging bis Bydgoszcz, wo wir uns trennen mussten. Die Jungs schienen traurig. Boris fragte mich leise:

„Wanda, würden Sie mich denn einmal heiraten? Wenn wir uns vielleicht später mal in Warschau treffen, würden Sie mich dann annehmen?"

Ich reichte ihm beide Hände und sagte:

„Boris, nie werde ich diese Reise mit euch vergessen. Ihr habt unseren Glauben an die Menschen gerettet."

Behutsam nahm er meine Hände in seine großen Fäuste und küsste sie zum Erstaunen aller – zu meiner eigenen Überraschung. Dann ging er schnell weg.

Wir aber fuhren von Bydgoszcz weiter über Lódź nach Lublin. Endlich Lublin! Diese alte, geliebte Stadt! Es war herrlich, schon von Weitem den Dom zu sehen!

Wir gingen immer langsamer. Wohin sollten wir gehen? Wo wohnen unsere Leute? Leben sie noch?

Ein alter, gebeugter Mann ging die Straße entlang. Er kam mir bekannt vor. Wer ist das? Ich ging näher zu ihm. Ja, da erkannte ich ihn. Es war unser Lateinlehrer, Herr Jan B. Mit seinen blass-blauen Augen sah er mich an, ganz genauso wie im Juni 1939, als er auf dem Schulfest ungeschickt mit mir tanzte.

Jetzt blieb er bei meinem Anblick stehen, lächelte, streckte die Hand nach mir aus und fragte mit dem gleichen Ton, als hätte er mich gestern zum letzten Mal gesehen, als wären all die Jahre nicht gewesen, mit dem gleichen Seufzer:

„Sie werden doch aber klassische Philologie studieren?"

Ich fühlte mich plötzlich wie das kleine Mädchen in der Schüleruniform und sagte genauso lachend:

„Nein, Herr Professor, ich werde nicht!"

Doch er schüttelte den Kopf und sagte wie damals:
„Sie lassen Ihr Talent verkommen!“
Ich küsste ihn auf die Wange und rannte los.
Ich rannte tatsächlich und ganz ohne Furcht. An der Reaktion der Menschen wurde mir plötzlich klar, welchen Anblick ich geboten haben muss. Ja, ich rannte!

Lublin, 28. Juli 1945

Rückkehr nach Ravensbrück 1959

Am 10. September 1959 fuhr eine Delegation des „ZBoWiD" („Verband der Kämpfer für Freiheit und Demokratie", der Klub ehemaliger Häftlinge von Ravensbrück) von Polen über Berlin nach Ravensbrück, um an den Feierlichkeiten zur Enthüllung des Denkmals teilzunehmen, das auf dem Gebiet des ehemaligen Konzentrationslagers errichtet worden war.

Schon im Zug gab es eine unerhört nervöse Spannung und Unruhe. Jedes unüberlegte Wort rief aggressive Reaktionen hervor, ja fast Streit. Deutlich war zu merken, wie aufgeregt die „Weiber" waren. Und die Spannung wuchs, je näher der Zug zur Grenze und dann nach Berlin kam.

Wir stiegen im Bahnhof in Ostberlin aus – und fühlten uns 14 Jahre zurückversetzt: Die Uniformen der Bahnbeamten waren die gleichen wie damals. Und als der Gepäckträger, der unsere Koffer trug, zufällig „Achtung!" rief, schreckten alle auf. Vor mir stand tatsächlich eine stramm, wie damals, ganz genauso! Zum Glück sah ich ihre Stöckelschuhe und wusste dadurch, dass wir nicht zurückversetzt waren in jene schreckliche Zeit. Aber diese eine Sekunde dauerte entsetzlich lang. Endlich durchbrach eine der Frauen die Spannung und rief die uns von früher vertrauten Worte: „Achtung! Blödes Weib! Idiotenvolk!" Und sie lachte laut. Schließlich lachten auch die anderen. Mir kam dieses Lachen aber sehr künstlich vor.

Die erste Nacht in Berlin.

Wir waren zu viert im Zimmer. Nur die Fensterscheibe trennte uns von den deutschen Leuten draußen in der Stadt. Keine von uns konnte schlafen!

Ola ging im Zimmer auf und ab, ständig hin und her. Sie rauchte eine Zigarette nach der anderen, brannte eine an der anderen an. Es war nervenaufreibend, wie sie auf und ab lief, auf und ab, auf und ab. Wie in der Zelle, dachte ich.

Plötzlich blieb sie vor mir stehen und schrie mir direkt ins Gesicht:

„Hör mal! Ich habe Angst! Ich habe einfach Angst! Verflucht noch mal, ich habe Angst wie ein Tier, so wie damals! Ich fürchte mich einfach vor allem … Wo bin ich denn? Was mache ich hier? Wo sind wir? Was machst du denn hier und wer bist du eigentlich? Nun sage bloß nicht, dass du ‚der kleine Pole' bist!" („Polak maly" – aus einem polnischen Kindervers.)

Ich schwieg. Doch plötzlich sagte ich zu meiner eigenen Überraschung mit hölzerner Stimme den Satz, den ich so oft gesagt hatte:

„Ich bin Schutzhäftling siebenundsiebzig null neun, operierte Beine."

Ola brach in lautes, hysterisches Lachen aus, dann weinte sie. Mit erstarrter Stimme fragte sie schließlich:

„Warum, zum Teufel, sind wir hierhergekommen?"

„Wir werden hier alle hysterisch!", bestätigte ich und machte das Licht aus. Doch keine von uns konnte bis zum Morgen einschlafen, obwohl wir nicht mehr miteinander sprachen.

Nur die Zimmerälteste sagte nachdenklich:

„Wie gern würde ich Ihnen glauben!"

Am nächsten Morgen, es war Samstag, fuhren wir in Autobussen mit polnischen Flaggen nach Ravensbrück. Auf der Straße standen kleine Kinder und winkten uns mit bunten Fähnchen zu. Wir aber saßen starr und still auf unseren Plätzen.

Ich dachte: Und wenn nun mein eigenes Kind hier mit einem Fähnchen stände?

Hinter mir sagte jemand laut:

„Na, die sind wenigstens bestimmt unschuldig."

Und dann winkten auch wir an den Fenstern, wenn auch sehr mechanisch. Ich kam mir vor wie eine „Winkmaschine".

Wenn uns Autobusse mit ehemaligen Häftlingen überholten, begrüßten wir uns enthusiastisch. Tschechinnen waren da, Französinnen, Norwegerinnen …

Der Appellplatz war der Gleiche, auch der Bunker – die Grenze zwischen dem, was war, und dem, was ist, war völlig verwischt. Wo hört die Wirklichkeit auf?

Ich war außerhalb der Zeit! Eine irrsinnige, irrationale Furcht kam auf, dass sich plötzlich herausstellen könnte, dass alles ein Traum war und dass die schreckliche Vergangenheit Gegenwart war.

Weit riss ich die Augen auf, schloss sie, öffnete sie – und wusste gar nichts. Vor mir stand eine Frau und ich sah, wie sie sich in den Arm kniff. Ich sah den roten Fleck und dachte: sie auch!

Der Anblick der bunten Menge beruhigte ganz und gar nicht, auch die vielen Fahnen nicht. Die Angst war stärker als jede Logik, als Vernunft und sie umfing uns wie das Meer.

Jemand wollte uns aufstellen und rief:

„Die polnische Delegation zu fünft, zu fünft!

Wie mit einer Stimme schrien wir alle:

„Nein! Nicht zu fünft!"

Der Mann mit der Armbinde stand ratlos da. Er verstand nicht. Er rief den Dolmetscher, der wiederholte:

„Die polnische Delegation möchte sich zu je fünft aufstellen." Und wieder der gleiche spontane Schrei:

„Nein, nicht zu fünft!"

Sie verstanden nicht. Schließlich konnte ich es nicht mehr aushalten und schrie ihm ins Ohr:

„Mensch! Wir haben fünf Jahre lang hier in Fünferreihen gestanden!"

Endlich kapierte er und nickte mit dem Kopf:

„Ach so, ach so."

Nun gingen wir zu viert mit Blumen. Es waren zu wenig Blumen. Wir hätten ein Meer von Blumen gebraucht, denn da gab es so viele Stellen, die wir mit Blumen bedecken wollten.

Das Denkmal war am See errichtet worden, der immer noch genau gleich aussah. Und auch der Waldrand war noch so wie damals. Wir standen in der Hitze, wie damals. Ich sah mich um: Alle Gesichter waren in sich gekehrt, konzentriert und plötzlich verhärtet. Mit Entsetzen dachte ich: Gott! Sie stehen genauso wie beim Zählappell. Auch die Sonne brannte wie so oft! Die Zeit löste sich auf!

Da war plötzlich zu hören ein einzelner, unerwarteter Schuss. Eine Salve, dachte ich. Ich zuckte zusammen, wie alle anderen auch – wie so viele Male damals. Aber diesmal war es etwas anderes. Sie hatten Raketen abgeschossen. Bunt rieselten sie in der Sonne nieder.

Nun ging Wiesia auf die Tribüne. Sie war in Ravensbrück geboren worden und jetzt eben vierzehn Jahre alt. Sie sollte etwas sagen, aber als sie den Mund öffnete, fing sie einfach an zu weinen. Dicht hinter mir schluchzte jemand laut und hysterisch. Das schien mir so seltsam, so theatralisch, dass ich mit Missbehagen dachte: Wer ist das denn? Das kann doch nicht eine von uns sein. Ich sah mich um. Da weinte – unsere Dolmetscherin. Am Tag zuvor hatten wir sie noch gefragt, ob sie Berlinerin sei. Und sie hatte geantwortet: „Früher, bis 1945, war ich auch Polin!"

Jemand zog mich am Arm:

„Komm, die Presse wartet auf dich."

Durch die mehrsprachige, vielfarbige Menge wurde ich zur „Presse" geführt. Eine junge, helle Blondine begrüßte mich und notierte meinen Namen, sorgfältig buchstabierend. Dann fragte sie:

„Sie sind operiert worden? Was hatte man mit euch gemacht? Ich meine, was machte man mit Ihnen persönlich?

Ich schwieg. Diese Frage kannte ich doch. Wer hatte so gesagt: Was wurde mit euch gemacht? „Sag mir, was werden sie mit uns machen? Was wird mit uns?" Ich hörte die atemlose, entsetzte Stimme von Marysia Gnaś. „Sag doch, sag, was mit uns wird?" An einem genau solchen heißen Tag, auf der gleichen Stelle, auf diesem Platz hatten wir sechs damals gestanden. Man hatte uns „nach vorne" gebracht und dann ins Revier. Und Marysia, dieses kernige, starke Dorfmädel, hatte immer wieder gefragt: „Was machen sie mit uns? Was machen sie mit uns?"

Warum hatte ich selbst keine Angst? Warum tat mir mein „junges Leben" nicht leid? Warum machte ich keine Gewissensabrechnung und warum sang ich nicht die „Marseillaise"? Ich war so gleichgültig, dass ich mich selbst fragte, ob das normal ist. So kann man doch nicht in den Tod gehen! Es gehört sich nicht. Nach einer Weile wurde mir klar, dass die Antwort darauf sehr einfach ist, und ich lächelte bei diesem Gedanken: Ich glaube einfach nicht an den eigenen Tod und deshalb fürchtete ich mich auch nicht.

Marysia stöhnte nur: „Jesus, was machen die mit uns? Was kann das nur sein?“

Und dann auf dem Operationstisch riefen wir als letzte Verteidigung: „Wir sind doch keine Versuchskaninchen!“

Und diese deutsche Journalistin hatte mich eben so gefragt:

„Sie waren doch Versuchskaninchen?“

Ich kam zu mir. Wieder fragte sie, jetzt schon ein bisschen ungeduldig:

„Und was hat man mit Ihnen gemacht?“

Diesmal sah ich ihr in die Augen und fragte, vielleicht mit etwas zu starkem Nachdruck:

„Haben Sie bisher tatsächlich nichts von den Operationen in Ravensbrück gehört?“

Sie wurde sichtlich verlegen und antwortete schnell:

„Ach, natürlich, ich hörte und las davon!“

„Na also und mit mir wurde genau das Gleiche gemacht wie mit den anderen. Sie wissen doch, was das für Operationen waren?“ Sie schwieg eine Weile und fragte dann:

„Warum sind Sie eigentlich hierhergekommen?“

Ich sah sie an. Warum? Ja, warum? Was würden ihr die Namen von jenen sagen, die hier ihren letzten einsamen Moment verlebt hatten? Nichts kann die Tatsache dieser letzten, entsetzlichen Einsamkeit ändern. Und niemand von uns wird je wissen, was jene gefühlt haben, die für immer dageblieben sind. Auch dann nicht, wenn ich alles erzähle, was ich von ihnen weiß: dass Pola schlank war, dass Grażyna blonde Löckchen und Halinka goldene Honigaugen hatte, dass Niusia immer unzufrieden war und Romka immer lächelte. Am meisten könnte ich noch von der kleinen Mila erzählen. Sie war als Letzte in unsere Lubliner Zelle gekommen. Sie war klein, hatte riesengroße Augen und ein kleines Vogelnäschen, setzte sich aufs Fußende ihrer Pritsche und hustete schrecklich. Es war ja so eng und Krysia und ich schliefen zusammen auf dem schmalen Tisch mit einem Riemen angeschnallt, damit wir nicht herunterfielen. Ich stand auf, gab Mila ein Pulver gegen Husten aus Niusias Vorräten und sagte: „Nimm das, Vögelchen!“

Später sagte ich immer „Vögelchen“ zu ihr oder „Kleine“, obwohl sie älter war als ich.

Immer wieder zeigte Mila ihre Hand und sagte: „Schau, was ich für eine kurze Lebenslinie habe. Ich werde bald sterben, aber ich habe keine Angst, in den Tod zu gehen, wenn ich nur mit dir oder mit Pola gehen könnte.“ In der Nacht wachte ich auf: Mila schlief nicht. Sie saß zusammengekauert, weinte ganz leise. Ich setzte mich zu ihr, wie in der ersten Nacht in der Zelle, und sagte wieder „Vögelchen“ …

Und dann ging sie – nicht mit mir, sondern mit Pola! Es war ein ebenso warmer Tag wie heute. Ehe sie ging, kam sie zu mir und sagte: „Grüße die Fajsławicer Wiesen von mir und sage meiner Mutter, dass ich mich nicht gefürchtet habe.“

Immer hatte sie erzählt, dass die allerschönsten Wiesen auf der ganzen Welt die Fajsławicer seien, vor allem, wenn sie blühten. Dort stehe eine alte Mühle und ihre Eltern wohnten dort. Sie war das einzige Kind.

Als sie weggeführt wurde, drehte sie sich noch einmal um und winkte uns mit der Hand. Das war hier, auf diesem Platz, an einem Tag wie dem heutigen.

Was fühlte wohl die kleine Milunia damals?

Ihre Bitte erfüllte ich nicht! Am ersten Sonntag nach meiner Rückkehr fuhr ich tatsächlich nach Fajsławice. Die Wiesen waren herrlich, sie blühten und ein Weg führte direkt zur Mühle. Ich ging immer langsamer und dachte: Gleich wird eine alte Frau herauskommen, klein wie Mila, mit Augen wie Mila, und sie wird fragen: „Wo ist meine Tochter?“ Und wie erkläre ich ihr, dass ich zurückgekommen bin und Mila nicht?

Aus der Mühle trat keine alte Frau, sondern ein alter, hochgewachsener Mann mit Milas hellen Augen. Ich war ganz überrascht, denn ich hatte mir vorgestellt, dass Mila ihrer Mutter ähnlich sei. Er aber fragte: „Das Fräulein sucht etwas?“

„Ja … wo ist die Autobushaltestelle?“

Er lachte und sagte: „Eben dort geradeaus, von wo Sie hergekommen sind.“

Schnell lief ich über die Wiese, immer schneller …

Wie sollte ich jetzt der blonden Deutschen erklären, dass ich hierhergekommen bin, um Mila einzugestehen, dass ich feige geworden war?

Die ganze Zeit stand sie vor mir. Wie lange das dauerte, weiß ich nicht. Ich riss die Augen von den Fajsławicer Wiesen los und sah sie ganz konzentriert an. Ich sagte kein Wort. Die Deutsche duckte sich, ja wortwörtlich, sie duckte sich, wurde kleiner, zog den Kopf zwischen die Schultern und sagte nur:

„Entschuldigen Sie, Madame."

Danach drehte sie sich um und ging schnell fort, viel zu schnell. Und ich dachte: So wie ich in Fajsławice.

Auch ich wandte mich ab. Unter den Füßen knirschte der gleiche schwarze Schotter, als hätte sich nichts geändert. Der gleiche Schotter, von dem die „Goldstücke" die vergossene Suppe aufgeleckt hatten, nachdem sie Krysia und mir den Kessel aus den Händen gerissen hatten. Eine Aufseherin sprang herzu und hieb mit der Peitsche auf die Köpfe, Arme und Rücken. Sie aber leckten bis zum Schluss. Ein feuchter Fleck blieb zurück.

Die Aufseherin wies mit der Peitsche auf den Kessel und brüllte uns an: „Kessel mitnehmen, aber schnell!" Wir nahmen den Kessel, doch blieben wir nach einer Weile stehen. Er war schwer. Ich dachte: Leer und doch so schwer! Krysia hatte die gleichen Gedanken und sagte: „Erinnerst du dich, als wir in die Fünfzehn gekommen waren, trugen wir den vollen Kessel von der Küche bis zum Block, ohne abzusetzen. Und jetzt müssen wir mit dem leeren alle zwei Schritte stehen bleiben."

So war es. Ich betrachtete Krysia. Wie blass sie war und wie schrecklich mager. Der Sträflingsanzug hing an ihr wie auf einem Kleiderbügel. Wütend riss ich den Kessel hoch und stieß ihn dabei ans Bein – an das operierte! Es tat so weh, dass mir die Luft wegblieb. Jemand fasste mich am Arm. Ich war sicher, dass es die Aufseherin war. Aber nein. Hanka B., wie immer nett lächelnd, fragte mich:

„Was ist? Tut dir das Bein weh?"

Plötzlich kam ich zu mir. Hanka hatte ja eine hübsche weiße Bluse an und der Kessel war gar nicht da. Aber das Bein tat weh. Ich sagte:

„Weißt du, ich hab wohl zu lange gestanden.“

Behutsam nahm sie mich am Arm. Das Bein tat mir wirklich weh. Dann fuhren wir aus Ravensbrück wieder ab. Jemand sagte mit zusammengebissenen Zähnen:

„Lebt wohl, ihr, die ihr nichts gewusst habt und so unschuldig seid!“

1960. Ein Jahr war vergangen. Und wieder war ich in Berlin. Wieder Hitze und brennende Sonne und die gleiche, bekannte Furcht …

Der dritte Septembersonntag war den Opfern des Faschismus gewidmet. Es wurden Hunderte von Kränzen und riesige Haufen von Blumen von Jugendlichen und Erwachsenen auf den Gräbern der Opfer und in den ehemaligen Konzentrationslagern niedergelegt.

Und wieder gab es eine polnische Delegation, aber sie war dieses Mal nicht so zahlreich. Wir waren nur fünf Personen, die mit der Medaille „Kämpfer gegen den Faschismus“ ausgezeichnet wurden.

Ich war entschlossen, mich um jeden Preis von dieser instinktiven Angst vor den Deutschen zu befreien, und beschloss, die Ravensbrücker Erinnerungen nicht dominant werden zu lassen.

Während wir uns Berlin anschauten, durch Museen und Bildergalerien liefen, Krankenhäuser besichtigten, sah ich mir vor allem die Menschen an.

Ich bemühte mich, überall die Menschen zu erblicken. So betrachtete ich auf der Straße die lachende Jugend und dachte: Das sind doch genau solche Jugendliche wie bei uns. Ich schaute in die Kinderwagen: Genau solche runde Gesichtchen und die Frauen genauso sorgenvoll. Langsam fing ich an, diesen Menschen zuzulächeln. Und sie lächelten auch zurück!

Endlich hatte ich das Gefühl, dass ich es schaffe. Zu einer Mutter, die mit dem Kinderwagen auf der Straße stand, sagte ich ganz spontan: „Aber, das Kleine hat doch Keuchhusten!“ Das kleine, vielleicht zweijährige Kind hatte einen Anfall von bellendem Husten. Es tat mir herzlich leid, das Kind und auch die junge Mutter. An demselben Tag antwortete ich auf eine Frage, ob ich befriedigt von dem Berliner Aufenthalt sei: „Wisst ihr“, sagte ich langsam und nachdenklich, „zum ersten Mal glaube ich jetzt, dass eine polnisch-deutsche Freundschaft möglich ist. Wirklich!" Einer der Organisatoren freute sich sichtlich, denn er sagte: „Na, dann hat sich die Fahrt der polnischen Delegation schon gelohnt, selbst wenn sie nur den einen Nutzen gehabt hätte: Eine Person wurde überzeugt!"

Danach fuhren wir nach Sachsenhausen. Es war wieder ein herrlicher, sonniger Tag. Wir besichtigten das im Bau befindliche Museum und besuchten das ehemalige Lager. An der Stelle des Todesganges blühte ein Strauch roter Rosen. Dabei war eine kleine Tafel angebracht, die besagte, dass irgendeine Tochter diese Rosen zum Andenken an ihre Mutter gepflanzt hatte.

In der Nacht träumte ich von diesem Rosenstrauch. Es war genauso wie am Tag. Die Sonne brannte heiß herunter und wir standen zu fünft an diesem Rosenstrauch. Plötzlich wurde mir kalt. Ich sah mich um und – erstarrte: Am Ende des Todesganges standen fünf SS-Leute, die mit Gewehren auf uns zielten. Ich hatte nur einen Gedanken: Aha, deshalb hat man uns namentlich hierher eingeladen.

Ich musste wohl im Traum aufgeschrien haben, denn Senka weckte mich sanft auf und fragte, wobei sie meine Hand streichelte:

„Was ist los? Wie geht es dir?"

Sofort wurde ich munter.

„Nichts, ich habe nur wieder geträumt, dass sie auf uns schießen." Senka deckte mich sorgfältig mit der Steppdecke zu und sagte: „Du atmetest so schnell. Da wusste ich, dass man dich wecken muss. Mein Mann schreit auch oft im Schlaf so auf …"

Nachwort zur deutschen Ausgabe

Ich habe mich gefragt, ob eine deutsche Ausgabe meiner Erinnerungen an die Jahre im Konzentrationslager Ravensbrück zur Zeit sinnvoll ist. Man hatte ja den Eindruck, als sei diese Zeit endgültig vorüber und das damalige Gedankengut heute nicht mehr relevant, Aber die gegenwärtigen schicksalhaften Ereignisse in Europa belehren einen eines anderen. Es ist nicht wahr, dass man das, was während des Zweiten Weltkrieges passiert ist, vergessen kann, weil die Folgen noch zu spüren sind und die Menschheit bedrohen.

Es sind ferne, späte Folgen. Denn der moralische Niedergang geht weiter und macht sich heute besonders stark bemerkbar. Damals haben Forschungen über die Möglichkeit der Schaffung „reinrassiger Menschen" begonnen – und sie haben in der nachfolgenden Generation zu tragischen Manipulationen am Menschen geführt, am geborenen und am ungeborenen Leben! Die Massenvernichtung von Gefangenen in den Gaskammern hat den Wert des Menschen gemindert, der Preis für den Menschen ist gefallen.

Trotz des traditionellen hippokratischen Eides dienen viele Ärzte auch heute verbrecherischen und politischen Zielen. Sie vollstrecken Todesurteile entweder aufgrund eines unmoralischen Rechts oder schlichtweg aus reiner Willkür. Die jüngsten Ereignisse in den Niederlanden, wo das Parlament den Ärzten dasselbe Recht einräumt, das Hitler seinen Ärzten eingeräumt hat, nämlich das Recht auf Tötung alter, kranker, „nutzloser" Menschen, verleihen meinen Erinnerungen höchste Aktualität.

Jene Ärzte, die damals töteten, erhielten bei den Nürnberger Prozessen die Höchststrafe, nämlich die Todesstrafe. Heute jedoch, fast 50 Jahre danach, hat ein Staat bereits das unmoralische Recht gebilligt und es besteht die Gefahr, dass andere ihm folgen werden. Die Menschheit ist heute nicht so sehr durch Hunger bedroht als vielmehr durch den moralischen Niedergang, durch das Abgleiten unter das Niveau der Menschlichkeit. Zwar lehrt die katholische Kirche die Würde und Unantastbarkeit des Menschen, aber die medizinischen Fortschritte erlauben den Wissenschaftlern, den Menschen wie ein Tier zu behandeln, an dem sie ihre Versuche machen können. Und so wie damals im Lager, als sie mich gegen meinen Willen zu einer Operation gezwungen haben, so könnte ich auch heute mit lauter Stimme rufen: „Wir sind doch keine Kaninchen!"

Viele der damals operierten jungen Mädchen haben später den Arztberuf ergriffen – um gegen jene Degradierung der Berufsethik zu protestieren, die sie selbst im Lager erlebt haben. Wir hatten aber auch eine Vision. Vielleicht hat der Leser dieses Buches nicht genügend auf das geachtet, was mir wichtig erscheint: Es geht um unser Testament. Zwar gibt es dieses Testament nicht auf Papier, aber es lebt in uns. Es wäre schön, wenn sich der deutsche Staat verpflichten würde, auf neutralem Boden, zum Beispiel in der Schweiz, eine internationale Schule zu gründen, wo die Jugend so erzogen werden würde, dass sich die nachfolgenden Generationen nicht mehr gegen die Menschen richten können, dass Friede und Liebe zwischen den Völkern herrscht, dass Ärzte nicht töten, dass Soldaten keine Gewalt gegen Frauen anwenden und dass die Genetiker nicht wagen, am menschlichen Embryo so zu manipulieren, als sei es gewöhnliche Materie.

Meine Erinnerungen sind also so etwas wie eine Mahnung, nicht nur für die Deutschen, sondern für ganz Europa, ja für die Welt. Ich selbst habe mich während der letzten 50 Jahre gerade dieser Aufgabe gewidmet: der Rettung der menschlichen Würde. Und obwohl ich nach wie vor gelegentlich eine „Gänsehaut" bekomme, wenn ich plötzlich die deutsche Sprache höre (darauf habe ich keinen Einfluss), so fühle ich mich eins mit jenen meiner deutschen Kollegen, die wie ich für den Schutz des Lebens einstehen. Ich habe auch viele Freunde deutscher Nationalität, denn Menschlichkeit steht über Nationalität, und überall gibt es gute und schlechte Menschen, überall tobt der Kampf zwischen Gut und Böse. Ich habe niemals den Glauben daran verloren, dass der Mensch ein göttliches Geschöpf ist, fähig zur heroischen Tat; aber Ravensbrück hat mich auch gelehrt, dass der Mensch nicht automatisch ein Abbild Gottes ist, dass man sich darum bemühen muss – es gibt keine passive Heiligkeit! Der Mensch muss ständig dem Bösen widerstehen, nach innen und nach außen.

Vielleicht hilft also die Veröffentlichung meiner Erinnerungen in deutscher Sprache der deutschen Jugend, sich auf die Seite des Guten zu stellen und die Konflikte zu vermeiden, die meine Generation durchleben musste.

Krakau, 15. Mai 1993
Dr. med. Wanda Półtawska

Die Autorin

Wanda Półtawska, geboren 1921, wurde 1941 von der Gestapo verhaftet und wegen Unterstützung des polnischen Widerstandes zunächst sechs Monate im Gefängnis in Lublin festgehalten. Dann wurde sie mit einem Transport von Lubliner Frauen polnischer Herkunft in das Konzentrationslager Ravensbrück gebracht, wo an ihr und anderen Frauen brutale pseudo-medizinische Experimente durchgeführt wurden. Sie überlebte und konnte erst bei Kriegsende nach Lublin zurückkehren – aber so belastet, dass sie jede Nacht von den schrecklichen Erlebnissen träumte.

Im September 1945 begann sie ihr Medizinstudium an der Jagiellonen Universität in Krakau, wo sie promovierte. Sie arbeitet als Psychiaterin und setzt sich vor allem als Familienberaterin sowie in der Arbeit mit Ehepaaren, Verlobten und Jugendlichen ein. Über dreißig Jahre leitete sie das durch Bischof Karol Wojtyła gegründete „Instytut teologii rodziny“ (Institut für Familientheologie). Als Karol Wojtyła Papst wurde, arbeiteten sie und ihr Mann mit verschiedenen Kongregationen des Vatikans zusammen.

Seit 1947 ist Wanda Półtawska verheiratet und hat 4 Töchter. Für ihren öffentlichen Einsatz zum Wohl der Nation erhielt sie 2016 den Orden des Weißen Adlers, die höchste Auszeichnung Polens. Über ihre Erinnerungen und Arbeit hat sie zahlreiche Bücher geschrieben. Sehr bekannt ist ihr erstes, im Juli 1945 verfasstes Buch „Und ich fürchte meine Träume“, in dem sie ihre Erlebnisse aus Ravensbrück schildert.

DAS TESTAMENT DER RAVENSBRÜCKER "KANINCHEN"

Wir, die hier unterschriebenen, Wanda Wojtasik-Półtawska, Lagernummer 7709, Stanisława Śledziejowska-Osiczko Lagernummer 7712, und Wojciecha Buraczyńska-Zeiske, Lagernummer 7926, erklären hiermit, im Namen der ganzen Gruppe der polnischen ehemaligen Schutzhäftlinge aus dem KZ Ravensbrück, die im KZ versuchsmässig operiert worden sind (der sogenannten "Kaninchen"), daß wir um die Wende der Jahre 1944/45 im Lager ein Testament geschrieben haben, dessen Inhalt wir uns gut erinnern und der in den folgenden Dokumenten erwähnt worden ist:

1. Wanda Półtawska: *Und ich fürchte meine Tr'äume,* Abensberg 1993 und 1994, S. 197.

2. 2. *Aby świat się dowiedział. Nielegalne dokumenty z obozu w Ravensbrück,* Oświęcim 1989, S. 48-49.

Da es uns gewiß schien, daß wir aus dem Lager nicht nach Hause zurückkommen werden, haben wir etwas - an diesem Platz und in dieser Zeit - seltsames getan: wir schrieben ein Testament der "Kaninchen"; das ist von Władka Dąbrowska[1] angeregt worden. Die "Kaninchen" haben ein Testament geschrieben, in dem, mit der Niederlage Deutschlands rechnend, drückten sie ihren Willen aus, daß man nach dem Kriege eine Schule, ein großes Erziehungsanstalt für Frauen gründen solle, in dem solche Frauen erzogen würden, die durch ihre Haltung und ihre Aktivität es nicht zum Krieg und zu solchen verbrecherischen Experimenten auf Menschen, denen wir ausgesetzt worden sind, kommen lassen. Eine Schule, deren Leitgedanke wäre: "Nie wieder Krieg!". Das Testament wurde von allen noch im Lager lebenden[2] "Kaninchen" untergeschrieben.

Dieses Dokument wurde auf "geheimen" Wege, durch die Kolonne der Häftlinge, die in Neustrelitz arbeiteten, den polnischen Kriegsgefangenen in dem Stalag dort überreicht.

Da das Original des Testaments bis jetzt nicht gefunden worden ist, rekonstruieren wir hier seinen Inhalt, den wir gut im Gedächtnis und in unseren Herzen aufbewahrt haben, in der Hoffnung, daß er realisiert wird.

19/9/97

Wanda Półtawska Stanisława Osiczko Wojciecha Zeiske

[1] Władka Dąbrowska, Lagernummer 7715, gestorben in Olsztyn in 1992.

[2] Sechs "Kninchen" wurden erschossen, fünf sind einige Tage nach den Experimenten gestorben.

Krysia Czyż. Ein kleines Portrait, das im Lager durch Grażyna Chrostowska (erschossen am 18.04.1942) angefertigt wurde.

Wanda Półtawska. Eine Zeichnung, die durch die inhaftierte Jadwiga Pietkiewicz in Ravensbrück am 06.08.1943 angefertigt wurde.

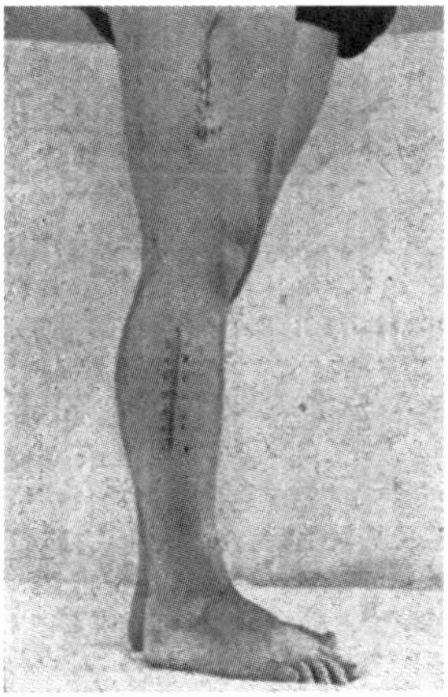

1

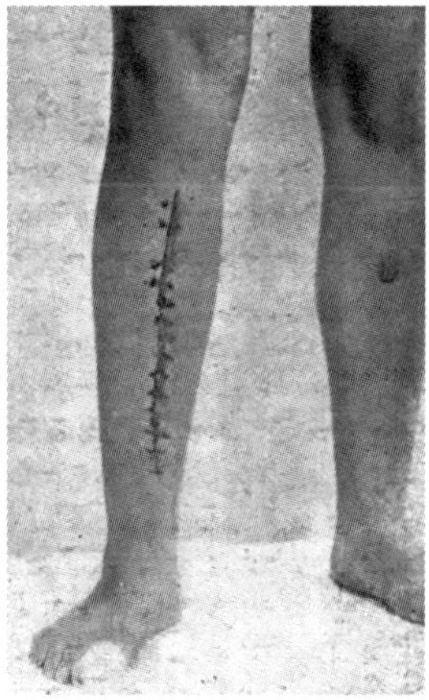

2

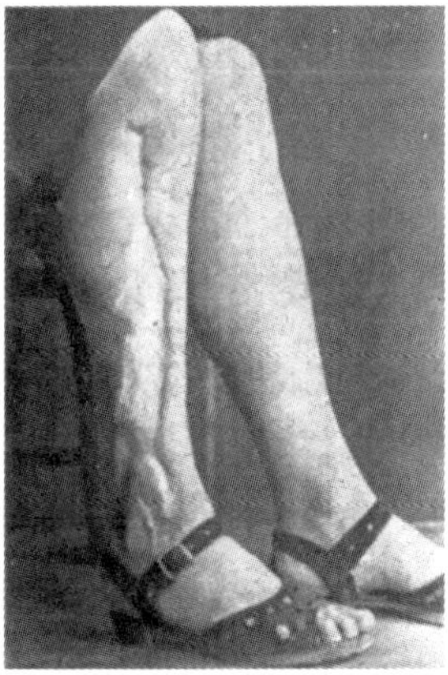

3

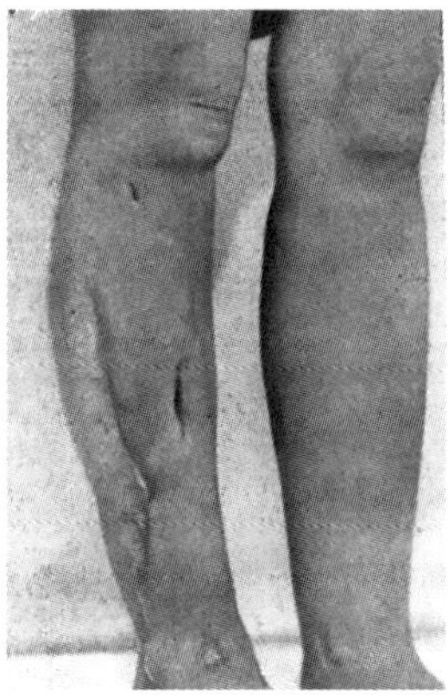

4

Bild 1: Stanisławaśl. Narben am rechten Ober- und Unterschenkel.
Bild 2: Irena B. Hautnarben nach einer „Operation“ am Knochen.
Bild 3: Janina K. Ausgedehnte Narben des rechten Unterschenkels, Untergang von Muskelgewebe, Schädigung des Wadenbeinnervs (die Narbe heilte während ihres ganzen Lebens nicht ab).
Bild 4: Czesława K. Narben des rechten Unterschenkels, verunreinigt, zum Teil mit dem Knochen verwachsen.

Fotos sind dem Bulletin der „Hauptkommission für die Erforschung deutscher (ab 1949: nationalsozialistischer) Verbrechen in Polen“ (Główna Komisja Badania Zbrodni Niemieckich w Polsce) entnommen.

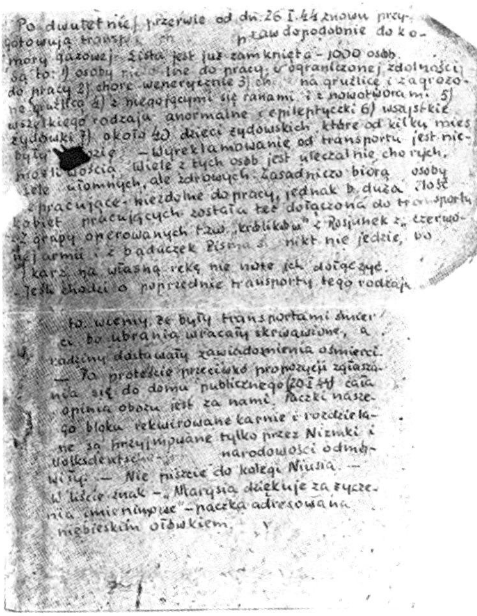

Po dwuletniej przerwie od dn. 26 I. 44 znowu przygotowują transp[illegible] prawdopodobnie do komory gazowej. Lista jest już zamknięta – 1000 osób. Są to: 1) osoby nie[illegible]lne do pracy, o ograniczonej zdolności do pracy 2) chore wenerycznie 3) ch[illegible] na gruźlicę i zagrożone gruźlicą 4) z niegojącymi się ranami i z nowotworami 5) wszelkiego rodzaju anormalne i epileptyczki 6) wszystkie żydówki 7) około 40 dzieci żydowskich które od kilku mies. były [illegible] — Wyreklamowanie od transportu jest niemożliwością. Wiele z tych osób jest uleczalnie chorych, [illegible] ułomnych, ale zdrowych. Zasadniczo biorą osoby [illegible] pracujące niezdolne do pracy, jednak b. duża ilość kobiet pracujących została też dołączona do transportu. Z grupy operowanych tzw. „królików" z Rosjanek z czerwonej armii i z badaczek Pisma Ś. nikt nie jedzie, bo [illegible] karz. na własną rękę nie może ich dołączyć. Jeśli chodzi o poprzednie transporty tego rodzaju to wiemy, że były transportami śmierci, bo ubrania wracały skrwawione, a rodziny dostawały zawiadomienia o śmierci. — Po proteście przeciwko propozycji zgłaszania się do domu publicznego (20 I 44) cała opinia obozu jest za nami. Paczki naszego bloku rekwirowane karnie i rozdziela[illegible] nie są przyjmowane tylko przez Niemki i Volksdeutsche [illegible] narodowości odmówiły. — Nie piszcie do kolegi Niusia. — W liście znak – „Marysia dziękuje za życzenia imieninowe" – paczka adresowana niebieskim ołówkiem.

1

No XI

Stosunki w lagrze od zeszłego roku zmieniły się bardzo na korzyść. Kary są bardziej zróżnicowane, dawniej za byle co szło się do karnego bloku, lub do bunkra – teraz wiele rzeczy uchodzi na sucho. Zresztą wiele spraw załatwia się „na lewo". Naród niemiecki jest tak przekupny, że kiedy był większy głód dużo można było zrobić za porcję chleba, a teraz za coś lepszego. Personel dozorczyń zmienia się i jest coraz mniej dobrowolny. Wiele nie umie władać bronią. Więźniarki często mają wpływ na dozorczynie np. prowadząca kolumnę [illegible] „anweisung" może wrobić do dozorczynie jak chce. Wiele z dozorczyń jest niezadowolonych z pracy, z jedzenia. Opowiadają to nam więźniarkom, ale równocześnie drżą ze strachu i nie mają zaufania do swoich koleżanek i są najswobodniejsze z więźniarkami. Wogóle dozorczynie najlepiej lubią pracować z Polkami bo są spokojne i dobrze pracują. Nie wyobrażacie sobie jak dozorczynie [illegible] u więźniarek, żeby dostać większy kotlet, [illegible] cukru do kawy. [illegible] są prawie same Polki! – Kradzież w lagrze idzie na większą skalę. Że kradną więźniarki i wynoszą np. z kuchni [illegible] jedzenia dla koleżanek to nic dziwnego. Ale dozorczynie kradną przy każdej sposobności, np. potrafią [illegible] kraść [illegible] w magazynie, w kolumnie jabłkowej kradną [illegible]. Dobijają się o [illegible] kolumny, podstawiają sobie stołki, [illegible] się. Dozorczynie pracujące w warsztatach posuwają się [illegible] kradzieży kromek chleba (rozdawanych [illegible]) chorym koleżankom.

Znak XI.

2

3

4

Fotos 1–4: Fragmente von Briefen, die im Ravensbrücker Konzentrationslager durch Krysia Czyż geschrieben wurden. Geschrieben wurden sie mit einer „Geheimtinte“ (Urin) auf der Innenseite von Briefumschlägen.

Der Erzbischof
von Köln

Grußwort von Kardinal Meisner 1993

Dieses Buch enthält Erinnerungen – Erinnerungen an ein tief dunkles Kapitel im Leben eines Menschen, eines Volkes, Europas. Erinnerungen, die so viel Schreckliches umschließen, dass es ganz natürlich erscheint, sie zu verdrängen. Die Autorin schildert in beeindruckender Weise, wie sie dies nach ihrer Befreiung aus dem Konzentrationslager versuchte, wie wenig es ihr gelang, wie die Erinnerungen in immer wirrerer Gestalt sie in ihren Träumen von neuem überfielen und die doch schon überstandenen Leiden ins Endlose verlängern wollten. Erst als sie sich anschickte niederzuschreiben, was ihr und ihren Leidensgefährtinnen widerfahren war, wichen die Träume. Es blieb die Erinnerung, furchtbar und widerspenstig zwar, aber jetzt in eine Gestalt gebracht, so gut wie die Sprache aus dem bisher Unsagbaren zu schaffen vermochte. Die Ausweglosigkeit des Schreckens nimmt ebenso Form an wie die Kraft der Hoffnung, allgegenwärtige Niedrigkeit und Erniedrigung ebenso wie unerwartete Tapferkeit und Größe, das übermächtige System menschenverachtender Grausamkeit ebenso wie das Wunder der Nächstenliebe, das sich auch in der tiefsten Todesnacht ereignen kann.

Diese Erinnerungen wurden durch die Niederschrift und Veröffentlichung auch anderen zugänglich. Sie traten aus der Bindung an ein Einzelschicksal heraus, wurden dem nur individuellen Gedenken und Vergessen entzogen. Sie erscheinen heute als Zeugnis menschlichen Lebens und Leidens in einer Zeit der Unmenschlichkeit und gewinnen so exemplarische Bedeutung für das Schicksal zahlloser anderer Menschen.

Erinnerung ist das Geheimnis der Versöhnung. Nur wenn Erinnerungen ausgesprochen werden, wenn sie mitteilbar und austauschbar bleiben, können sie die Voraussetzung bilden für die Versöhnung. Das unausgesprochene Leid verhärtet die menschliche Seele ebenso wie die nicht eingestandene Schuld. Das bloße Vergessenwollen ohne wirkliche gegenseitige Vergebung hält die Alpträume wach, so dass sie jederzeit wieder Gewalt über die Herzen der Menschen gewinnen können. Dies gilt für Einzelne wie für ganze Völker. Die neugewonnene Nachbarschaft zwischen Polen und Deutschen, die von Gott geschenkte Chance, die Zukunft nach Jahrzehnten der Entfremdung wieder gemeinsam gestalten zu können, bedarf daher immer wieder der vergewissernden gemeinsamen Erinnerung an das Vergangene. Es wäre falsch, sich mit einem oberflächlichen Heilungsprozess der auf beiden Seiten zugefügten tiefen Verwundungen zufriedengeben zu wollen, solange unter der Oberfläche die Verletzung noch fortwärt. Die deutsche Übersetzung der Erinnerungen von Frau Wanda Półtawska leistet einen wichtigen Beitrag, um der in beiden Völkern immer wieder vorhandenen Versuchung der Sprachlosigkeit und der Verdrängung entgegenzuwirken.

Die Erinnerungen an die Haft im Konzentrationslager Ravensbrück sprechen auf jeder Seite von den furchtbaren Verheerungen, die der Hass anzurichten vermag. Doch Hass ist niemals schöpferische Kraft: „Nur die Liebe ist schöpferisch". Dieser Satz stammt von niemand anderem als dem heiligen Maximilian Kolbe. Ihm war es beschieden, die schöpferische Kraft der Liebe durch das Opfer des eigenen Lebens für seinen Mitgefangenen zu bezeugen. Dass dieses Zeugnis der bedingungslosen Nachfolge Jesu Christi im Grauen des Konzentrationslagers abgelegt werden konnte, bleibt ein Geschenk der Gnade Gottes voller Trost und Hoffnung für alle, die die Folgen des zerstörerischen Hasses zwischen Menschen und Völkern bis heute in ihrem Leben zu tragen haben. Es ist besonders für uns, Polen und Deutsche, Vermächtnis und Auftrag auf dem Weg in die Zukunft.

Karfreitag 1993

+ Joachim Card. Meisner